KB261008

절벽에 선 한국 경제

30년 경제전문기자의 44가지 경고와 대안

절벽에 선 한국경제

송희영 지음

21세기북스

머리말

경제는 살아 있는 생물체다. 내부의 병 때문에 변질되고 외부 충격에 따라 변형된다. 나라경제도 그렇고 회사 경영도 마찬가지다. 가계도 때로는 빠르게 때로는 느린 속도로 끊임없이 모습을 변경한다. 변화에 잘 적응하는 개인과 기업은 살아남는다. 국가경제 역시 나라 안팎의 변화 요구에 빠르게 반응하면 성장과 발전을 거듭한다. 변화에 잘 적응하는 일보다 중요한 것은 스스로 모습을 바꾸려는 태도다. 외부의 충격에 의해 피동적으로 바뀌는 것보다는 외부에서 닥쳐오는 압력을 기회로 잡는 편이 낫다. 내가 나를 스스로 변형시키고, 기업을 자발적으로 혁신하고, 국가가 능동적으로 나라경제의 색깔과 모양을 다른 모습으로 탈바꿈하는 공격적인 자세야말로 바람직한 일이다.

한국 경제는 2013년 이후 10년 이내 기간 중에 스스로 바뀌지 않으면 안 되는 시기를 맞았다. 건국 이래 65년간의 체질을 버리고 새로운 토대를 쌓아 올려야 한다. 인구가 팽창하던 시대의 옷을 벗어 던지고 인구가 늘지 않는 새로운 틀 안에서 살아야 한다. 고속 성장은 끝나가고 있다. 무역으로 경제를 일으켰던 기적도 언젠가는 한계점에 도달할 것이다. 경쟁력 있는 수출 상품이 줄어들면 우리 경제는 정상 운행을 멈출 것이다. 그러나 우리 모두는 65년간 입고 있던 갑옷을 그대로 입은 채 살고 싶어한다. 정치인은 과거 해오던 대로 경제가 성장할 것이라고 믿어버리고, 정책 당국자는 제조업과 수출 기업을 우대하는 정책에 머물러 있고 싶어 한다. 보통 시민들도 집값, 땅값은 언젠가 반드시 오른다는 버블 신앙을 여전히, 신봉한다. 그런 세월은 다 지나갔다고 아무리 말해도 '설마'라는 가느다란 외줄기 밧줄을 붙잡고 버틴다.

한국 경제의 체력은 정권이 바뀌고 해가 바뀔 때마다 뚝뚝 떨어지고 있다. 국가경제의 노화(老化)를 막고 젊음을 되찾을 '경제의 줄기세포'를 하루빨리 개발해 이식수술을 단행하지 않으면 안 되는 단계에 접어들었다. 통증이나 부작용이 심할 것이라고 걱정하거나 비용이 많이 들 것이라며 수술을 미루면 죽음을 재촉할 뿐이다. 한국 사회에는 건국 이래 온갖 기득권이 탄생했다. 공무원 조직부터 정규직 근로자, 각종 면허증 보유자들, 고령자 집단, 기술자, 교육, 안보, 농어민 등 거의 모든 분야에서 자기 집단의 이익을 챙기는 담을 높게 쌓았다. 고도 성장기에는 기득권 집단들이 한 귀퉁이를 싹둑 챙겨가도 나머지 부분을 놓고 나눠먹을 수 있었다. 하지만 그런 분배의 법칙은 1997년 1차 외환위기 때 고비를 맞았다. 청년 실업자, 비정규직, 다중 채무자 등 우리 사회의 낙오자 집단은 그 후 급팽창했다. 2012년 선거에서 폭발한 재벌개혁의 목소리, 복지 수요는 65년 간 고집스럽게 유지해온 분배의 법칙을 바꿔 달라는 것이었다. 이런 신호를 놓치면 큰 재앙이 닥칠 것이다.

한국 경제는 이제 결단을 내려야 할 순간을 맞았다. 65년간 성공적으로 지켜온 '성장의 법칙'과 '분배의 공식'을 변형시켜야 한다. 정치 쪽은 혁명과 쿠데타, 시민운동을 거치며 끊임없이 민주화를 향해 발전해온 반면 한국 경제는 성공 신화 위에 안주해왔다. 이제 저성장이 계속되는 가운데 어떻게 알찬 성장을 할 것인지, 고령화 흐름에 적합한 배분 방식은 무엇인지 찾아가야 한다. 경제 구조를 탈바꿈시키는 대수술 과정에서 갈등과 충돌이 확대돼 경제가 더 망가질 수 있는 위험을 모르는 것은 아니다. 하지만 수술을 거부하다 사망 날짜를 앞당길 수 있다는 현실을 깨달아야 한다. 성장기에 겪었던 두 번의 외환위기는 한국 경제의 기본 체질이 허약하다는 것을 그대로 노출했다. 우리에게는 일본처럼 20년 불황을 견디며 버틸 힘은 없다. 우리 경제에 대한 국제적인 평가는 여전히 좋다. 아직 무역 거래에서도 흑자를 내고 있다. 대통령부터 정치 지도자들, 재벌 총수들, 노조 지도자들, 그리고 온 국민이 지금 결심을 해야 한다. 우리가 가보지 못했던 새로운 길로 모험 여행을 출발하지 않으면 모두가 붕괴의 고속도로로 갈 수 밖에 없다.

2013년 현재 한국 경제가 처한 상황을 여러 사람이 공유하면 좋겠다는 뜻에서 이 책을 쓰게 됐다. 우리 사회가 받아들이기 힘든 제안도 있을 것이고 다른 시각에서 보면 앞뒤가 맞지 않는 내용도 있을 것이다. 그러나 지금 이 시점에서 바뀌었으면 좋겠다는 메뉴들을 생각나는 대로 모아보았다. 몇 해가 지나 많은 문제가 해결돼 "쓸데없는 걱정을 했더라"는 뒷말에 시달리기만을 바라고 있다. 다만 이 책이 기대하는 것은 단 한가지다. 우리 경제를 밑바닥부터 바꾸지 않으면 안 되는 순간에 도달했다는 점이다. 한 번 성공의 역사를 써본 국민은 또 한 번 성공의 역사를 쓸 수 있는 잠재 능력을 갖추고 있다고 봐야 한다. 우리들이 모험을 피해 도망치지 않는 한, 경제의 틀과 컬러를 개조해 나라를 완전히 다른 나라로 재탄생시킬 수 있을 것이다. 박근혜 정부는 아버지 세대가 쌓아 올린 경제를 리모델링할 수 있는 절호의 기회를 잡았다. 국가경제 운영에서 5년은, 변화를 완성하지는 못해도 변화로 가는 틀을 만들어내는 데 충분한 기간이다. 한국을 과연 다른 모습으로 변모시킬지 성공 여부는 박근혜 팀의 능력에 달려 있다.

이 책의 주요 내용은 조선일보에 썼던 칼럼과 같거나 엇비슷한 것이 대부분이지만 이번에 새로 정리한 것도 적지 않다. 단행본 출간을 부추긴 손문선 박사, 원고를 꼼꼼히 읽고 여러 가지 지적과 조언을 아끼지 않은 송양민 가천대학 교수와 김기훈 조선일보 산업부 차장께 우선 감사의 말을 전하고 싶다. 칼럼을 쓸 때 마다 색다른 제안과 허를 찌르는 비판을 해주신 박수환 뉴스커뮤니케이션 사장님과 항상 재치와 기지가 넘치는 코멘트와 함께 서투른 맞춤법을 교정하는 데 천재성을 보여준 박은주 조선일보 문화부장께도 깊은 감사를 드린다. 평소 격려와 평가를 아끼지 않았던 선배님들·후배님들께는 감사의 뜻을 일일이 다 쓰지 못해 아쉽다. 고단했던 학창 시절부터 부족한 것 투성이인 글쟁이를 인자하고 너그럽게 보살펴 주신 조선일보 고 방일영 고문님, 방우영 현고문님, 방상훈 사장님께는 평생 고마운 마음을 간직할 것이다. 참기 힘든 일을 늘 저지르는 기자를 인생 파트너로 삼은 죄로 놀라운 인내심을 키워야 했던 아내 박숙현에게도 감사의 마음을 기록으로 남겨두고 싶다. 원고의 부족하고 허술한 부분, 모호한 대목을 뛰어나게 보완해주신 21세기북스의 장치혁 실장님과 하순영 팀장, 윤세미 씨께도 깊은 감사를 올린다. 그동안 저의 칼럼이나 기사로 인해 뜻하지 않게 마음의 상처를 받으신 분들께는 너그러운 용서를 빌 뿐이다.

2013년 1월 2일

송희영

목차

PART 1

한국 재벌,
곧 **성장의 종착역**에
도착한다

" 수십조 원의 잉여금을 쌓아둔 대기업이 중소 협력업체를 핍박하고 직원의 임금을 올려주는 데 인색한 현실에 국민이 공분하고 있다. 오죽하면 우군이었던 새누리당까지 재벌개혁을 주장하게 되었을까? 그렇지만 재벌개혁이 '반기업'으로 간다면 한국 경제에는 희망이 없다. 온갖 파렴치한 행위로 유난을 떠는 극소수의 재벌과 국민을 먹여 살리는 기업을 구별하는 것이 재벌개혁의 전제다. "

01

재벌개혁,
호황 국면에서 해야 한다

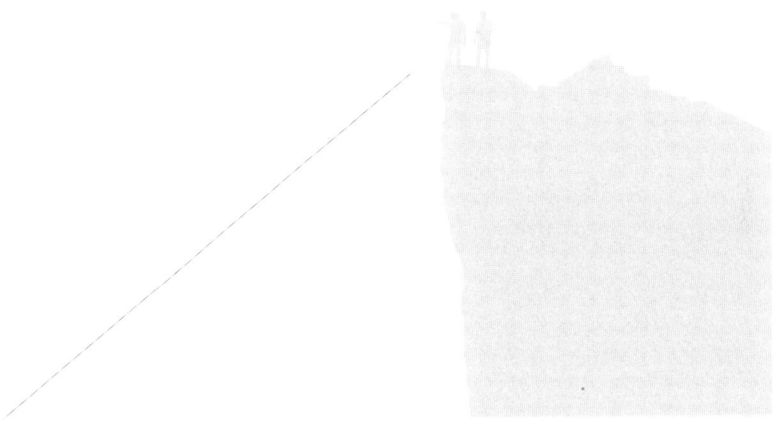

●●● 2012년 총선과 대선에서 가장 시끄러웠던 공약 중 하나가 재벌
개혁이었다. 경제민주화*란 이름으로 포장됐지만 알고 보면 돈 많이 벌
면서 중소 협력업체를 괴롭히고 소비자를 외면하는 대기업을 좀 혼내
주자는 논의었다. 총수의 횡포를 견제하고, 그들이 그동안 누렸던 특혜
를 줄이고, 계열사를 문어발식으로 무한 확장하는 것을 막겠다는 내용

*** 경제민주화**
경제활동이 민주적으로 이루어지도록 개혁하는 일. 자유경쟁의 장점을 유지하면서 중소기업과 근
로자를 보호하여 그들의 기본적인 권리를 옹호한다.

이다. 재벌 때리기가 대선의 핵심 공약으로 떠오른 과정부터 살펴보자.

2012년 4월 총선을 앞두고 있던 2011년 7월, 홍준표 당시 한나라당 대표가 참여연대를 찾아갔다. 참여연대는 설립 때부터 줄곧 재벌에 비판적이었다. 홍 대표는 '대기업 하면 떠오르는 단어'로 '착취'를 꼽은 정치인이다. 한나라당 대표로 참여연대를 방문한 것도 그가 처음이었다. 그는 이 단체의 세미나에 두 번 참석했다며 친근감을 보였고, "좌파도 껴안아야 한다"고 말했다. 폭넓은 정치 행보라기보다는 '선거를 앞두고 급하긴 급했구나'라는 생각이 드는 행동이었다. 집권당이 우리 사회의 낙오자 집단으로부터 외면당하는 현실과 그들의 표가 부쩍 많아져 버린 현실을 알게 된 것이다. 재벌을 때려도 어울리는 정치인이 있다. 그러나 '하필 그 사람이?'라고 할 만한 일이 총선 이전부터 터졌다.

2012년 총선에서는 '경제민주화'라는 단어를 우리 헌법 119조 조문에 집어넣은 김종인 전 민주당 의원이 새누리당 선거대책본부에서 핵심 역할을 맡았다. 김 씨는 새누리당의 완승으로 끝난 총선에서 재벌 때리기에 앞장선 공로로 선거 승리의 1등 공신으로 평가받았다. 박근혜 새누리당 대선 후보는 총선에서 경제민주화 이슈로 재미를 봤다고 판단했는지 석 달 뒤 대선 출정식에서 경제민주화를 성장을 통한 일자리 확보나 복지보다 더 중요한 공약으로 내세웠다. 박 후보는 경제민주화를 첫 번째 핵심 과제로 강조했고, 이어 일자리와 복지를 꼽았다.

재벌을 옹호할 것으로 보였던 새누리당이 경제민주화를 앞세우자 민주당 문재인 후보나 무소속 안철수 후보는 자신들의 전공 분야를 빼앗길지 모른다는 불안감에 휩싸였다. 총선에서 한 차례 패배한 야권 후보들은 집권당 쪽이 먼저 재벌개혁을 들고 나온 것에 대응하지 않으면 안 되는 방어 입장으로 몰렸다. 문재인 후보와 안철수 후보는 새누리당보다 더 강하게 재벌을 때리는 방안을 낼 수밖에 없게 됐다. 그러자 이번엔 다시 새누리당의 재벌개혁안이 밋밋하게 보였다. 결국 김종인 전 의원은 새누리당의 재벌개혁안을 보강했다. 총수들의 재판은 국민배심원제로 기소 여부를 심사하고, 기업인 범죄는 더 엄하게 처벌하며, 총수들은 보석이나 집행유예로 풀어주지 못하는 강경책을 들고 나왔다. 위법 행위가 드러난 총수는 100% 구속되고, 재판 때는 최고 형량을 선고받은 후 형기(刑期)를 모두 마칠 때까지 감옥에 갇혀있게 하려고 했다. 나중에 최종적으로 정리된 새누리당의 재벌 손보기 정책은 이보다 훨씬 완화됐다.

재벌개혁은 이렇게 정치권 내에서 몇 달 동안 요리되었다. 정치권은 누가 더 강한 채찍으로 재벌을 혼내주느냐는 경쟁으로 일관했다. 이 때문에 아예 실현될 수 없는 내용부터 그대로 하면 부작용이 더 큰 내용, 하자는 대로 해봤자 별다른 실효도 없는 잡동사니 정책까지 다 경제민주화라는 명분으로 과잉판매됐다. 헛바람이 잔뜩 들어가버린 것이다.

알고 보면 2009년 3월에 재벌들이 계열사를 대거 늘릴 수 있도록 족쇄(출자총액제한제)*를 풀어준 정당은 새누리당의 전신인 한나라당이었다. 문어발 기업이 늘어나더라도 일자리만 만들어내면 그만이라던 정

＊ 출자총액제한제
대규모 기업집단에 속하는 회사가 순자산액의 일정 비율을 초과해 국내 회사에 출자할 수 없도록 규제한 제도.

당이 5년 만에 신발을 거꾸로 신고 나타났다. 그러면서 5년 동안 10대 재벌 그룹이 사흘에 하나꼴로 계열사를 확장했다며 핏대를 올렸다. 그때 그 족쇄를 풀어주면서 전혀 생각하지 못했던 사태가 터졌다는 듯이, 그래서 믿었던 애인에게 배반당했다는 듯 재벌을 때렸다. 어느 땐가 이명박 대통령은 대통령 전용기 일등석에서 장관들을 몰아내고 재벌 총수들에게 그 자리를 권했다. 그리고 인천공항에 기업인 전용 출입구도 따로 개설해주며 법석을 떨었다. 총수들은 이런 극진한 '친기업'이 왠지 몸에 맞지 않는 큰 사이즈 양복처럼 어색하다는 농담까지 했었다. 그들이 따스했던 추억을 다 헤아려보기도 전에 반기업으로 돌변해버린 집권당의 안면 바꾸기에 총수들은 당황했다.

새누리당은 고도성장시대 재벌과 가장 긴밀한 동반자였다. 그런 새누리당마저 변하게 된 배경에는 우리 국민 모두가 20년 이상 한국 재벌들을 보고 듣고 체험한 그대로의 정서가 깔려 있다. 정치권이 동원하는 응원세력은 우리 사회의 빈곤층이고, 재벌기업에 박대당한 중소기업들이다. 그리고 정규직에 짓밟혀온 비정규직들과 결혼할 엄두를 못 내는 청년 백수들도 반재벌 정서를 지탱하는 주요 불만 집단이다. 수조 원씩 잉여금을 쌓아둔 대기업이 갈수록 중소 협력업체를 핍박하고 월급쟁이들의 임금인상에 야박하게 구는 현실에 많은 국민이 공분하고 있다.

서민들을 울리는 대형 재벌 빵집, 대형 재벌 마트

●●● '재벌 빵집' 소동을 보라. 동네 골목 제과점 숫자는 2003년 초

주요 그룹의 외식업 및 제빵업 진출 현황

	언론 보도 종합
LG 관련	아워홈 – 순대(손수), 분식집(밥이답이다) 절임 식품류 판매(레드앤그린푸드) 캘리스코 – 돈가스(사보텐) LF푸드 – 라면(하꼬야씨푸드)
CJ 계열	제과제빵(뚜레쥬르), 비빔밥(소반), 카레(로고커리), 중식업(몽중헌), 한식(한쿡), 외식업(VIPS)
대명코퍼레이션	떡볶이 전문점(베거백)
매일유업	카레(만텐보시)
농심	뚝배기(뚝배기집), 카레(코코이찌방야)
대상	아시아 요리(터치오브스파이스)
코오롱 계열	베이커리(비어드파파)
SPC 그룹	제과제빵(파리바게뜨, 파리크로아상)
롯데 계열	제빵제과(포숑), 패스트푸드(롯데리아), 커피 체인점(엔젤리너스) 외식업(TGI 프라이데이), 제빵업(크리스피도넛)
두산 계열	패스트푸드(KFC)
신세계 계열	커피 체인점(스타벅스)
삼천리그룹	중식업(차이797)
귀뚜라미	카페(닥터로빈)

1만 8000개에서 2012년까지 4000여 개로 줄어들었다. 70% 이상 문을 닫았다. 동네 빵집의 몰락을 재촉한 주범은 대기업 체인점인 '파리바게뜨(SPC그룹)'와 '뚜레쥬르(CJ그룹)'이다. SPC는 제빵 전문 기업이다. 이 중견 그룹과 CJ그룹이 운영하는 점포는 전체 동네 빵집 숫자와 엇비슷할 만큼 급속도로 늘어났다. 그에 더해서 삼성·현대차·롯데·신세계 같은 재벌가의 2세, 3세 딸들까지 빵집 사업에 뛰어들었다. 예를 들어 신세계 제빵 사업을 성공시키려고 신세계의 전국 백화점 체인들, 이마트의

전국 점포들, 조선호텔 체인점들까지 총력 지원 체제를 구축했던 것이 속속 드러났다. 한화그룹도 그룹 이미지에 어울리지 않게 프라자호텔 지하에서 '에릭 케제르'라는 빵집을 운영했다. 재벌 딸들은 자기 빵집은 동네 빵집들과 직접 맞부딪치지 않는다고 했다. 그러나 서민들은 가족의 생계를 기대고 있다. 재벌 딸들은 빵집 비즈니스가 사회적으로 시끄러워진 후에야 사업을 포기하겠다는 뜻을 보이긴 했다. 일부 재벌 딸들은 빵집 사업을 서둘러 매각했다. 그러나 아직도 빵집 사업을 깨끗이 정리하지 않은 채 매각을 미적대는 재벌도 없지 않다.

재벌 슈퍼들이 골목 슈퍼를 밀어내고 구멍가게로 생계를 꾸려온 많은 서민을 울린 것도 과거에 보지 못한 현상이었다. 우리 재벌기업 중에는 2000년대 들어 삼성전자나 현대자동차처럼 세계시장에 나가 싸워 이긴 곳이 적지 않다. 하지만 외국시장에서 도전하기보다는 국내 영세 기업들을 괴롭히는 일을 서슴지 않은 재벌들이 사회적인 원성을 불러왔다. 재벌들은 규제가 풀리자 자영업자 가장이 가족과 근근이 생계를 꾸려가는 빵집, 구멍가게, 자동차수리점, 커피숍으로 사업 영역을 확장했다. 꼬치구이, 순댓집, 떡볶이가게까지 전국 체인점을 몰래 운영하는 재벌도 있었다.

하루 고작 몇만 원 벌이로 살아가는 순댓집 아줌마를 울리고, 구멍가게 배달 아저씨의 밥벌이마저 빼앗아 가버린 재벌을 향해 국민적 반감이 커지지 않을 수 없었다. 밑바닥 서민들의 삶을 송두리째 '착취해 갔다'고 욕을 들을 만큼 분별없는 탐욕이었다. 재벌들이 이렇게 돈의 힘을 과시하며 설치는 동안 정치권과 정부는 아무런 경고나 제재를 하지 않았다. 정치권은 그 죄를 씻으려는 듯 선거를 앞두고 서둘러 재벌개혁을 하겠다며 과잉 경쟁을 벌였던 것이다.

누구나 공감할 수 있는 원칙이 필요한 재벌개혁

●●●● 그렇다고 해서 우리가 과도한 재벌 때리기로만 치달을 수는 없는 노릇이다. 재벌개혁이 규제와 처벌 일변도로만 흐르면 번듯한 대기업들도 글로벌 경쟁에서 도태될 수 있다는 사실을 알아야 한다. 재벌개혁이 기업 경영을 핍박하는 한 방향으로만 달려가는 것은 썩은 이빨 몇 개 뽑으면 될 일을 전신 마취 후 양악 수술까지 감행하는 위험천만한 모험과 같다. 자칫하면 목숨을 건 큰 도박을 해야 한다. 아무리 재벌들 하는 짓이 밉다 해도 재벌개혁은 누구나 공감할 수 있는 원칙을 갖고 추진해야 한다.

첫째, 그 시기가 중요하다. 재벌의 무분별한 확장을 억제하고, 총수를 엄벌할 때는 타이밍을 잘 골라야 한다. 기업의 발목에 족쇄를 채워 투자가 저조해지면 머지않아 국가경제가 퇴보의 길을 걷기 때문이다. 재벌개혁 논의가 한창이던 2012년 3분기, 설비투자는 크게 감소했다. 큰 그룹들은 계열사를 줄이느라 투자를 늘릴 겨를이 없었다. 경제성장률도 0.1%에 그쳐 사실상 성장이 멈추는 결과를 초래했다. 총수 처벌을 강화하면 그만큼 경영활동이 조심스러워진다. 기업인이 방어 자세를 취하면 기업의 투자의욕은 위축된다. 총수들은 자기 나라에서 박대당하면 "사업하기 편한 외국으로 나가겠다"고 투정할 것이고 실제로 뛰쳐나갈 기업도 적지 않을 것이다. 재벌을 압박하려면 호황이 오기를 기다려야 한다. 재벌들도 기업 실적이 좋으면 정치권의 압력을 받을 때 불평을 하면서도 뭔가 양보할 여유가 있다. 웬만하면 말이 통하고 생활에 익숙한 곳에서 기업하고 싶어하는 게 기업인의 기본 성향이다. 이익금이 두둑하면 정부가 몇 가지 벌칙을 주고 제약을 가하더라도 받아들일 가능성이 높다. 1986년 정부가 공정거래법*을 개정해 30대 그룹을 본격 통제하기 시작했을 때는 호황 국면이 시작되던 무렵이었다. 저금리, 저유가, 저달러 등 '3저 호황'시대에 기업들이 여유를 갖게 된 것을 확인한 후 압박 작전에 들어간 것이다. 당시 3저 호황 때는 산재보험과 국민연금을 본격 도입했고, 건강보험도 대상 폭을 크게 확대했다. 기업에 부담을 안기는 기본적인 복지정책을 호황 국면에서 출발시켰다. 대기업들은 온갖 불평을 쏟아냈다. 예를 들어 "기업 확장을 막는 출자총액제한제 같은 독소조항은 어느 나라에도 없는 것이니 빼달라"는 요구가 재계에서 거셌다. 그러나 당시 정부는 "한국 재벌은 세계 어느 나라에서도 볼 수 없는 짓을 하므로 세계 어디에도 없는 규제를 둘 수밖에 없다"고 반박하며 밀어붙였다. 호황이었기에 가능한 일이었다. 불황으로 기업들이 쓰러지고 있었다면 정부나 정치권도 손을 들고 말았을 것이다.

재벌개혁의 두 번째 원칙으로 들 수 있는 것은 규제와 처벌 대상을

*** 공정거래법**
시장을 지배할 수 있는 기업의 지위가 남용되거나 과도한 경제력이 집중되는 것을 방지하고, 부당한 공동 행위 및 부정거래 행위를 규제하도록 규정한 법률. 공정하고 자유로운 경쟁의 촉진, 균형 있는 국민경제 발전을 도모함을 목적으로 한다. 정식 명칭은 '독점규제 및 공정거래에 관한 법률'이다.

너무 넓게 잡지 말라는 것이다. 재벌에 매를 때리려면 재벌과 기업인을 두루뭉술 표적으로 삼을 게 아니라, 선진국 기업이 하지 않는 유별난 행동을 골라내 때려야 한다. 사회적인 파문을 일으키는 반칙과 탈선 행위를 콕 집어내 그런 일탈에 족쇄를 채워야 한다. 영세 자영업자들이 가족들과 먹고사는 분야에 무턱대고 침범한다든가, 협력업체들이 애써 개발한 기술을 훔쳐간다든가, 애써 키워놓은 기술자를 쏙 빼내 간다든가 하는 한정된 얌체 행위만을 골라내서 규제해야 한다. 대기업이 외국 경쟁 회사들과 싸우려고 외국의 첨단기술회사를 인수하거나 세계적인 디자인회사를 설립하는 것까지 막는다면 한국 경제는 더 커질 수 없다. 재벌이 밉다고 밖으로 뻗어 나가려는 것까지 뒷다리를 걸면 우리 기업들은 세계시장에서 밀려날 것이다. 우리 재벌기업들이 세계적인 브랜드로 떠오르고 있다고 해도 솔직히 장기적으로 생존할 수 있는 회사는 많지 않다. 삼성전자, 현대자동차, 포스코가 세계 수준의 기업으로 꼽힐 뿐이다. 조선업계에서는 현대중공업, 대우조선, 삼성중공업 정도를 성공 사례로 들 수 있다. LG전자, SK텔레콤까지 글로벌 수준의 회사라고 대접하기는 아직 이르다. GS, 한진, 한화는 한국에서나 알아주는 회사일 뿐 세계시장을 흔드는 상품을 내놓은 적이 없다. 재벌 때리기의 대상은 우선 5대 그룹 정도로 좁혀 생각해볼 필요가 있다. 자영업자들 사업 영역에 침투할 가능성이 높은 분야에는 다른 방식의 규제가 필요할 것이다. 하지만 순환출자 금지 등 대기업집단 전체에 적용되는 규제는 대상을 가능한 한 좁혀야 한다. 그래야 나머지 집단이 더 성장할 여유를 가질 수 있을 것이다.

한국 경제는 세계시장에서 싸울 강한 대기업을 더 많이 탄생시켜야한다. 나라를 살찌우는 기업에는 더 많은 자유를 허용하고 규제를 풀어주어야 한다. 그러면서 기업의 국제경쟁력을 더 높여주는 방향으로 개혁이 진행되어야 바람직하다. 재벌개혁이 '반기업', '반기업인'으로 달려가면 한국 경제에 희망버스는 오지 않는다. 온갖 파렴치한 행위로 유난을 떠는 극소수의 재벌과 국민을 먹여 살리는 기업을 구별할 줄 알아야 할 것이다.

세 번째 원칙은 오너의 전횡을 견제하는 일부터 출발하는 것이다. 오너들은 공식 지분이 평균 10%도 안 되는데도 배타적 권리로 그룹 전체를 휘젓고 있다. 총수들은 법률상 최고 의사결정 기구인 주주총회와 이사회를 껍데기로 만들면서 이를 뛰어넘는 초법적 권한을 행사하고 있다. 등기 임원도 아니고 이사회 멤버도 아니면서 수천억 원이 들어가는 신규투자 결정을 내리고, 온갖 불법적인 자금 거래를 지시하는 일이 매우 흔했다. 전문 경영인은 그 지시에 어쩔 수 없이 따라야 했다.

총수와 그 가족들이 신규투자부터 임직원 인사는 물론 사소한 기부 행위에 이르기까지 시시콜콜 지배권을 행사하는 독단적 경영 형태는 반드시 민주적으로 바꿔나가야 한다. 총수가 독단적으로 결정을 내린 불법 행위에 대해서는 법에 따라 엄하게 처벌하는 것이 옳은 방향이다. 오너가 개입할 법적인 권한이 없는데도 개입했다가 큰 손실을 본 경우엔 그 지시를 따른 전문 경영인도 당연히 처벌해야 한다. 총수들은 법적인 책임을 피하려고 대표이사에 등록하지 않고, 책임 문제가 발생할 만한 문서에는 좀처럼 인감 날인을 하지 않는다. 이는 감방에 갈지도 모르는 위험한 일은 월급쟁이들에게 떠넘기는 수법이다.

2012년 가을 웅진그룹은 법정관리 신청을 공시했다. 동시에 윤석금 회장이 대표이사에 취임했다고 발표했다. 2006년 만들어진 통합도산법엔 법원이 부실 경영을 초래한 기존 경영인도 법정관리 기업의 관리인으로 선임할 수 있게 돼 있다. 웅진은 이 법에 따라 윤 회장이 관리인으로 지명받을 수 있도록 갑자기 그를 대표이사에 선임한 것이다. 오너 대주주들이 법정관리를 선호하는 것은 그 기간 동안 부채 상환이 동결되는 데다 경영권을 유지할 수 있기 때문이다. 윤 회장은 그동안 책임질 일을 피하다가 법정관리로 경영권이 위태로워질 때야 비로소 대표이사에 취임했다. 윤 회장의 비상식적인 처신에 비판 여론이 들끓자 그는 며칠 만에 다시 물러섰다. 그러나 자신의 심복을 법정관리인으로 지정받는 데는 성공했다.

재벌개혁의 네 번째 원칙은 서두르지 말고 단계적으로 실행하라는 것이다. 노무현 전 대통령은 취임 직후 재벌에 대한 반감을 감추지 않았다. 그러던 그가 가장 먼저 부닥친 고민은 LG그룹이 파주에 대규모 디스플레이공장을 신설하는 투자였다. LG의 투자를 허용하려면 수도권에 대기업 공장 신설이나 증설을 규제하겠다는 공약을 어겨야만 했다. 군사보호지역 등 다른 규제도 풀어줘야만 큰 공장이 들어서고 일자리를 만들어 낼 수 있었다. 노 대통령은 결국 몇 달 후 모든 규제를 LG가 기대한 대로 거의 풀어줬다. 재벌에 빚이 없다며 재벌의 못된 버릇을 고쳐놓으려는 듯 큰소리치던 노 대통령의 목소리는 그 후 힘을 잃었다. "재벌 앞에 무릎 꿇을 거면서 뭐 하러 그토록 큰소리쳤는가?"라는 비웃음이 재계 주변에서 진동했다.

권력자들이 정권을 잡았다고 재벌을 향해 서둘러 칼을 뺐다가는 이런 굴욕을 당하기 십상이다. 재벌에 반감을 표시하는 강도가 높은 정권일수록 그 정권을 노리는 재벌들의 로비전이 기승을 부리는 법이다. 재벌 부설 연구소의 보고서가 어느 틈엔가 대통령 당선인이 주말이나 휴가에 반드시 읽어야 할 도서 목록에 끼어들어 간다. 재벌 총수와 대통령을 연결하는 거간꾼들도 암약한다. 재벌들이 로비전을 시작해 굴복시키지 못한 정권은 지금껏 볼 수 없었다. 특정 정권에 밉보여 혼쭐난 재벌은 하나둘 있었어도 대부분의 재벌은 특유의 로비력을 방패로 삼아 권력의 칼을 피해 생존했다.

집권세력이 재벌 로비에 넘어가든 넘어가지 않든 상관없다. 재벌개혁은 느긋하게 해가는 게 현명하다. 올해는 신규 순환출자만 금지하고, 내년엔 계열사들 간 일감 몰아주기를 막는 정책을 추진하는 식이다. 그런 규제는 하나씩이라도 확실하게 해가는 게 낫다. 이것이 개혁 효과와 부작용을 관찰하면서 재벌을 바꾸는 길이다. 50년 이상 정권과 정부의 비호 아래 성장해온 재벌의 경영 행태를 하루아침에 다 고칠 수는 없다. 여야가 합의해 5년~ 10년 장기 계획을 세워 연차적으로 개혁 작업을 추진해가면 우리 재벌들도 변할 것이다.

일본에는 200년 이상의 역사를 지닌 회사가 1191개이고, 500년이 넘는 회사는 39개나 된다. 대부분의 장수 기업은 특정 지역에서만 영업하는 도·소매 회사나 몇 가지 제품에 집중하는 중소 제조업체들이다. 한국 재벌처럼 시장을 싹쓸이하거나 정치권과 법조계를 비롯한 모든 분야에서 지배력을 행사하려는 대형 기업은 결코 오래 살아남지 못했다. 우리 재벌들이 장수 기업의 생존 법칙을 깨닫기도 전에 정치가 멀쩡한 기업을 죽였다는 말은 나오지 말아야 할 것이다.

02

삼성,
그룹을 분할 경영하라

●●● 어느 증권회사 사장은 삼성 출신은 채용하지 않겠다고 단언했다. 삼성맨들은 온실의 꽃처럼 곱게 자란 월급쟁이이기 때문이라고 한다. 삼성맨이 새 직장으로 옮기면 좀체 적응하지 못한다는 것이다.

"삼성 출신은 밑바닥에서 진흙탕에 몸을 굴리며 싸우려는 전투 의지가 약합니다. 삼성에서 일할 때는 계열사를 동원하고 협력업체들을 압박해 쉽게 실적을 올렸던 거죠. 입사 동기들만 동원해도 자기에게 할당된 목표를 쉽게 달성하기 때문에 새로운 고객을 개척하지 못합니다. 한국의 최고 그룹에서 오랫동안 갑으로 살다보면 남에게 굽실거리는 일을 절대로 못합니다.”

그러나 다른 중견 그룹 회장은 정반대 의견을 갖고 있다. “역시 큰 회사에서 큰일을 해본 사람이 우수합니다.” 그는 중도 채용한 삼성맨은 대 관청 업무에서 뛰어난 실적을 올린다고 평가했다. 관청을 상대로 일하면서 언제·누구에게·어떤 접대를 해야 할지 정확히 안다고 한다. 삼성 출신은 대부분 좋은 대학을 나왔기 때문에 관료, 금융인, 다른 주요 기업의 핵심 인물들과의 인맥도 강하다는 것이다. 그리고 그는 삼성 사람들이 공무원들을 접대하고, 공무원들이 언론인이나 정치인들과 식사할 때 스폰서로 활동해본 경험이 풍부하다는 칭찬을 아끼지 않았다.

미국의 JP모건 금융그룹이 그랬다. 100여 년 전 모건이 알래스카 구리 광산을 개발하겠다고 나섰다. 알래스카를 러시아로부터 막 매입한 후였다. 언론은 “정부가 모건에 넘기려고 러시아에서 알래스카를 사들였다”고 비꼬았다. 정부의 정책 결정이나 변경의 무대 뒤에는 언제나 모건의 파워가 작용한다고 보았다. 모건 회장은 ‘아메리카의 보스(Boss)’로 통했다. 모건은 금융회사가 아니라 로비회사라고 꼬집은 언론인도 있었다.

삼성그룹의 연간 매출액이 384조 원(2012년 추정)이라는 사실에 감탄하는 사람은 드물 것이다. 42만 명에게 일자리를 주고 수출액은 1567억 달러에 달한다고 해도 별로 놀라지 않을 것이다. 삼성이라면 그러고도 남는다고 여길 것이다. 그러면서 삼성이 만들어낸 업적보다는 드라마 속의 어떤 재벌 총수를 떠올릴 것이다. 대통령이든 대법관이든 장관이든 마음대로 주무르고 언론을 멋대로 통제하는 그런 지배자 말이다.

모건에 붙여진 별명은 '머니 트러스트(Money trust)'였다. 그는 인상이 험상궂은 독점 금융자본가로 인식됐다. 모건은 이 이미지를 바꾸기 위해 필사적으로 돈을 뿌렸다. 주요 신문사를 사들였고 한때는 《워싱턴 포스트》 경영권까지 넘봤다. 언론을 장악하면 나쁜 이미지를 고칠 수 있다고 생각했던 것이다. 국회의원들은 모건을 혼내주겠다고 큰소리치다가 곧 입을 다물었다. 다물어진 입에는 모건이 던진 달러 뭉치로 채워졌다고 미국인들은 생각했다.

정치 권력과 재벌의 관계를 바라보는 시선

●●●● 선거 때마다 정치권은 재벌개혁에 목청을 올린다. 2012년 총선과 대선 때도 정치권은 재벌을 실컷 두들겨 팼다. 하지만 그들이 정권을 잡은 후 진짜 재벌을 손볼 것이라고 믿는 국민은 얼마나 될까? 재벌을 손보겠다고 그토록 벼르던 김대중·노무현 정권도 그러지 못했다. 그 시절보다 재벌의 힘은 더 세졌다. 이제는 외국인 주주들까지 가세해 대기업을 함부로 다루지 말라고 압력을 넣는 세상이다. 집권자는 "회초리 몇 대 맞을 거냐?"고 뒤에서 협상하지 않는 한 재벌에 선뜻 매를 들 수도 없을 것이다. 어쩌면 권력자의 입에 현찰 더미가 먼저 들어갈지도 모른다.

모건은 공격을 받을 때마다 "나는 아주 조그만 권력도 쥐고 있지 않다"고 엄살을 떨었다. 그러면서 아들과 식사할 때는 "사람 잡아먹는 탐욕스런 귀신들"이라며 정치인을 욕했다. 그는 재벌을 옥죄는 정책이 나오면 "아마추어 정권의 싸구려 술책"이라고 경멸했고, "증오와 독설이 미국을 다스리고 있다"고 한탄했다. 요즘 우리 재벌 총수들의 심정을 100년 전 모건 회장이 모두 다 대신 말해준 셈이다.

그러나 총수들이 보는 세상과 세상이 보는 재벌 사이에 간격이 커지면 반드시 그 사회 안에서 충돌이 발생하고, 그 충돌이 어느 정도 흘러가면 대폭발이 일어난다. 자본주의 체제에서 재벌의 역사가 그렇게 흘러왔다. 일본은 2차 세계대전이 끝나고 재벌을 해체했다. 나라와 백성을 이기지 못할 전쟁으로 끌고 간 원흉으로 군인과 함께 재벌이 지목됐다. 일본은 기업체는 살려둔 채 오너와 그 가족을 회사에서 쫓아냈다.

모건의 역사에서 1912년은 총수가 순교한 해로 해석된다. 그해 미국의 선거판에서는 재벌 때리기가 최고 인기였다. 모건 회장은 의회 청문회에 불려 나가 시달렸으나 온갖 비난에 맞선 청문회만큼은 성공했다는 평을 들었다. 그는 모건의 입장, 부자들의 입장을 잘 방어했다. 그러나 청문회를 다녀온 후 얼마 지나지 않아 그는 "언덕 꼭대기로 올라가야 해"라고 중얼거리며 정신착란 증상을 보이더니 이듬해 사망했다. 112개에 달하는 거대 기업은 모두 아들에게 넘어갔다. 하지만 그해 미국 연방준비제도이사회(FRB)*가 탄생하면서 은행 중 은행, 미국의 중앙은행으로 군림하던 모건의 위력은 쇠퇴하기 시작했다. 모건은 정치권과 언론을 장악하면 비난 여론이 곧 잠잠해질 줄 알았었다. 그러나 세

＊ 연방준비제도이사회(FRB)
Federal Reserve Board. 1913년 창설된 미국 연방준비제도(FRS)의 결정 기구로 재할인율 등의 금리 결정, 재무부 채권의 매입과 발행, 지급준비율 결정 등을 한다.

상인심은 너무 강했던 모건에게서 멀어져 갔다. 미국 경제에서 최강의 돈줄 역할을 하며 큰소리치던 모건은 진짜 중앙은행의 등장과 함께 황혼을 맞이했던 것이다.

'삼성이 보는 세상'과 '세상이 보는 삼성'을 구별해야

●●●● 삼성 사람들은 모건의 역사를 보며 '삼성이 보는 세상'과 '세상이 보는 삼성' 사이에 거리가 얼마나 떨어져 있는지 살펴봐야 한다. 자기들끼리 모여 정치권의 '싸구려 술책'을 욕해봤자 아무 소용없다. 세상의 '증오와 독설'만 탓하고 있어도 해법을 찾을 수 없다.

무엇보다 먼저 이건희 삼성그룹 회장은 이병철 창업자의 유산 상속을 둘러싼 형제들 간의 소송이 얼마나 세상을 실망시켰는지 깨달아야 한다. 이 회장은 "선대 회장 때 다 분재(分財·재산 분할)가 됐다"면서 소송을 제기한 형제들에 대해 "수준 이하의 자연인이니까, 내가 뭐 섭섭하다느니 그런 상대가 안 되네요. 각자들 돈들 다 가지고 있는 사람들이거든요"라고 하면서 "삼성이 너무 크다 보니 그게 또 욕심이 좀 나는 거지"라고 형제들을 직설적으로 비방했다. 이 회장은 세계적인 기업인으로 부상한 인물답지 않게 젊은 기자들 앞에서 끓어오르는 분노를 숨기지 못했다.

삼성 가문의 유산 상속 소송은 고 이병철 씨의 장남이자 이재현 CJ그룹 회장의 부친인 이맹희 씨가 2012년 2월 7666억 원 규모(당시 시가)의 주식 분할 소송을 제기한 이후, 이병철 씨의 차녀 이숙희 씨가 2078억 원, 이병철 씨 차남의 며느리와 아들이 994억 원 규모의 소송을 제기해 총 규모가 1조 738억 원대다. 대한민국 최대 재벌가의 형제·후손들이 벌이는 조 단위의 소송 규모도 규모러니와, 소송 당사자들이 노골적인 감정 노출을 서슴지 않고, 여기에 상대 변호사와 조카를 미행하면서 미스터리 소설 같은 흥미 요소까지 더해졌다. 그래서 웬만한 통속 연속극 뺨치는 관심을 모았다. 재판에서도 양측은 팽팽한 접전을 벌였다.

재벌 총수는 공인 중의 공인이다. 한 해 매출액은 웬만한 후진국의 GDP 규모를 웃돈다. 그의 말 한마디, 그의 행동 하나는 순식간에 전 국민에게 전달되고 외국 미디어를 통해 전 세계에 퍼진다. 이건희 회장은 자신의 위치를 깨닫지 못했다. 조 단위 상속 재산을 다투는 배부른 싸움을 국민이 어떤 기분으로 지켜보고 있을지 헤아려봐야 했지만, 이 회장은 감정을 있는 그대로 폭발시키고 말았다. 최대 재벌의 형제·조카·손자들이 얽히고설켜 공개 패싸움을 벌이는 광경이 실시간 동영상으로 중계되었던 것이다.

이 세상의 재벌 비판을 누구보다 아프게 들어야 할 당사자는 바로 삼성그룹의 오너 가족들이다. 세상이 재벌을 향해 분노를 표출하면 맨 앞에 날고 있는 독수리부터 노린다는 사냥의 기본 법칙을 잊지 말아야 한다. 미국에서도 록펠러 등의 그룹은 최고 전성기를 즐기고 있을 때 미국 사회로부터 비판을 받는 1등 표적이 됐었다. 2차 세계대전 이전에 일본 최대 재벌이던 미쓰이(三井)·미쓰비시(三菱)·스미토모(住友)·야스다(安田)그룹도 전쟁이 끝나고 진행된 재벌 해체 작업에서 첫 번째로 수술대 위에 올랐다. 그중 일부는 재벌의 형체조차 사라져버린 신세가 됐

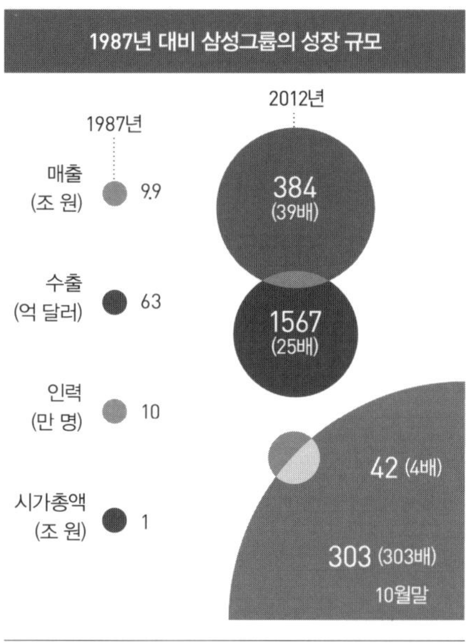

다. 가장 앞서 달리는 선두주자는 어느 시대 어느 나라에서나 처음엔
'시기와 질투의 대상'이다가, 조금 지나면 '원망의 대상'이 되고, 이어서
'타도 대상'으로 발전해간다.

삼성이 200년, 300년 생존하고 싶다면 그룹을 분할해야 한다. 무엇
보다도 삼성이 국가경제에서 차지하는 비중이 너무 크고 무겁다. 금융
업, 제조업, 서비스업 등 거의 모든 산업에서 적을 키워왔다. 매출액을
모두 합치면 얼추 한국의 국내총생산(GDP)의 4할 규모다. 삼성이 무너
지면 나라경제 전체가 단번에 혼란에 빠져드는 구조다. 금융위기 이후
유행하는 말로 표현하면 대한민국의 '시스템 리스크(System risk)'를 초

래할 최대의 위험 요인이 바로 삼성이다. 삼성이 흔들린다는 뉴스 하나로 나라 안과 밖에서 연쇄 파동이 번지면서 한국의 경제 체제가 와르르 붕괴될 수 있다는 말이다. 국민이 불안해하는 것은 국가경제에서 이렇게 중요한 그룹이 사실상 1인 지배 아래 있는 현실이다. 삼성에 쟁쟁한 전문 경영인들이 있다곤 하지만, 이건희 회장의 한마디면 하루아침에 뒷전으로 물러나는 일이 종종 발생한다. 형제들의 소송에 분노를 공개적으로 폭발시키는 광경을 보며 국민은 더 불안해하고 있다. 만약 이 회장이 다른 중요한 경영 판단을 해야 할 때도 감정과 분노를 앞세우면 그룹은 언제든지 위기에 처할 수 있다는 것을 그렇게 생생하게 보여주었다. 삼성은 정부나 정치권이 손을 대기 전에 스스로 그룹을 분할 경영하는 것이 좋을 것이다. 제조업그룹과 금융그룹으로 나누는 방법도 있고, 제조업그룹과 서비스업그룹으로 쪼개는 방법도 있을 것이다. 5~6개 소그룹으로 분할하는 방안도 생각할 수 있다. 모든 계열회사를 오너 혼자 절대적 권한을 갖고 통제할 것이 아니라, 일부 계열사는 전문경영인과 사원들이 오순도순 독자 경영하며 이익을 분배할 수 있는 길을 열어줄 때가 됐다. 그룹이 이만큼 성장하기까지 공헌해온 월급쟁이들에게 "그동안 월급 많이 받았으면 거기서 만족하라"고 선을 긋는 게 그들에게 베풀 수 있는 모든 것인지 되돌아봐야 한다. 그룹의 2인자로 회사 성장에 크게 기여한 경영인을 '문책'이라는 단어를 쓰며 내모는 게 과연 최대 재벌로서 적합한 결정이었는지도 되돌아봐야 한다. 삼성 사람들은 삼성이 위기를 맞으면 온 나라가 함께 추락한다는 상황 판단 위에서 행동해야 할 것이다.

03

'무혈 쿠데타'가
비리 총수 제거할 기회 된다

●●●● 재벌 총수들 비리가 끊이지 않는 나라가 한국이다. 잊을 만하면 수백억 원, 수천억 원씩 회사 돈을 빼내 썼다가 구속되는 회장님이 검찰 청사를 들락거린다. 비리 총수, 탈선 총수를 가장 효율적으로 경영에서 제거할 수 있는 사람은 전문 경영인 집단이다. 총수의 일탈 행위를 훤하게 알고 있고, 총수를 내보낸 후 회사 경영을 어떻게 해야 할지도 알고 있다. 일본에서는 종종 회사 내에서 쿠데타가 일어난다. 전문 경영인들이 오너 경영인을 경영에서 몰아내고, 전문 경영인들 중심으로 회사를 독립 경영하겠다고 선언하는 모습이 언론의 화제로 등장한다.

오너 총수에게 최대 복병은 자신을 떠받들고 있는 전문 경영인

●●●● 일본 제지업계 4위인 다이오제지(大王製紙)그룹의 경영진 내분이 대표적인 쿠데타 사례다. 다이오제지는 이카와 이세키치(井川伊勢吉, 1990년 사망) 전 회장이 1943년 설립한 회사다. 창업자 손자인 이카와 모토타카(井川意高) 회장은 2007년 6월 CEO에 취임한 후 주식선물 거래와 외환 거래에서 큰 손실을 봤다. 카지노를 들락거리며 탕진한 돈도 수십억 엔에 달했다고 한다.

젊은 이카와 회장(2012년 47세)은 개인 돈과 회사 돈을 구별하지 못하고 회장 취임 3년 후부터 자회사 7곳에서 회사 돈 107억 엔(1388억 원 상당)을 꺼내 썼다. 투자 손실과 카지노에서 잃은 돈을 갚으려고 계열회사 자금을 빌리는 형식을 취한 것이다. 2011년 3월 주총은 무사히 넘어갔다. 오너가 회사 돈을 빼내 쓴 것을 주주총회 때 배포한 결산 자료에 붙이지 않았다. 주주는 물론 경영인 중에도 몇몇 빼고는 내용을 아는 이가 없었다. 하지만 6개월 후 회장의 비리를 폭로하는 이메일이 자회사 부장으로부터 그룹 본사의 최고경영진에까지 도착했다. 내부 고발을 기다렸다는 듯 전문 경영인들은 똘똘 뭉쳐 특별조사위원회를 발족시켰다. 회장의 무리한 경영에 모두 고개를 절레절레 흔들고 있던 참이었다. 사내의 흉흉한 분위기를 알아차린 이카와 회장은 이메일 사내 고발이 있은 지 1주일 만에 회장직에서 사임했다.

그러나 전문 경영인들은 거기서 멈추지 않았다. 특별위원회의 사건 조사 보고서를 통해 "이카와 부자(父子)에 의한 절대적인 그룹 경영 지배가 비리 사건의 배후"라는 결론을 내렸다. 그리고 창업자의 2세로 사장과 회장을 지낸 뒤 고문으로 있던 이카와 다카오(井川高雄)까지 해임했다. 부자 동시 퇴진을 밀어붙인 셈이다. 전문 경영인들과 창업자 가문의 싸움은 그 후 1년 동안 치열하게 전개됐다. 창업자 가문은 개인 지분을 이용해 계열사 경영권을 장악해 들어갔다. 반면 전문 경영인들은 그룹의 핵심 회사인 다이오제지를 중심으로 창업자 가문의 지분이 없는 회사들을 챙기기 시작했다. 다이오제지그룹은 애초 자회사가 37개였는데, 전문 경영인들이 직영하는 본사 19개 회사, 창업자 가문이 지배하는 18개 사로 분리됐다. 그룹이 완전히 두 쪽으로 갈라진 것이다.

상황의 불리함을 느낀 창업자 가문은 2012년 6월 업계 5위인 일본 호쿠에쓰키슈제지(北越紀州製紙)에 자기들의 지분 20%가량을 100억 엔에 매각했다. 전문 경영인들은 거기서 멈추지 않고 창업자 가문이 보유하고 있던 자회사 주식까지 486억 엔에 취득하며 철저히 항전했다. 긴 전쟁 끝에 창업자 가문 사람들은 모두 경영에서 쫓겨났다. 호쿠에쓰키슈제지는 제1 주주가 됐지만, 전문 경영인 집단과 협조하지 않으면 대주주로서 발언권을 행사하기 어려운 상황이다.

오너 총수에게 최대 복병은 자신을 떠받들고 있는 전문 경영인이다. 전문 경영인들이 뭉쳐 오너와 그 가족 이외의 다른 주주들을 단합시키면 오너를 위협하는 가장 무서운 적이 된다. 오너가 과반수의 지분을 확실하게 보유하지 않는 한, 주주총회를 열어 자신에게 도전하는 전문 경영인을 함부로 교체할 수도 없다. 이사회에서 총수의 경영권을 박탈해버릴 수 있는 세력도 전문 경영인들이다.

일본 후지산케이그룹은 일본 최대 지상파 방송인 후지TV와 보수 성향 산케이신문사를 거느리고 있는 언론그룹이다. 1992년 후지산케이 그룹에서 발생한 사내 쿠데타는 그룹의 시카나이(鹿內) 총수 가족을 축출하는 데 성공했다. 그해 7월 21일 오후 1시에 열린 이사회는 매달 열리는 정기 이사회였다. 임금님 앞에서 열리는 '어전(御前) 회의'로 통하는 이사회에서 반대 의견이란 나올 수 없었다. 사전 협의가 끝난 안건만 올라가는 게 상식이었다. 그나마 총수의 스케줄을 망친다는 이유로 항상 예정된 시간 내에 끝내야 했다. 그러나 이날만은 달랐다. 그룹의 오사카 지역 사업을 대표하는 이사가 돌연 "의장님, 긴급동의가 있습니다"며 치고 나왔다. 의장인 시카나이 회장이 대답도 하기 전에 다른 이사가 "시카나이 회장은 언론계 인사로서는 부적격이기 때문에 해임을 요구합니다"는 동의(動議)가 튀어나왔다. 시카나이 회장은 "무슨 말이냐, (그런 안건은) 인정할 수 없다"고 화를 냈다. 이번엔 그룹의 주력 회사 중 하나인 산케이신문사 사장이 들고 나왔다. "무슨 말씀인가요. 상법에선 인정하고 있습니다. 표결하겠습니다."

이사회에서 해임 동의를 받은 당사자는 의장 권한을 상실하고 표결에 참여할 수 없다. 일본 상법이나 한국 상법은 이 조항이 똑같다. 법에 따라 총수는 의장 방망이를 다른 사람에게 넘기지 않을 수 없었다. 즉석에서 취임한 새 의장이 "긴급동의에 찬성하시는 분들은 기립해주십시오"라고 하자 결과는 16대 3이었다. 해임안은 통과됐다. 시카나이 회장은 "무효다. 인정할 수 없다"고 외쳤으나, 10분 만에 전격적으로 끝나버린 합법적인 총수 추방 드라마를 뒤집을 수는 없었다.

'그 외 기타 안건'에 긴장하게 된 총수들

●●● 일본에서는 오너가 없는 회사에서도 사내 쿠데타가 발생한다. 한국인들이 자주 찾는 미쓰코시백화점에서도 전문 경영인이 10년 이상 장기 집권을 한 적이 있었다. 그룹 경영을 장기간 장악하다 보니 전문 경영인도 못된 오너를 닮아갔다. 개인적으로 관계를 맺은 여성이 경영하는 회사의 상품을 백화점에서 돋보이게 진열해주고 판촉활동을 도와주면서 매출을 올려줬다. 큰돈을 들여 가짜 페르시아 토산품을 가져다가 백화점에서 전람회를 열기도 했다. 임원들은 자기 개인회사처럼 멋대로 권한을 휘두르는 전문 경영인 출신 사장을 이사회에서 축출하기로 했다. 사장 축출 음모에 가담한 임원들은 이사회 안건에 '그 외 기타 안건'이라는 항목을 넣고서 이사회를 개최했다. 아나나 다를까 그날도 사장은 "다른 안건은 없죠?"라며 이사회를 끝내려고 했다. 그 순간, 전무가 사장 해임안을 들고 나왔다. 사장은 농담이라고 여겼는지 "왜 그래?"라고 되물으며 전무를 향해 웃기까지 했다. 하지만 잘 짜인 각본대로 표결이 진행돼 16대 1로 해임안이 통과됐다. 그 후 일본 기업에서는 '그 외 기타 안건'을 조심하라는 말이 일대 유행어가 됐다. 이사회 안건에 '그 외 기타 안건'을 쓰지 말라고 지시한 회사도 적지 않다. 무슨 쿠데타가 날지 모르기 때문이다.

그래도 사내 쿠데타를 막을 수는 없다. 오사카의 이토만이라는 회사는 미쓰코시의 사례를 오래 연구했다. 총수는 이사회 때마다 '그 외 기타 안건'을 써넣지 않았는지 점검했다. 1990년 이후 일본 경제의 부동산 버블이 붕괴되면서 이토만은 부동산투자로 1조 3000억 엔에 달하는 엄청난 부채에 시달렸다. 대우그룹과 제휴해 리조트 사업을 벌인다며 한국과도 왕래가 오가던 회사였다. 하지만 부동산 가격이 무너지면서 회사가 부도 직전에 몰려 분위기가 뒤숭숭했다. 총수가 자진 사퇴하느냐, 강제 퇴진하느냐는 추측 기사가 언론에 자주 등장했다. 총수로서는 당연히 임원들의 동향을 체크하지 않을 수 없었던 것이다.

1991년 1월 25일 예정대로 정기 이사회가 열렸다. 안건을 정리한 서류에는 '그 외 기타 안건'이 없었다. 총수는 안도했다. 그러나 이사회가 열리자마자 총수의 심복이던 부사장이 느닷없이 긴급동의를 내놓았다. "의장님, 대표이사 겸 사장의 퇴임 동의안을 제출합니다." 잠시 침묵이 흘렀다. 이사회 의장이자 대표이사 사장은 "의안에 들어있지 않으니 무효다"라고 선언했다. 그러나 "사장은 이해 당사자이니 발언 자격이 없다"는 발언이 나왔다. 곧바로 새 의장이 선출되고 새 의장은 즉석에서 "긴급동의에 찬성하시는 분은 기립해주세요"라고 말했다. 1명을 제외하고 나머지 28명 모두가 일어섰다. 쿠데타 이사회에서 쫓겨난 총수는 아무 말 없이 자기 방으로 돌아갔다. 사내 쿠데타에 그토록 대비했건만 전문 경영인들의 단합된 쿠데타에는 방어책을 세울 수 없었던 셈이다. 현장에서 선임된 신임 사장은 "이런 식으로 사장이 퇴임하는 것은 괴롭지만, 앞으로 잘 부탁한다"라고 말했다. 그는 대학 시절 연극반에서 시나리오도 쓰고 연출도 해봤던 인물이었다. 쿠데타 극은 자기가 쓴 시나리오대로 순조롭게 흘러갔다. 유일한 에러(실패)는 스스로 만들어냈다. 자신을 키워준 총수를 몰아낸 직후라서 그랬는지 취임 인사말은 앞뒤가 제대로 맞지 않았다고 한다.

한국에서도 이런 전문 경영인들의 사내 쿠데타가 발생할 가능성이 높아졌다. 일본 회사들의 사례와는 다르지만, 국내 어느 대형 회계컨설팅회사에서 소액 주주들이 뭉쳐 제1 대주주를 경영에서 쫓아낸 사례가 있었다고 들린다. 주주 중에 오너나 대주주에 반대하는 주주가 많고, 이사회 멤버들 중에서도 오너와 다른 의견을 가진 이사들이 많으면 오너는 언제든 경영 일선에서 제거될 가능성이 있다. 모든 주식회사의 법 체계는 오너의 횡포와 독단을 견제할 장치가 여기저기 마련돼 있다. 그걸 활용하여 전문 경영인들이 단합하면 손버릇이 나쁜 오너가 경영에 간여하지 못하게 막을 수 있다. 한국에선 전문 경영인들이 법을 잘 모르고, 그런 전례가 많지 않아 아직 본격적으로 행동에 나서지 않고 있을 뿐이다. 지금처럼 한국의 총수들이 과욕을 부리고 회사 경영에 멋대로 전횡을 행사하면 곧 무혈 쿠데타가 일어날 것이다. 소액 지분으로 그룹 전체를 장악하고 있는 재벌 총수들은 전문 경영인들이 뭉치면 언제든 도발해 총수를 허수아비로 만들 수 있는 법적 수단이 있다는 사실을 잊지 말아야 한다.

아무렇지 않게 회사 돈을 가져다 쓰는 오너, 그리고 전문 경영인은 언제든지 자기 지시에 복종할 것이라고 생각하는 총수는 자기 발밑을 잘 살펴야 한다. 쿠데타의 지뢰가 언제 발밑에서 터질지 모른다는 긴장감을 갖고 있지 않으면 안 된다. 오너들은 경영 능력과 통솔력, 인간적인 매력이 자신을 방어하는 최상의 무기라는 것을 알아야 한다.

04

재벌 총수,
'비굴한 황제' 행세 언제까지 할 건가

●●●● 새 대통령이 취임하면 재벌 총수들을 청와대로 소집하는 게 익숙한 풍경처럼 돼 있다. 이것은 한국에서 유독 자주 볼 수 있는 장면이다. 미국이나 일본에서 대기업 회장들을 일제히 호출해 오찬이나 보고회를 여는 행사를 우리나라에서처럼 자주 본 적이 있는가? 우리 대통령들은 취임만 하면 기업 총수를 청와대로 불러 들이고, 토론회를 갖는다. 대통령이 국외 순방에 나서면 단체로 가자며 동행을 요청한다. 재벌 총수들은 유치원생들이 선생님 뒤를 따라가듯 줄지어 따라간다. 그것이 마치 총수들이 지켜야 할 바람직한 행동처럼 돼버렸다. 상생 협

력, 일자리 창출, 투자 촉진 등 대통령과 총수들이 만나야 할 명분은 그때그때 많다. 하지만 권력자가 이들을 소집하는 분위기는 그런 것과는 거리가 있음을 정권이 바뀔 때마다 느낄 수 있다. "새 권력자는 바로 나야!", "대통령이 되기 전에 한 번 보자고 할 때는 당신들 그렇게 거만하더니……." 이런 분위기가 진하게 퍼져 나온다. 총수들을 줄 세우고 기합을 넣으려는 의도가 다분하다.

대통령과 총수들이 심각한 얼굴로 중요한 국가 이슈를 논의하는 듯 보이지만, 별다른 내용이 나오는 것도 아니다. 청와대 회동 이후 대통령 당부에 감동해 계획하지 않았던 투자를 늘려보겠다는 재벌도 없고, 대통령과 재벌들이 동반 성장을 논의했다고 해서 원기가 불쑥불쑥 솟구쳤다는 중소기업인도 없다. 청와대 만찬 이후 재벌 총수가 납품업체의 고뇌를 절감해 중소기업인들 손을 붙잡고 눈물을 흘리며 "함께 살아보자"고 맹세했다는 후일담도 듣지 못했다. 정부 시책에 적극 협조하려고 회사 부담을 각오하고 신입사원 채용 숫자를 예정했던 것보다 훨씬 더 늘렸다는 그룹도 없다. 불려 가는 쪽에서는 오히려 보고용 자료를 만드느라 힘들었고 억지로 투자 계획, 채용 계획의 보고용 숫자만을 늘리느라 고생했다는 푸념만 들린다. 총수들 처지에서는 혹시라도 권력자에게 밉보일까 봐 그저 '저쪽 회장님도 참석한다니까……'라는 심정으로 끌려 나가는 모임에 불과하다. 그런데도 총수들은 청와대에선 평상시 회사에서 보이던 모습과는 딴판인 얼굴로 나타난다. 억지웃음을 짓는 표정을 보일 때가 적지 않다. 청와대 회동에 참석했던 총수 중에는 "가히 마피아 영화의 한 장면"이라고 털어놓는 사람도 있었다. "우리가 이 수준밖에 안 되는가 하는 자괴감이 들 때가 많다"고도 했다. 자존심이 상한다는 얘기다.

그 자리에 불려 가는 총수들은 그룹 내에서는 황제 신분이다. 외국에 가면 그곳 대통령과 장관들이 만나고 싶어 안달하는 인물이 적지 않다. 외국 유명 잡지의 표지에 등장하고, 이들의 사소한 경영상의 결정 하나에 수백, 수천 명의 일자리가 단번에 만들어지거나 없어지기도 한다. 그들이 내는 세금과 그들이 유지해주는 일자리, 그들이 만들어낸 무역 흑자는 바로 우리나라의 국부이고, 나라의 국력과 직결되어 있다.

글로벌 기업의 최고경영인은 중세 유럽의 군주

●●●● 삼성, 현대자동차, 포스코, LG그룹의 총수나 전문 경영인들의 신분은 2000년대 들어 국제적으로 몇 단계 상승해버렸다. 이들의 머릿속에는 한국 지도만 있는 게 아니라 세계 지도가 훨씬 더 크게 입력돼 있다. 그중에는 전용 비행기 없이는 바쁜 일정이 제대로 돌아가지 않는 인물도 있다. 10년 전만 해도 《뉴스위크》나 《포춘》 같은 잡지에 등장하려고 홍보 대행사를 앞세워 접근했지만 지금은 이들 잡지에서 먼저 총수들의 사소한 발언까지 곱씹고 촌평한다. 일본의 한 경제 전문가는 글로벌 기업의 최고경영인을 중세 유럽의 군주에 비유했다. 중세 유럽에 성행했던 캐슬(성·城)을 다스리는 왕 같은 존재라는 말이다. 이는 왕처럼 절대권력을 행사하며 호사를 다 누린다는 뜻도 되지만, 어느 한 제품이나 특정 산업에서 국경과 인종의 벽을 넘어선 시장지배력을 갖는

기업체를 이끄는 최고 권력자라는 얘기다. 예를 들어 미디어 분야의 머독 회장이나 할인점 분야의 월마트를 이끄는 월튼 가문은 웬만한 나라의 대통령이나 총리보다 더 넓은 영토에서 더 강한 지배력을 갖고 있다. 그들이 행사하는 힘도 어느 정치 지도자들에 비해 결코 뒤지지 않는다. 이런 시각에서 보면 이건희 회장은 세계 반도체 왕국, 휴대폰 제국의 황제이고, 포스코 회장은 글로벌 철강 제국에서 꽤 높은 윗자리를 차지하는 제왕이다. 글로벌 왕들에게 한국이라는 사업 공간은 여러 전략 거점 중 한 점일 뿐이다. 터놓고 지낼 친구가 있고, 어릴 적부터 먹던 음식이 있고, 쓰기 편한 언어가 있기 때문에 한국에 머물고 있는지 모른다. 이들은 마음만 먹으면 프랑스 국적을 얻어 중국인 요리사를 데리고 베트남과 태국을 돌며 살 수 있다. 어느 다국적 기업의 한국 책임자는 "국적(國籍)보다 중요한 것은 내가 이 회사 파트너라는 점"이라고 말했다. 글로벌 기업 임직원에게는 국적보다 사적(社籍)이 더 가치 있다는 자부심이다.

미국이나 일본에서는 글로벌 기업 경영인에게 "앞으로 경기가 좋아질 것인가?" 따위의 국내 경기 전망을 묻지 않는다. 자기 나라 경제가 아무리 침체하더라도 다국적 기업은 외국 법인을 통해 막대한 이익을 내기 때문이다. 우리나라 글로벌 기업들도 마찬가지다. 삼성전자나 현대자동차의 경영 실적은 2000년대 들어 나라 전체의 경제성장률(GDP)이나 경기 추세 곡선과는 별 상관없이 움직인다. 일부 사업은 한국 정부의 손이 미치지 않는 곳으로 탈출해 나갔고, 한국시장이라는 좁은 싸움판에서 졸업해버렸다.

대기업 총수는 철없는 권력자의 소집 명령에 맞서야

●●●　시대가 이렇게 변했는데도 철없는 권력자들은 걸핏하면 총수 소집 명령을 내린다. 그리고 외국 순방은 물론 평양까지 기업인들을 몰고 가려고 채근한다. 불려 가는 총수들마저 권력자 앞에서는 비굴한 모습을 감추지 않는다. 총수들이 청와대에서 비굴해지는 이유는 무엇일까? 바싹 날이 선 칼날을 보는 것일까? 김대중 대통령 시절 정권의 눈 밖에 나 동남아와 유럽을 떠돌았던 김우중 전 대우그룹 회장을 떠올린 것일까? 아니면 노무현 대통령 집권 때 삼성 이건희 회장의 외국 방랑 시절을 되새기는 것일까?

　2005년 3월 노 전 대통령은 영부인과 아들·딸 부부를 동행하고 삼성그룹의 리움 미술관을 2시간 넘게 관람했다. 6개월 후 이건희 회장은 망명객처럼 도망치듯 서울을 떠났고, 5개월 동안 미국과 일본을 떠돌며 귀국하지 못했다. 미술관에서 오순도순 커피를 마시던 노 전 대통령 부부와 이 회장 부부 사이를 갈라놓은 원흉이 무엇이었던가. 당시 삼성은 정부와 정치권을 향해 거칠 것 없는 행보를 거듭했고, 정권 쪽에서는 "삼성이 그렇게 오만할 수 있느냐"고 분개했다. 이 회장이 8000억 원 사회 헌납을 약속하고, 정부를 상대로 걸었던 소송을 취하하고서야 입국 허가가 떨어졌다. 최대 그룹의 회장마저 이러는 판에 다른 총수들인들 처신을 조심하지 않을 수 없을 것이다. 총수 중 누군가는 "대선자금 수사 때마다 감옥살이를 면해준 데 대한 감사 표시로 청와대 회의엔 꼭 참석한다"고 했다. 그럴듯한 이유를 얼마든지 댈 수 있지만, 재계 대표와 권력자 간의 관계가 이런 식으로 설정되어서는 안 된다.

청와대가 세계시장에 노출된 총수들을 같은 시각, 같은 장소에 불러 모으는 것부터가 시대에 맞지 않는다. 이런 집단 행사는 외국인들 보기에도 쑥스럽다. 총수들의 처신도 고쳐야 한다. 한국을 대표하는 그룹의 총수라면 권력자 앞에서도 당당하게 발언해야 한다. 투자의 진짜 걸림돌이 무엇이고, 경제위기론이 왜 나오는가를 설명해야 옳다. 이 나라의 일자리를 책임지며 죽는 날까지 그 역할을 맡을 기업인으로서 배짱과 자부심을 갖고 5년짜리 '비정규직 권력자'와 만나야 한다. 자기 그룹의 오랜 민원 한 건을 해결하거나 권력자에게 억지웃음으로 화합 분위기를 띄우려 하는 것은 채신머리없는 처신이다. 때로는 그런 자리에서 내뱉은 한마디 때문에 세무조사에 시달리고, 감옥에 가야 하는 어려움을 겪을 수도 있을 것이다. 독재 정권 아래서 그런 사례를 수없이 목격했다. 세상이 변했다고는 하지만 지금도 걸핏하면 과거의 독재자들과 비슷하게 국세청, 공정거래위원회, 검찰 등 권력 기관들이 수시로 기업과 총수들에게 칼날을 내보이는 게 현실이다.

그렇다고 해서 한국을 대표하는 그룹의 총수가 "대통령은 21세기 한국의 희망이자 비전"이라고 치켜세우는 발언을 해서야 될 것인가. 그것도 모자라 때로는 대통령 면담 후 언제 할지도 모를 수십조 원의 대형 투자 계획을 부랴부랴 추가로 발표하는 해프닝은 뭐란 말인가. 재벌 총수라면 마땅히 법인세 증세, 부자 증세, 경제민주화 법안들이 투자를 위축시키고, 기업을 적대시하는 발언이 입맛을 떨어뜨린다고 반박해야 한다. 그리고 한국 기업들이 국내 실업자들을 외면하고 중국에 100만

개, 베트남에 40만 개가량의 일자리를 만들었던 이유가 무엇이었는가를 조목조목 설명해야 한다. 수만 명의 사원과 수천 개, 수만 개 거래처가 지켜보고 있다는 것을 인식해야 한다. 외국 언론의 주목까지 받는 총수들이 정권이 바뀔 때마다 권력자에게 뺨 맞고 허둥대는 꼴을 계속 보여야만 하는 것인지 스스로 되돌아봐야 한다. 우리 기업인들도 이만큼 컸으면 정치권을 향해 항의할 것은 항의하고, 저항할 것은 저항하고, 끊을 것은 끊어야 한다.

이웃 일본 재계의 대표적인 경영인들은 정치권을 향해 그때그때 쓴소리를 쏘아댄다. 아베 일본 자민당 총재가 2012년 11월 자신이 총리가 되면 엔고 현상을 바로잡기 위해 지폐 인쇄기를 쌩쌩 돌리고 금리를 마이너스로 떨어뜨리겠다고 했을 때 재계 인사들은 '무대포' 발언이라고 당당하게 비판했었다. 일본 기업인들은 반기업적인 정치인 명단을 공개하기도 하고, 이들을 상대로 한 후원금 거부 등 갖가지 저항을 마다치 않는다.

반면 우리는 창업자 아버지를 잘 둔 덕에 회사에서는 황제 대접을 받는 일부 2세, 3세 총수들이 별다른 경영 실적 없이 총수 자리에 올라 권력자들을 상대한다. 그러다 보니 권력자 앞에서는 굽실거리고, 자기 그룹 임직원들 앞에서는 황제로 군림하려 드는 건지 모른다. 총수들은 당장 정치인들에게 은밀하게 뒷돈을 대고 권력 실세에게 접근해 특혜를 얻을 생각부터 버려야 한다. 그래야 권력자 앞에서 고개를 꼿꼿하게 들수 있다. 탈세나 횡령으로 죄를 지으면서 들키지 않을 것이라는 생각도 머릿속에서 말끔히 지워야 한다. 총수들이 뼈를 깎는 변신을 하지 않으

면 정권이 교체될 때마다 5년짜리 권력자들에게 굽실거리고, 그 대가
로 조롱을 당하며 권력자의 노리개가 되거나 청와대 의전용 마스코트
로 살아가야 할 것이다.

05

총수 한 사람
변하면 그만인 것을

●●● 미국 솔트레이크시티는 은행 설립이 쉽기로 유명한 곳이다. BMW나 볼보 같은 유럽 자동차회사들이 은행 자회사를 여기에 세웠다. 미국의 대형 투자은행인 메릴린치와 골드만삭스 같은 곳도 마찬가지다. 간절하게 은행을 갖고 싶었으나 몇 차례 실패했던 월마트가 그토록 노리던 월마트 계열 은행 설립 기회를 놓칠 리 없었다. 그래서 2005년 '근로자 대출 은행'을 솔트레이크에 설립하겠다고 신청했다. "월마트가 은행 서비스를 하면 신용카드 수수료를 다른 은행이 가져가지 못하므로 그만큼 가격을 더 내릴 수 있다"는 명분을 내세웠다. 어디까

지나 소비자를 위한 전략임을 홍보했다. 하지만 월마트의 은행 설립 신청이 기폭제가 되어 이때부터 안티 월마트 진영이 더 거센 기세로 급팽창했다. 그러지 않아도 월마트 점포를 낼 때마다 지역 상인들의 반대운동이 심했던 터였다. 월마트 감시(Wal-Mart Watch) 같은 전국 조직이 탄생했다. 선거 전문가와 유명 정치인까지 반대운동에 참가했다. 월마트의 횡포를 폭로하는 영화, 불매운동을 부추기는 비디오, 책, 노래, 블로그가 쏟아졌다. 영화에는 영화, 광고에는 광고, 거물 출연에는 거물 영입으로 맞서던 월마트는 2년 후 신청서를 되찾아갔다. "매일매일 가장 싼 값으로"라는 소비자 우선의 경영으로 성공한 글로벌 기업으로서도 도저히 넘을 수 없는 벽을 절감한 채 물러서야만 했다.

정치판을 조금이라도 들여다보는 한국 기업인이라면 2012년 총선과 대선을 거치면서 귀가 따가웠을 것이다. 총수를 비판하는 말, 대기업을 성토하는 확성기 소음에 귀를 막았던 것을 후회했을지 모른다. 골목 슈퍼의 배달 아저씨가 재벌을 향해 쌍스러운 욕을 내뱉을 때 "우리 백성은 사촌이 땅 사는 것도 배 아파 못 견딘다"며 국민성을 탓했던 말도 지우고 싶었는지 모른다. 그러나 "올 것이 왔다"는 위기의식이 경제계 전체에 널리 퍼진 것은 아니다. 재벌 총수들은 여전히 한때 쏟아지는 소나기 정도로 생각하고 있는 듯하다. 여러 재벌 그룹에서 오너 가족들이 배부른 상속을 둘러싼 소송으로 입맛을 씁쓸하게 만들었다. 삼성의 후손들 사이엔 창업자 묘소 참배를 놓고 형제와 사촌들이 두 편으로 갈려 "간다", "못 간다"며 줄다리기를 했다. 장손은 앞문으로 오지 말고 뒷문으로 들어오라 했다고 아예 제삿날 묘소조차 가지 않았다. TV·냉장

고부터 라면·교복까지 소비자를 골탕먹이는 담합 사건*도 끊이지 않는다. 안 팔리는 골프 회원권을 하도급 회사에 강매하고, 회삿돈 수십억 원으로 유명 외국 화가의 그림을 사들여 자기 집 거실에 걸어놓는 회장님의 악취미도 건재하다. 회삿돈으로 명화를 구입해 자기 집 거실에 놓고 즐기면 그것이 횡령죄가 된다는 것조차 모른다. 일본의 어느 재벌회사 사장이 5개뿐인 로댕의 '생각하는 사람' 조각품의 레플리카(공식 복제 작품)를 단골 음식점 정원에 놓고서 사케를 마셨다는 일화가 떠오른다. 남이야 뭐라 하든 혼자 즐기면 된다는 식이다.

지구와 태양만큼 멀어진 총수와 사원의 거리

●●●● 비판의 빌미를 스스로 헌납하는 기업인이 우리나라에는 너무 많다. 재벌 비판이 상종가를 칠 때면 재벌 총수와 그 가족들의 추문은 덩달아 꼬리를 물고 터져 나온다. 창업자는 오늘의 2세·3세 경영인들처럼 오만하지 않았다. 현대그룹 정주영 창업자도 은행장을 만나려고 한 시간 넘게 은행장실 문고리가 흔들리기를 기다리는 광경을 쉽게 볼 수 있었다. 사원들과 맨몸으로 씨름하고 포장마차에서 폭탄주를 돌리던 사장님도 적지 않았다. 요즘의 2세·3세 총수에게는 누구도 쓴소리를 할 수 없다. 재벌 총수 사무실은 싫은 소리, 반대 의견이 금지된 치외

＊ 담합 사건

사업자가 협약·협정·의결 또는 어떠한 방법으로 다른 사업자와 연합하여 부당하게 경쟁을 제한하는 행위를 일컫는다.

법권 구역으로 성역화됐다. 임원들은 어떻게든 오너의 귀에 거슬리지 않는 단어와 표현법을 연구하느라 밤잠을 설친다. 과거에는 재벌들에게 돈줄을 쥐었다 풀어주며 견제하던 은행도 이제는 "여유자금을 예금해달라"고 거꾸로 매달리는 형편으로 바뀌었다. 임금 협상을 경영진에게 일임하지 않는 노조에게는 "우리 노조는 변태 아니냐"며 모욕을 준다. 회사 통장에 수천억 원, 수조 원의 잉여금을 쌓아놓고도 사원들의 연봉과 복지는 묶어놓은 채 "미래를 위해 비축해 놓자"는 말만 해마다 똑같이 반복한다. 그럴수록 젊은 사원들은 인터넷에서 삐딱한 '콘서트 모임'에 심취한다. 회사 등산대회에는 몸살을 핑계로 빠지면서 자기들끼리 동료의식을 확인하는 모임에는 개근한다. 중간 간부들은 상하 간의 연결 통로가 되지 못한 채 '명퇴', '권고사직'이란 단어를 겁내며 윗분의 지시와 명령에 비굴해졌다. 총수와 사원들 간의 거리는 지구와 태양만큼 까마득하게 멀어졌다. 경영진과 사원들이 터놓고 대화하는 콘서트가 열리기는커녕 다가설 수 없는 넓은 DMZ(비무장지대)가 형성됐다.

우리나라의 롯데, 신세계, GS, 홈플러스 등 재벌 계열사들은 월마트 같은 지혜를 보여주지 못했다. 대형 슈퍼마켓을 개점하자 동네 골목 슈퍼들이 집단을 이뤄 이를 막아달라고 정부를 쫓아다녔다. 재벌 슈퍼들은 "소비자에게 이득이 된다"는 논리였으나, 소형 슈퍼는 "재벌 슈퍼가 들어오면 골목 슈퍼는 다 망한다"고 흥분했다. 주택가 슈퍼마켓 싸움은 우리 사회의 갈등 구조를 그대로 반영하고 있다. 한쪽은 소비자 권리와 일자리 창출을 앞세운 전형적인 시장 논리다. 반대편은 죄 없는 서민을 죽이지 말라는 식으로 다분히 감성적인 항변을 한다. 이쪽에서 대기업들이 강하게 단합된 진지를 구축했다면, 저쪽은 후퇴하는 군대처럼 산발적으로 불평불만의 목소리만 높일 뿐이다. 두 진영이 힘으로 대결하면 결과는 뻔하다. 자본력이 튼튼한 소수가 흩어져 있는 다수를 벼랑 끝으로 밀어낸다. 여론 형성 능력도 "샴푸 하나 사면 덤으로 하나 더 드릴게"라고 아줌마 소비자에게 사근사근 접근하는 쪽이 어정쩡한 슈퍼 아저씨들 집단을 압도하곤 한다. 그렇게 지난 몇 년간 싸운 끝에 수백, 수천의 자영업자들이 눈물을 흘리며 가게 셔터를 내렸다.

재벌 총수부터 스스로 변화해야

●●● 우리나라 재벌 총수들이 세상을 제대로 보는 눈을 가졌다면 '소비자가 원하는 일'이라는 논리 뒤에 탐욕을 감추어서는 안 된다. 그들은 먼저 골목 슈퍼와 공존하는 길을 찾아봐야 했다. 대기업이 싼값에 상품을 조달할 구매 파워가 강하다면 처음부터 그 힘으로 골목 슈퍼를 도와주며 함께 먹고살 길을 찾아볼 수도 있었을 것이다. 하지만 시장에서 승리한 강자의 찬란한 간판만 남고 올망졸망하던 골목 슈퍼의 불빛은 거의 꺼지고 말았다. 왼쪽으로 몇 발짝 걸으면 편의점과 카페, 아니면 제과점이고, 오른쪽 모퉁이를 돌면 대형 쇼핑센터다. 어느 카드회사의 자료를 보면 서울 시내 편의점은 업체별로 240~469m마다 1개다. 제과점은 422~1129m, 커피 전문점은 556~769m, 치킨집은 744~916m, 피자가게는 923~1150m 거리마다 1개씩 영업하고 있다. 업체별로 점포 사이의 평균 거리가 다르기는 하지만 업체들이 너무 촘

촘하게 프랜차이즈 점포를 배치하고 있어 같은 회사 점포끼리 출혈 경쟁을 벌이는 곳이 많아졌다. 주변의 자영업자들을 초토화시키는 잔인한 쇼핑 지도이고, 프랜차이즈 점포 주인들의 생존을 위협하는 잔혹하기 그지없는 점포 배치가 아닐 수 없다.

총수 한 사람이 스스로 변하면 재벌에게 쏟아지는 원망은 많이 줄어들 것이다. 우선 후계자 육성 과정을 보라. 가업을 계승시키려고 자녀를 경영에 참여시키는 것까지는 좋다. 일본의 유명 기업가 가문은 대개 자기 자식을 친구 회사나 다른 회사에 들여보내 외로움을 이겨가며 경영 수업을 받도록 한다. 우리 재벌들이 그런 일본의 전통 기업가 가문을 배우기를 기대하지도 않는다. 우리 재벌들은 자녀 모두를 회사 이곳저곳에 집어넣고, 때로는 사돈 가족까지 경영에 참여시킨다. 총수 사모님이 미술관을 하겠다고 들락거리면 미혼인 딸은 커피숍을 내겠다고 나온다. 결혼한 딸이 사원식당에 식자재 납품 독점권을 챙겨간 후엔 사위가 찾아와 벤처회사를 차린다면서 출자금을 달라고 손을 벌린다. 친인척과 사돈들까지 납품업체를 몇 개씩 끼고 있어 납품가격이 비싸도 거래업체를 바꾸기 어렵다. 아들딸이 경영하는 자회사에 일감을 몰아주며 단기간 내에 자녀 회사를 키운다. 우리 재벌 그룹에서 흔히 보는 풍속도다. 일본에는 혼다자동차 등 자녀를 아예 경영에 참여시키지 않는 대기업이 적지 않다. 한국에서 그 정도까지 바라는 사람은 소수일 것이다. 온 가족이 경영 현장 이곳저곳에 몰려나와 점거하는 현상만이라도 줄어들기를 사원들은 학수고대하고 있다.

총수와 가족들이 회사 경영에 시시콜콜 간여하는 것도 한국 재벌의 고치기 어려운 병폐다. 경영인들에게 도무지 재량권을 주지 않는다. 임원 간부들 인사권까지 다 휘두르고, 비용이 얼마 이상 들어가는 지출은 모두 사전에 허가받으라고 한다. 계열사 사장의 법인카드 사용을 통제하는 것도 모자라 그룹에 따라서는 임원들에게 책정된 연봉에서 일괄적으로 얼마씩 총수가 갖다 쓰는 일도 흔하다. 유명 재벌의 전문 경영인 중에는 대외적으로는 연봉을 20억 원 받는 것으로 돼 있지만, 실제로는 그중 절반을 회장실에서 뚝 떼어가는 사례도 있다. 임금 수당까지 일일이 간여하는 오너들이 사업계획인들 자율적으로 실행하라고 두겠는가. 이사회 등기 이사로 등재되지도 않은 총수들이 거의 모든 사업에 개입해 결정권을 휘두른다. 아무리 사업성이 뛰어나도 총수 한마디에 없는 일이 되고, 엄청난 손실이 날 것이 틀림없는데도 회장이 결심하면 사업을 진행해야 한다. 전문 경영인들이 비집고 들어갈 틈이 없다. 이런 독단과 전횡이 회사 내부의 의사결정 과정을 왜곡시키는 게 우리 재벌의 결정적인 취약점이다. 총수의 독재적인 경영 아래서 그룹 전체가 위험하다고 느끼면서도 임직원들은 입을 다물고 만다. 나 홀로 모든 것을 결정하는 총수를 모시는 한 한국의 재벌은 무너질 때는 한꺼번에 풀썩 주저앉을 수밖에 없다. 대우, 쌍용, 해태 등 수많은 재벌 그룹이 흔적 없이 사라진 것도 이 때문이다.

미국과 일본의 대형 재벌이 정리되는 역사를 보면 공통점을 찾을 수 있다. 첫째, 기업은 살아남아도 총수와 그 가족은 경영에서 배제된다. 미국의 최대 재벌이었던 스탠더드오일의 록펠러는 경영에서 떠났지만, 석유회사들은 분할된 모습으로 살아남았다. 미쓰비시의 창업자 가족들도 모두 경영에서 밀려났으나 미쓰비시중공업 등 많은 계열사는 그 후 더 번창했다. 재벌이 사회적으로 원망을 받게 되면 그 사회는 결국 기업은 살리면서 오너는 어떤 식으로든 밀쳐낸다는 것을 알 수 있다. 한국에서도 이런 사례는 적지 않다. 한국의 재벌 총수와 그 가족들은 이런 자본주의의 역사를 잊지 말아야 한다.

둘째, 총수와 그 가족들이 경영에서 배제된 후 더 성장하는 기업이 많다는 점이다. 총수의 몰락과 함께 그룹마저 통째로 사라진 사례가 있긴 하다. 대농이나 쌍용그룹은 오너와 회사가 운명 공동체나 된 것처럼 지상에서 동시에 흔적을 감추었다. 반면에 대우해양조선처럼 총수가 경영에서 배제된 후 오히려 회사가 더 성장하는 사례가 한국에서도 등장하고 있다. 미국과 일본에서는 재벌개혁 이후 전문 경영인들이 회사를 글로벌 초우량 기업으로 키운 사례가 너무 많다. 오너가 경영에서 퇴출당하면 임직원들 간의 단합이 강해지고 의사소통이 원활해지면서 더 활기찬 경영을 하게 되기 때문이다.

재벌은 한국적인 특수 상황에서 일시적으로 번성하는 기업 지배의 한 형태다. 한국은 자본, 기술, 인재 등 기업 성장에 필수적인 요소가 아무것도 없는 상태에서 재벌을 육성했다. 이들은 정부의 비호 아래 국내시장이 폐쇄된 가운데 외자와 외국 기술을 도입해 단기간에 고속 성장했다. 북한의 위협에 맞서야 하는 안보 환경에서 정치권과 관료 집단은 재벌을 사회를 지탱하는 핵심 기둥으로 삼을 수밖에 없었다. 재벌이 젊은이들을 직장으로 흡수해 사회 안정을 다져줌으로써 정권 유지에도 도움을 주고, 사회 통합을 유지해준다고 판단했던 것이다.

하지만 재벌들이 냉전시대에 맡았던 역할은 하나둘씩 힘을 잃어가고 있다. 재벌들이 일자리 창출에 기여하는 역할은 과거보다 약해졌다. 국내보다는 외국에서 더 많은 일자리를 만들고 있다. 정치와 관료, 재벌들 간에 맺어졌던 '삼각동맹'도 서서히 풀어지는 과정이다. 재벌들은 정치와 관료세력의 간섭을 거부하고, 정치와 관료 집단은 그동안 알게 모르게 받아왔던 재벌들의 협조를 더 받을 수 없는 분위기가 형성되고 있다. 국민이 재벌과 정치 사이, 재벌과 관료 사이의 은밀한 거래를 더는 관용하지 않기 때문이다. 지난 대선 때 경제민주화를 앞세운 재벌개혁 논의가 정점에 도달했던 것도 이런 시대 변화를 반영한 현상이다. 법원도 더 이상 재벌 총수에게 "경제발전에 기여했다"는 명분으로 집행유예를 선고하거나 보석으로 풀어주지 못하는 분위기로 변했다.

우리 재벌들은 지금부터 진짜 큰 고비를 맞을 것이다. 스스로 변하지 않으면 몰락하는 국면에 접어들 것이다. 경제가 좋지 않으면 재벌개혁 논의가 잠시 중단되겠지만 이대로 가면 강제력을 동원한 개혁 논의가 더 기승을 부리는 방향으로 진행될 가능성이 높다. 만약 북한이 무너지거나 남북이 통일되면 냉전 구조 아래서 재벌들이 맡아왔던 핵심 역할 중 하나가 더 사라질 것이다. 그때 우리 재벌들은 결정적인 변화의 시기를 맞게 될 전망이다. 그런 막다른 단계로 가기 전에 재벌 총수들과 그 가족들은 지금부터라도 서서히 자기 그룹이 어떻게 형성됐고, 어떻게 성장해왔는지 되돌아보는 시간을 가져야 한다. 지금처럼 "왜 우리를 때리는가?"라고 반문하고만 있다가는 일본과 미국의 100년 전 재벌들처럼 경영에서 강제로 배제되는 순간과 마주칠 것이다.

06

재벌에게 공기업
선물 못해 그리도 애가 타는가

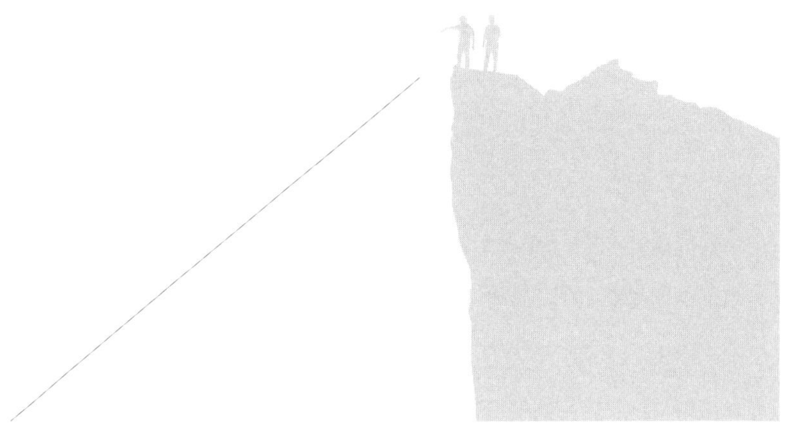

●●●● 정권이 바뀌면 언제나 공기업 민영화가 진행된다. 경제팀은 무슨 정례행사나 되는 것처럼 정권 초기에 민영화를 들고 나온다. 그때마다 '주인 찾아주기' 논리가 등장한다. 노태우 대통령 시절부터 20년 넘게 그래 왔다. 공기업의 진짜 주인이 누구라고 말할 새도 없이 공기업들은 민영화라는 기차를 타고 언제나 재벌들 품에 안겼다. 모든 공기업의 주인은 원래 재벌이었던 것처럼 정해진 노선을 달려갔다. 역대 정권마다 반복하는 해괴한 논리로 진행된 해괴한 민영화였다.

이명박 정권도 현대건설을 현대자동차그룹에 매각했다. 현대건설은 현대자동차그룹에게는 의미 있는 회사다. 현대건설은 정주영 창업자가 만든 모든 현대 관련 계열사들의 모태 기업이다. 현대자동차는 현대건설 자동차과에서 출발했다. 현대건설의 뼛조각 하나가 세계적인 자동차회사로 성장한 셈이다. 문제는 정몽구 현대자동차그룹 회장이 정주영 창업자로부터 현대그룹의 후계자로 지명받지 못했다는 점이다. 정주영 회장이 생존해 있던 지난 2000년 전후 치열한 후계자 다툼이 벌어졌다. '왕자의 난'이라고 명명된 그 싸움 끝에 고인이 된 정몽헌 회장이 후계자로 지명됐다. 형님 정몽구 회장이 밀리고 동생이 창업자 뒤를 이어 현대그룹을 물려받은 것이다. 정몽구 회장은 그룹 후계자 권좌에 오르지 못해 그 후 자동차 사업을 맡았다. 하지만 모태 기업에 대한 집념만은 강했다.

2010년 현대건설 매각 입찰에서는 정몽헌 회장의 뒤를 이어 현대그룹 경영을 맡고 있던 현정은 회장과 정몽구 회장이 정면으로 대결했다. 모태 기업을 놓고서 창업자의 며느리와 아들이 다투자, 사촌들도 두 편으로 갈라졌다. 사실 현대건설이 경영난으로 숨을 헐떡거릴 때는 후손 중 누구 하나 "내 피를 뽑고 내 살점을 떼어내 살려보겠다"고 나서지 않았다. 회사가 부채를 탕감받고 연간 매출액이 10조 원을 넘어 국내 랭킹 1위의 종합건설사로 번듯하게 올라서자 비로소 직계 혈통이라거나 적손(嫡孫)이라고 주장하며 나서는 격이다. 흙탕물 범벅인 양복을 말끔히 나림질해 놓으니 "내가 챙겨 입고 가겠다"고 나서는 꼴이었다. 구경꾼들마저 현대건설 살리기에 3조 원 안팎이 특별 지원된 역사를 잊어버렸다. 거기엔 국민 세금과 마찬가지인 9000억 원의 공적 자금(정책금융

공사 지분)도 들어갔다. 부실에 빠진 10년 세월 동안 현대건설이 국민 기업으로 주인이 바뀐 줄 몰랐던가. 부도어음에 쫓겨 가쁜 숨 몰아쉬는 피투성이를 인큐베이터에 집어넣고서 "세금을 더 넣어라", "대출금 늘려라" 애를 태우며 치료해 살려놨더니 주인 행세하는 후손들이 나타났다. 모두가 애초에 자기가 상속받게 돼 있었다는 듯, 아니면 죽은 창업자의 무덤에서 유언을 새로 녹음해온 듯 말했다.

민영화 과정에서 적지 않은 잡음이 들리더니 결국에는 정몽구 회장이 현대건설을 거머쥐었다. 그가 인수를 마무리한 후 서울 종로 계동에 있는 옛 현대그룹의 총본부 건물에 들어서는 광경이 인상적이었다. 2011년 4월 1일 오전 7시 20분 서울 중구 계동 현대사옥 정문 앞에 정 회장이 검은색 에쿠스에서 내렸다. 그는 기자들에게 "아침부터 고생한다"고 악수를 건네며 "감개무량하다. (계동사옥에 온 건) 11년 만이다"고 했다. 당시 언론은 "2000년 11월 정 회장이 계동을 떠날 때는 패배한 '왕자'였으나 그는 이날 현대그룹 적통을 상징하는 현대건설의 '왕'으로 돌아왔다"고 보도했다. 계동 사옥에 들어선 정 회장이 먼저 간 곳은 15층 회장 집무실이었다. 정주영 현대그룹 명예회장만이 사용했던 사무실이다. 집무실에서는 창덕궁이 한눈에 내려다보인다. 창업자가 타계한 이후 그때까지 비어 있었다. '왕자의 난'에서 승리했던 고 정몽헌 회장도 이 집무실은 사용한 적이 없다. 현대건설은 "정몽구 회장이 이용할 사무실"이라고 했다. 정몽구 회장이 창업자의 집무실을 이어받았다는 말이다. 정 회장은 그날 직원 조례에서 북받쳐 오르는 감정 때문에 목이 메는지 간혹 말을 끊었다. "오늘은 현대건설이 현대차그룹의 일원이 돼 함께 첫발을 내딛는 매우 뜻 깊고…… 역사적인 날입니다. 한 가족이 된 것을 진심으로 환영합니다." '왕자의 난'에서 패배하고 현대그룹에서 떨어져 나간 지 11년 만에 모태 기업을 되찾았다고 선언하는 순간이었다.

정 회장은 그날 저녁 현대자동차그룹 부사장급 이상 임원, 현대건설 상무보 이상 임원과 그들의 배우자 등 540명을 남산 하얏트호텔 그랜드볼룸으로 초청해 만찬을 함께했다. 정 회장이 인수한 회사 임직원의 배우자들까지 초청해 식사한 것은 처음이었다.

정몽구 회장에게는 감격스러운 인수극이었을지 모르지만, 그토록 애착이 강했던 회사였다면 왜 현대건설이 부실 경영에서 헤매고 있을 때는 인수하려 들지 않았을까? 왜 채권단과 정부가 국민의 돈을 써가며 회사를 건강하게 살려놓은 뒤에야 '원래 주인은 나였다'는 식의 연고권을 주장하며 정치권에 로비전을 전개했을까? 공기업 민영화는 언제나 이런 논리에서 시작해 그렇고 그런 과정을 거쳐 재벌들에게 돌아가는 악순환을 거듭해왔다.

대우조선해양이 중환자실에서 인공호흡기에 의존하고 있을 때도 "내가 한번 살려보겠습니다"라고 나서거나 거들떠본 재벌은 없었다. 국민의 세금을 수혈받은 후, 임직원이 10년 이상 고생해 세계 2위의 조선회사로 키웠다. 그랬더니 그제야 재벌들끼리 다투기 시작했다. 인수 전쟁에 뛰어든 재벌들은 로비 공세의 소준점을 청와대 같은 권력 핵심부로 접근시켜 갔다. 재벌들의 로비가 불꽃을 튀는 아수라장 속에서 매각을 총지휘하는 정부는 물론, 대주주 산업은행(지분 31.3% 보유), 자산관리공사(19.1%)는 마치 대우조선해양이 자기들 것인 양 행세했다. 자기들 마음대로 새 주인을 결정할 수 있는 듯 착각했다. 사실 대우조선해양은 정부 소유물이 아니다. 산업은행 소유도, 자산관리공사 소유도 아니다. 진짜 오너는 국민이고, 납세자들이다. 그런데도 진짜 주인을 옆으로 내치고 재벌 중에서 새 주인을 찾겠다고 야단을 떨었다.

대우조선해양이 세계적인 조선회사로 성장하기까지는 최소한 두 번 납세자들에게 부담을 안겼다. 창업자 김우중 씨의 경영 실패와 유별난 노사분규로 도산의 벼랑 끝에 몰렸던 1980년대 말~1990년대 초에는 세금탕감 특혜도 부족해 국책은행이 특별 융자금 수천억 원을 지원했다. 국가적인 위기도 아닌 일개 재벌회사의 경영위기에 정부가 지폐 인쇄기를 급히 돌려 살려낸 희귀한 사례가 대우조선해양이다. 2001년 대우그룹 전체가 무너질 때도 한 번 더 국민에게 빚을 졌다. 줄잡아 2조 9000억 원 안팎의 공적 자금(대우중공업 시절)이 투입된 덕분에 공중분해 위기에서 가까스로 벗어났다. 그러나 정권이 새로 들어설 때면 숨통이 다 끊긴 회사를 두 번이나 살려낸 긴급 수혈 자금의 원래 주인이 누구인지 잊어버린다. 어쩌면 그걸 깡그리 무시해버린다. 정부나 산업은행, 자산관리공사는 납세자 돈을 대신 관리하는 대리인(agent)에 불과하다는 본분조차 망각한 채 공기업 민영화라는 파티에 재벌들을 초대한다. 대우조선해양은 2012년 현재 재계 순위 25위(공정거래위원회, 자산 기준)의 중견 그룹이다. 한국 재계의 대표격인 전경련 회장을 배출한 효성그룹보다 더 큰 기업집단이다. 국민들 지원 덕분에 이렇게 컸다면 은인에게 감사의 인사부터 먼저 올려야 마땅하다. 그러고 나서 구명

보트를 보내준 국민에게 처분 방안을 물어야 한다. "포스코, 한국전력, KT&G를 민영화할 때처럼 국민주 매각 방식으로 되돌려 드릴까요? 독립 그룹으로 홀로 서게 할까요?"라고 말이다. 이명박 정권은 대우조선해양을 민영화한다면서 이런 공론을 묻는 과정은 일체 생략했다. 인수전에는 포스코가 뛰어들고, GS그룹과 한화그룹이 가세했다. 아무런 연고권조차 없는 회사들이 마치 제 물건 되찾아가려는 모습으로 권력자를 향해 로비전을 전개했다. 국민의 목소리는 완전히 묵살됐다.

권력자들이 공기업 민영화로 손에 쥘 수 있는 대가가 무엇인지는 국민이 다 알고 있다. 민영화를 둘러싸고 수억 원, 수십억 원의 뇌물을 받았다가 구속된 정치인이 한둘이 아니다. 이런 실속을 챙기는 기회를 잡으려고 역대 정권들이 정권을 잡자마자 공기업 민영화 파티를 여는지도 모른다.

역대 정권들이 주장해온 공기업 민영화 논리

●●● 역대 정권들이 공기업을 민영화할 때는 그럴듯한 논리를 내세웠다. 대선 승리로 새 정부가 매각을 결정할 법적 대리인 신분을 확보했고, 경영을 잘할 새 주인을 찾아주는 것이 '선량한 관리자로서의 의무'를 다하는 것이라는 주장이다. 또 가능한 한 높은 가격으로 재벌에게 공기업을 팔면 국민의 혈세를 한 푼이라도 더 회수할 수 있다고 설명한다. 그렇게 마련한 돈을 중소기업 기술 개발에 사용한다면 더더욱 좋은 일이라는 명분도 댄다. 사실 민영화하는 편이 그 공기업의 성장과 발전

에 훨씬 좋은 효과를 낸 곳도 적지 않다. 공기업 민영화를 무작정 반대해야 할 논리는 설득력이 약한 것이다.

하지만 문제는 그리 간단치 않다. IMF사태 이후 공적 자금 덕에 살아난 기업 중에서 사실상 공기업으로 전환했다가 재벌에 매각됐던 사례가 적지 않았다. 대한생명, 대우종합기계, 대우건설 등은 공적 자금과 채권단의 지원을 받아 공기업으로 바뀌었다. 그 후 비싼 가격에 팔려가 한때는 세금 회수에 공헌하는 듯이 보였다. 매각 잔치 후 뒷맛이 반드시 달콤했던 것은 아니다. 대한생명이 한화그룹에 넘어간 뒤에는 정치권에 검은돈을 뿌린 범죄가 드러났다. 검은돈 거래만 문제가 아니다. 인수자금조차 준비되지 않은 재벌들이 공기업 매각 파티에 무작정 뛰어드는 사례가 종종 나타난다. 한때는 이명박 대통령의 사돈 재벌인 효성이 하이닉스반도체를 인수하겠다고 욕심을 냈다. 회사 돈을 빼내 외국에서 부동산을 불법 매입했던 아들이 새로운 사업 의욕을 보이는가 싶었다. 그러나 "인수자금이 어디에 있다고 인수전에 뛰어드나?"라는 증권시장 전문가들의 분석이 효성을 그대로 두지 않았다. 계열사 주가는 연일 폭락했다. 인수자금도 없던 효성이 무슨 뒷심을 믿고 무모한 인수전을 벌이다 포기했는지는 재계의 수수께끼로 남았다. 2008년 대우조선해양을 인수하려 했던 한화그룹도 똑같다. 어딜 봐도 6조 5000억 원의 인수자금을 감당할 수 없었건만, 어디서 무슨 지원 약속을 받았는지 계약서에 덜컥 서명했다. 재계 랭킹 10위 수준의 그룹이 계열사 12개로 성장해버린 또 다른 거대 그룹을 삼키려다 목젖을 넘기지 못해 토해냈다. 한화의 인수전은 3150억 원의 계약금만 떼인 채 끝났다.

공기업 매각 시 발생하는 잡음을 막으려면

●●● 공기업 매각을 담당하는 공무원들은 언제나 "공적 자금을 회수하려면 재벌들끼리 경쟁시켜 가격을 올려야 국민의 피해를 줄일 수 있다"는 논리를 편다. 사실 1997년 1차 외환위기 이후 부실기업 회생에 공식적으로 168조 원의 공적 자금을 넣었으나 70조 원은 여태 회수하지 못했다. 그래서 재벌끼리 경쟁시켜 판돈을 올리면 공적 자금이 더 회수되는 것은 사실이다. 그러나 그 판돈을 지나치게 올려 받았다가 빚어진 비극도 있다. 정부는 대우건설을 팔면서 2조 원 이상 더 받았다고 자랑했다. 그러나 인수전에서 승리한 금호아시아나그룹은 그 후 그룹 전체가 경영난에 빠지고 말았다. 대우건설은 산업은행(KDB) 등이 공적 자금을 다시 넣어 살려내는 재활 과정에 들어갔다. 웃돈 받고 재벌에게 넘겼던 것이 부메랑처럼 돌아와 국민에게 부담을 안기고 있는 꼴이다.

정권을 잡은 사람들이 공기업 매각 작업을 재벌들에게 나눠주는 식으로 추진하는 한, 국민이 지켜보기에 역겨운 드라마가 연속 방영될 것이다. 회사가 어려울 때는 세금으로 굴리다가 회사 경영에 생기가 돌면 재벌에게 선물하는 매각 잔치를 과연 국민이 언제까지 용인할 것인가. 번듯한 공기업만 있으면 재벌에게 넘기려 하니 재벌은 으레 자기들 차지라고 입맛을 다시지 않는가. 앞으로 공기업은 국민주 방식*으로 매각해 녹립 그룹이나 독립 회사로 성장시키는 방안을 찾아봐야 한다. 포스코, KT, KT&G를 민영화할 때도 재벌들이 욕심을 냈지만, 재벌에게 넘기지 않고 국민주 방식으로 독립 경영을 시켰다. 국민주 방식으로 매각하면 정부가 챙길 수 있는 매각자금은 적을지 몰라도 회사가 홀로서기에 성공할 수 있다는 것이 증명되었다.

호주, 싱가포르에서도 특혜 논란이 빚어질 만한 대형 공기업은 국민주 방식으로 팔았다. 호주 커먼웰스(Commonwealth)은행이나 싱가포르 텔레콤은 저소득층에 주식을 매각하면서 5~20%까지 할인 판매했다. 정부는 저소득층에게 공기업 주식을 사라고 은행을 통해 융자까지 해줬고 잔금을 1년 후에 치르도록 미뤄주기도 했다. 주식을 받으려고 창구 앞에 길게 줄 섰던 서민들은 그 후 주가 상승으로 적지 않은 보상을 받았다. 모든 공기업을 국민주 방식으로 매각할 수는 없겠지만, 공기업 민영화를 추진하려면 최소한 재벌들이 살판났다는 듯 설치는 꼴은 보여주지 말아야 한다.

멀쩡한 공기업을 재벌에게 넘길 때마다 잡음 없이 끝난 적이 없다. 최고 권력자의 측근과 동창, 정치권 실력자들이 거간꾼으로 등장하고 자기들끼리 떡고물을 둘러싸고 다툰다. 이러니 정권마다 재벌에게 뭔가 선물하지 못해 안달하는 이유가 다 있을 것이라고 국민은 짐작한다. 힘센 맹수들이 듬직한 먹잇감을 앞에 두고 자기들끼리만의 비밀 파티를 즐긴다고 모두가 상상한다. 이것은 국민의 정신 건강을 잡치게 하는 파티다.

＊ 국민주 방식

대중의 소득 향상과 국민경제 발전에 기여할 목적으로 정책적으로 널리 보급한 주식. 정부가 관리해 오던 공익성과 수익성이 있는 우량 공공 기업의 주식을 중하위 소득 계층에 우선적으로 공급함으로써 기업 소득의 분배를 꾀한다.

07

재벌의 사회공헌,
500억 원 헌금 말고 다른 길 찾아야

●●●● 요구르트와 생수를 전 세계에 판매하는 프랑스 식품회사 다논(Danone)은 방글라데시에서도 요구르트를 생산한다. 방글라데시에서는 '액티비아'라는 글로벌 브랜드 대신 '샤크티 도이'라는 향토 브랜드를 쓴다. 값은 100원 미만으로 날계란 1개보다 싸다. 빈민구제운동을 하는 그라민은행과 공동 운영하는 샤크티 도이는 6년 이상 순항 중이다. 현지 우유를 조달하고, 현지인을 채용했고, 현지 공장에서 현지 주민에게 값싸게 배달한다. 다논은 공장을 헌납하고 최첨단기술을 선물했다. 요구르트공장은 다논을 떠나 현지인들 것이 됐다.

다논은 불우 이웃 돕기 성금으로 방글라데시에 현찰 100만 달러를 던지지 않았다. 그보다는 그곳 목장을 가동하고, 그곳에 일자리를 만든 후 영양식을 제공하는 쪽을 선택했다. 현금을 보냈더라면 더 놀랐을지 몰라도 정치권이 개입하고 거간꾼들이 개입해 과연 현지의 가난한 주민에게 혜택이 돌아갔을지 의문이다.

국내 재벌 그룹, 대형 은행 중 다논식으로 사회공헌 활동을 하는 곳은 드물다. 글로벌 흐름을 모른 채 군사 독재 시절부터 해오던 봉사활동의 패턴을 버리지 못한다. 김장철만 되면 비닐 모자를 둘러쓰고 고무장갑을 낀 채 어색하게 웃으며 사진기자들 앞에 서 있는 은행장이 여럿 등장한다. 어떤 연탄은행에는 배달하려는 기업이 몰려 연탄 배달을 하려면 2개월을 기다려야 하는 일이 벌어진 일도 있었다고 한다. 고학력 배달원은 넘치고 연탄과 연탄을 받을 빈곤층이 부족한 시장이 형성된 셈이다. 1000원 안팎인 연탄 몇 장 날라주고서 수십만 원짜리 점퍼에 연탄 검댕이 흔적을 남기는 CEO의 헌신에 얼마나 진한 감동이 퍼질까.

시카고대학이 명문으로 성장하던 때 존 록펠러가 가장 큰돈을 기부했다. 어느 해 졸업식에 록펠러가 참석한다는 소식이 전해졌다. 대학은 록펠러 찬양가를 작곡했고 합창단을 훈련시켰다. 록펠러는 그 졸업식에 가지 못했으나, 예배당을 비롯한 많은 건물에 그의 이름이 새겨졌다. 기부자를 위해 찬양가를 창작한 대학은 한국에는 아직 없다. 이건희 삼성그룹 회장은 도리어 몇 해 전 400억 원을 쾌척한 고려대에서 봉변을 당했다. 명예박사 학위 수여식은 반대 시위에 밀려 제대로 치러지지 못했다. 대학 측이 감사 표시로 한턱내는 만찬 자리에도 이 회장은 참석하지 못했다. 큰돈을 기부하면서 수모를 당하고서도 다시 다른 대학에 큰돈을 냈다. 그 돈으로 정말 도움을 기다리는 사람들을 도우려는 발상은 하지 않았다.

사회공헌에 대한 인식의 변화가 필요

●●● 글로벌 기업 회장이나 은행 경영인이라면 김장, 연탄 배달 같은 것 말고도 할 일은 많다. 큰돈을 쾌척해야 빛이 난다는 생각도 케케묵은 사고다.

월마트가 멕시코 빈민촌에 문을 연 슈퍼에서는 화장지를 낱개로 판다. 12개짜리 한 묶음을 살 만한 돈이 없는 고객에게 부담을 주지 않으려는 쪼개 팔기다. 가난한 동네의 월마트에는 높은 선반도 없고 대형 카트도 없다. 자동차수리공장과 쓰지 않던 창고를 점포로 사용하여 기름때가 지워지지 않은 곳이 적지 않다. 빈민가 분위기에 맞는 점포를 세운 것이다. 어느 주택가 골목길에서나 똑같이 휘황한 조명과 중국산 대리석으로 장식하는 국내 재벌들과는 딴판이다.

재벌 기업의 CEO라면 첨단기술로 빈민층에 쉽게 다가갈 힘을 갖고 있다. 하층민을 위한 싼 휴대폰을 따로 팔 수 있고, 홀로 늙어가는 노인에게 적합한 TV도 만들어낼 수 있다. 그들의 기술로 빈민층을 돕는 일을 하며 얼마든지 보람을 느낄 수 있고, 그들에게도 알짜 혜택이 돌아가게 할 수 있다.

특수 섬유를 많이 개발하던 베스트가드 프랑센(Vestergarrd Frandsen)

이라는 덴마크 회사는 정수 기능이 완벽한 휴대용 빨대를 선보였다. 지름 3cm, 길이 31cm짜리 빨대는 세균을 99.9999% 걸러내는 첨단 정수기다. 한국에서는 등산객에게 주로 팔리지만 실은 세균이 득실거리는 물을 마시다 죽어가는 아프리카 빈민을 위해 개발한 제품이다. 워낙 환영받는 빈민촌 상비품이라서 영국과 미국의 몇몇 로터리클럽은 개당 5~6달러에 사들여 빈민들에게 보내는 캠페인을 하고 있다.

기업의 일회성 성금은 현명하지 못한 사회공헌

●●● 우리나라에는 고지서 받고 세금 내듯 '사랑의 성금'이라는 이름으로 수십억, 수백억씩 내는 것으로 사회공헌을 끝내는 재벌이 태반이다. 이들은 이윤을 극대화하는 것이 주식회사가 가야 할 아름다운 목적지이고, 이윤 중 일부를 뚝 떼어내 쾌척하는 행위야말로 자본가의 최고 미덕이라고만 믿고 있다. 하지만 이것이 전부는 아니다.

이명박 정권 시절 재벌과 은행들이 돈을 내 시작한 미소금융재단은 밑바닥층에 다가가지 못했다. 저소득층에게 조그만 가게라도 열 수 있는 대출금을 대주자고 출발했으나, 그들은 사무실부터 대로변에 열었다. 임대료가 가장 비싼 서울 강남 한복판에 개설한 재벌도 있고, 지방 도시에서도 시청 주변 고층 빌딩에 입주했다. '돈이 궁하면 제 발로 찾아오겠거니'라는 식이다. 500만 원쯤 빌려보려고 번드르르한 대리석 빌딩에 찾아온 밑바닥 계층이 어떤 쓴웃음을 지을지 상상해보지 않은 듯하다. 윗분들이 신경 쓴다니 높은 연봉 받으며 양복 정장 차림으로 출근하는 차장급·과장급까지 배치했다. 소외 계층이 감히 대형 유리문을 열고 들어서기가 거북스럽게 칸막이해버린 꼴이다.

우리 재벌과 은행은 거액을 쏘는 것이 전부가 아니라는 교훈을 글로벌 기업의 사회공헌 사례에서 배워야 한다. 제품 개발부터 판매까지 밑바닥 계층을 배려하는 전략을 세워야 한다. "옜다, 이거나 먹고 떨어져라"는 식이면 빈곤층에게 재활의 기회를 제공하기는커녕 감사하는 마음마저 갖지 못하게 한다.

우리나라에서도 나름대로 착실하게 빈곤층을 돕는 프로그램들이 적지 않다. 아모레퍼시픽그룹의 창업자 고 서성환 회장 가족이 50억 원을 헌납한 시기는 2003년 6월이다. 아름다운재단은 이 귀한 돈으로 저소득층 여성 가장들에게 창업자금을 대주기 시작했다. 많게는 4000만 원씩 대출받아 식당, 택시회사, 재활용가게로 홀로서기를 시도한다. 실패한 곳도 있으나 8할은 영업 중이다. 대출금 상환율도 80%를 넘는다.

조용한 봉사단체 '신나는조합'이 빈곤층에게 담보나 보증인을 요구하지 않는 소액 대출금(Micro-credit)을 내주기 시작한 지 13년이 흘렀다. 157개 공동체에 그동안 내준 금액은 30억 원이 조금 넘는다. 아름다운재단이나 신나는조합의 성과가 시원치 않아 보이는 데는 이유가 있다. 대출금을 펑펑 내주고 싶어도 자금난에 쪼들리거니와 돈이 있어도 동정심만으로 함부로 내줘서는 안 된다는 것을 경험을 통해 알기 때문이다. "기껏 가게를 오픈했다가 실패하고 나면 자활 의지가 완전히 꺾입니다. 다시 일으키려면 몇 배 더 힘이 들죠." 현장 활동가들은 이렇게 증언한다. 그래서 발품을 팔아 가족과 인간관계를 세밀하게 파악하고 생활 태도까지 장기간에 걸쳐 살펴보곤 한다. 저소득층 상대로 소액대출을 담당하는 풀뿌리* 활동가들만큼 꼬방동네 사정을 잘 아는 직업인은 없다. 미용실, 이발소, 붕어빵가게, 떡볶이집의 재료비나 골목별 매출을 훤하게 꿰고 있다. "대출금을 상환받으려는 목적이 없지 않지만, 그보다는 그들이 생존해야만 푼돈이나마 도와준 의미가 있기 때문입니다."

재벌과 대형 은행이 미소금융이나 사회복지공동모금회 등에 큰돈을 뭉텅 내버리고 나면 사회연대은행 같은 풀뿌리 단체들이 더욱 쪼들린다. 큰손들이 지원하던 기부금을 줄여버리기 때문이다. 홀로서기를 도와주는 빈민활동가들로서는 분통을 터뜨리지 않을 수 없다. 재벌이 빈곤층, 영세상인을 돕겠다는데 누가 반대하랴. 하지만 돈과 권력을 가진 자가 나눔 마케팅에 직접 뛰어들 때는 여러 해 밑바닥을 훑어온 활동가들보다 더 잘할 수 있는지 먼저 따져봐야 한다. 그러지 못하면 뒤에서 후원금을 대주며 격려하는 선에 머물러야 한다.

＊ 풀뿌리

현재에는 '일반 대중'의 뜻으로 널리 사용되고 있으나, 원래 정당 조직 등에서 일반 대중에 가까운 하부 조직 이른바 평당원을 가리키는 용어였다. 1912년 미국 진보당(Progressive Party)의 전당대회에서 베버리지(W. H. Beveridge)가 "우리 당은 풀뿌리에서 태어났다. 민중의 곤궁을 지반으로 하여 태어난 것이다"라고 말한 것이 그 효시다.

PART 2

금융 키우지 않으면
제3의 외환위기
닥친다

“세계적으로 경제위기, 금융위기가 잇달아 일어나면서 중앙은행에 대한 사고가 달라졌다. 금융시장뿐 아니라 나라 경제 전체를 잘 돌아가게 하는 것이 새로운 중앙은행의 모습이다. 이런 세계적 움직임에 맞추어 한국은행도 독립성을 확보하고 본원적 역할을 회복해야 한다.

한국의 금융기관들은 국민의 신뢰를 회복하지 않으면 안 된다. 불량 상품을 버젓이 팔고, 고객들은 손실을 보는데, 자신들은 수수료만 챙기는 형태의 경영이 계속 이어진다면 우리나라 금융의 미래는 암담하다.”

08

'그림자 은행' 키우는 정책은
국가 재앙 부를 것

●●●● 우리는 미국의 은행이라면 씨티은행처럼 글로벌 네트워크를 가진 초대형 거물이나 골드만삭스, 모건스탠리 같은 투자은행을 연상하기 십상이다. 이들 브랜드가 워낙 유명한 데다, 우리 정부 당국자들이 종종 "한국판 골드만삭스를 키우겠다"는 식으로 법석을 떨기 때문이다. 하지만 알고 보면 미국의 진짜 금융 파워는 지방 도시에 자리 잡고 있다. 8400여 은행 중 96%는 지역 은행(community bank)이고, 엇비슷한 숫자의 신용조합(credit union)까지 동네 구석구석에서 영업 중이다. 미국에선 금융업이 창업·성장·융성·쇠퇴·도산을 거치는 생로병

사 사이클이 활발한 업종이다. 고압 전류에 감전된 듯 온통 금융계가 얼어붙었던 2008년 한 해만 해도 지역 은행 98개가 새로 탄생했다. 동네 은행 창업은 그만큼 활발하다.

미국 동네 은행의 생존 방식도 다양하다. 캘리포니아 새크라멘토에 있는 머천트은행(Merchants National Bank)의 점포는 2개, 종업원은 20명뿐이다. 이 은행은 계좌 개설, 수표 발행 때 떼는 각종 수수료를 전면 면제해주는 전통을 88년째 지키고 있다. 마을 슈퍼나 빵집, 잡화점 주인들의 예금을 받아 주택자금, 자동차 할부 구입자금을 대출해 얻는 마진 등 가장 기본적인 은행 서비스로 1930년대 대공황을 이겨냈다. 2008년 금융위기 국면에서도 구제금융 한 푼 받지 않았고, 여전히 흑자를 냈다. 동네 고객들의 기반이 단단하고 불황을 함께 이겨내겠다는 동지 의식도 강하다. 뉴저지의 밸리은행(Valley National Bank)은 점포 195개, 외형 20조 원 수준으로 지역 은행치고는 제법 크다. 전체 지점 중 3분의 1은 일요일에도 영업하고, 콜센터는 24시간 가동한다. 한 마을 고객들의 편의를 가장 우선하는 밑바닥 중시형 경영전략으로 일관해온 것이다. 임원들 평균 재직 기간은 무려 24년이다. 연봉 액수 따라 메뚜기처럼 직장을 옮기는 월스트리트 인간이 볼 때는 이해하기 어렵겠지만, 동네 구석구석까지 샅샅이 알기 때문에 대출금이 30일 이상 연체되는 비율은 고작 0.56% 선이다. 기적일 만큼 낮게 유지하고 있다. 서브프라임(비우량 주택담보대출)에는 단 1달러도 물리지 않은 최고 우량 상장회사다.

미국 지역 은행 중에도 금융위기가 오면 치명상을 입는 곳이 있다. 매년 몇십 개 은행은 문을 닫는다. 소형 은행들이 점차 줄어드는 현상은 최근 20년 동안 막을 수 없는 큰 물결이다. 하지만 대부분의 지역 은행은 위험한 파생상품 근처에는 얼씬거리지 않는다. 그들은 월스트리트의 거대 금융회사들이 모험을 거는 것과 같은 대박 터뜨리기식 영업을 거부한다. 그저 얼굴 잘 아는 이웃에게 상가 임차료나 자동차 구입자금, 카페 오픈자금, 처녀 총각들을 위한 결혼자금을 대출해준 후 적은 이윤을 챙긴다. 은행원들은 적은 연봉에 만족하는 경영 구조다. 이런 건전한 은행 영업 덕분에 중소기업과 영세상인들은 금융위기가 와도 쉽게 넘기곤 한다. 그래서 미국인들은 지역 은행 주변의 탄탄한 상권을 '메인스트리트(main street, 大路)'라 부른다. 메인스트리트에는 전통적인 제조업체들이 자리 잡고 있으며, 주변에 햄버거가게와 골목 슈퍼, 오래된 커피숍도 버티고 있다. 큰돈은 못 벌지만 착실하게 내실을 추구하는 점에서 투기가 판치는 월스트리트와 대비된다. 메인스트리트 사람들은 자기들이 미국 경제의 중심이라는 의식이 뚜렷하고, 월스트리트 사람들을 투기꾼으로 얕보기도 한다. 이런 저변에 깔린 미국의 금융 파워를 모른 채 우리 금융 당국이나 금융계는 월스트리트의 대형 금융회사만이 최상의 모델이라는 착각에 빠져 있다.

월스트리트가 곤경에 처한 이유를 따지고 들어가면 메인스트리트의 은행들처럼 경영하지 않고 대박을 추구하는 영업에만 골몰해왔기 때문이다. 전문가들은 10여 년 전부터 그림자 은행(Shadow banking system)[*]

---

[*] **그림자 은행(Shadow banking system)**
고수익을 위해 자금을 중개하는 전형적인 은행의 기능을 넘어서 채권 매매등 거액 투자를 통해 새로운 유동성을 창출하는 금융시장 시스템.

이라는 단어로 월스트리트의 경영전략을 설명하고 있다. 예금을 대출해 착실하게 이윤을 남기는 정통 은행업이 아닌 비(非)은행권 금융업을 그렇게 불렀다. 예를 들어 인수·합병(M&A)을 중재하고 거기서 발생하는 이익 중 20%를 성공의 대가로 받는 영업이나 파생상품—헤지펀드—사모(私募)펀드를 만들어 위험을 감수하고 대박을 터뜨리는 영업이 대표적이다. 월스트리트 대형 은행들은 예금을 받아 대출하고 남는 이익으로 푼돈이지만 떳떳하게 이윤을 남기기보다는 감시가 허술한 파생상품을 개발하고 한탕주의로 내달렸다. 씨티은행, AIG의 몰락에서 우리는 그림자 은행의 음험하고 파괴적인 얼굴을 목격했다. 이런 회사 CEO들은 국제결제은행*의 BIS 비율 같은 감시와 견제가 따르는 은행업이나 보험업으로는 수억 달러씩의 연봉을 챙길 수 없음을 알았다. 그래서 CCTV 카메라가 없는 그늘에서 복면을 쓴 채 로또식 거래에 열중하다가 처참한 지경에 빠지고 말았다.

불행하게도 미국 금융계의 비극과 거의 닮은 비극이 한국에서도 드러났다. 다만 우리나라는 미국과는 반대다. 미국의 동네 은행들이 건전한 영업을 고집하는 것과는 대조적으로 우리의 동네 은행인 저축은행들은 당국의 감시와 고객의 눈을 피해 엉뚱한 투자에 골몰했다. 저축은행 집단의 몰락은 그렇게 발생했다. 지금도 그 안에 숨겨진 '폭발물'을 다 잡아낼 수 없어 모두가 불안한 상황이다.

---

* **국제결제은행**
1930년 스위스의 바젤에 설립한 특수 은행. 설립 초기에는 제1차 세계대전 후 독일 배상금의 처리 문제를 주로 담당하였으나, 현재는 국제적인 금융 및 결제에 중요한 역할을 하고 있다.

부산저축은행에서는 이중장부가 여럿 나왔고, 특수목적회사(SPC)**
를 120개나 따로 경영하면서 예금자 돈을 빼돌린 것도 적발됐다. 다른
저축은행과 금융회사에도 시한폭탄성 부실투자가 적지 않게 감춰져
있다. 지난 10여 년 동안 금융권에서는 사모펀드(PEF)*** 투자와 무슨
'특수목적'에 쓰려고 만들었는지 알 수 없는 SPC 설립 붐이 불었다. 이
것은 잘 되면 수백억에서 수천억 원씩 이익을 남기고 잘못되면 그만큼
손실을 보는 도박성 투자다. PEF나 SPC가 인기 있는 것은 외부의 감시
를 피하기 쉽기 때문이다. 장부만 봐서는 알짜 투자를 했는지, 엉터리
투자를 했는지 알기 어렵다. 월스트리트 인간들이 개발한 묘수를 그대
로 베낀 영업 방식이다. 저축은행들은 감독 당국의 감시 카메라를 피해
음지에서 큰돈을 굴렸다.

저축은행 정리 과정에서 드러난 부정은 일부분에 불과하다. 서울 증
권시장은 2012년엔 다소 순위가 밀려 2~3위권이었지만 2010~2011년
파생금융상품 거래에서 2년 연속 세계 최고 기록을 세웠다. 파생상품
의 본가(本家)라는 시카고·뉴욕시장까지 누른 적이 있다. 이는 한국 금
융이 부쩍 성장했다고 뿌듯해할 만한 징표는 결코 되지 못한다. 정체를
알 수 없는 펀드와 가공회사들이 그만큼 번창하고 있다는 얘기일 뿐이

**** 특수목적회사(SPC: Special Purpose Company)**
통상 금융기관에서 발생한 부실채권을 매각하기 위해 일시적으로 설립하는 일종의 페이퍼컴퍼니
를 말하지만, 최근에는 부동산 개발이나 외국 광산 등 특별한 목적에 거액을 투자하기 위해 별도로
설립한 투자 전문 회사를 통칭한다.

***** 사모펀드(PEF)**
소수의 투자자로부터 모은 자금을 주식·채권 등에 운용하는 펀드.

다. 지난 몇 년 사이 이런 그림자 은행식 투자에 재벌 대기업들까지 뛰어들었다. 이익잉여금을 주체하지 못해 조세피난지역에 수백 개의 가공회사(페이퍼컴퍼니)를 설립한 재벌도 있다. 우리 재벌들은 세계 최강의 제조업체들이 금융업에서 황금알 수익을 즐기다가 혼쭐나고 있는 것을 모르는 척하고 있다.

GM의 붕괴 과정을 잘 살펴보자. '회사는 죽어도 나는 살아야겠다'는 노조가 대규모 몰락극에서 돋보이는 역할을 했지만, 그에 못지않게 자동차 할부금융을 공급하는 금융 계열사의 부실이 동반 자살을 재촉했었다. 자동차 판촉을 위해 키워왔던 금융회사가 거꾸로 판매를 위축시키는 역적이 되었던 셈이다. 최상의 성공적인 경영 모델로 경영학자들의 칭송이 자자하던 GE도 똑같은 팔자였다. 그룹 이익의 절반 가까이를 금융업에서 벌었던 것이 바로 엊그제였다. 한국 경영인들은 그런 경영 다각화를 흠모하며 그 유명한 크로튼빌 연수원에 비싼 수업료를 내며 경쟁적으로 입소했었다. 하지만 금융위기의 충격 속에서 GE는 제조업에 집중하기로 경영 노선을 수정했다. 기업 어음(CP)*이 부도에 몰려 중앙은행(FRB)의 구제금융을 받고 가까스로 살아난 후, 알짜 사업으로 숭배해오던 금융업을 축소했다. 제조업체가 금융을 잘못하다가는 그룹 전체가 파멸할 수도 있다는 것을 미국의 대표적인 회사들이 증명했다.

우리가 미국 그림자 은행의 참혹한 실패에서 배워야 할 교훈은 분명

*** 기업 어음(CP: Commercial Paper)**
기업이 자금 조달을 위해 발행하는 어음 형식의 단기 채권. 1~6개월 만기로 발행된다.

하다. 누군가 눈에 안 띄는 곳에서 횡재를 노린다면 감시용 서치라이트를 환하게 비춰야 하고, 본업을 잊은 기업에는 위험한 외도를 절제하도록 칸막이를 높여야 한다는 점이다. 이런 측면에서 새누리당이 이명박 정권 시절 추진했던 금산(金産) 분리 완화정책은 시대를 거꾸로 간 것이었다. 경제학 은사님의 낡은 강의 노트 속에 있던 이론이 잘못된 시간에 울린 알람 소리를 듣고 환생한 듯했다. 100년 이상 장수한 세계적 기업들이 금융 쪽에 발을 담갔다가 그룹이 통째로 추락하는 꼴을 보면서도 재벌기업들을 위험한 칼날 위로 올려 세우고 말았다. 증권·보험·카드는 물론, 심지어 사모펀드까지 손을 대는 재벌들이 은행까지 쥐고서 제멋대로 돈줄과 인사권을 휘저으려는 꼴이 배 아파서 그러는 것은 결코 아니다. 세계적인 금융위기에서 우리는 초대형 은행들의 치명적인 급소를 보았다. 씨티은행을 비롯하여 대형 은행들이 사기성 짙은 영업을 하다가 부실화된 후 정부의 구제금융을 받았다. 화려한 고층빌딩을 가진 은행이야말로 국가경제마저 무너뜨릴 악성 바이러스가 더 많이 잠복해 있다는 사실도 드러났다.

한국은 앞으로 금융을 전략산업으로 키워야 한다. 월스트리트의 한 모퉁이를 점령할 만한 글로벌 주자도 나와야 한다. 우리는 글로벌 싸움터에서 한몫해줄 대표급을 키우면서도 동네 꽃집 주인이 중고 경트럭을 살 때 1000만 원을 쉽게 빌려줄 서민형 은행도 키워야 한다. 미국처럼 소형 은행에는 법인세를 대폭 낮추거나 없애주고, 공기업이 굴리는 여유자금을 지역 은행에 더 예치해주는 혜택도 줘야 한다. 하지만 금융업을 육성한다는 것이 그림자 은행을 키우는 방향으로 가서는 안 된다.

이것은 나라를 언젠가 위기 속으로 몰고 가겠다는 말과 같다. 큰 비극을 막으려면 대기업과 은행 사이에도 칸막이를 높여야 하고, 금융업 내부에도 불꽃이 옆방에 튀지 않도록 방화벽을 쌓아가야 한다. 은행이 증권·보험·자산운용회사를 줄줄이 거느리고 헤지펀드·사모펀드까지 운영하는 '묻지마 확장'을 규제할 때가 왔다. 그림자 은행의 담벼락에 인간의 탐욕을 견제할 감시 카메라를 더 달아야 할 시기가 도래한 것이다.

09

"메가뱅크는 사기 집단"

●●●● 대처 영국 총리가 '빅뱅(Big Bang)*이라 부르는 금융개혁을 단행한 해는 1986년이었다. 그해에 그 동안 정부가 쥐고 있던 여러 가지 금융 규제를 풀어줬다. 대처의 금융 완화 조치에 대해 누군가는 "팬티 한 장만 남기고 다 벗었다"고 촌평했다. 런던 은행들은 신 나는 돈벌이

＊ 빅뱅(Big Bang)

금융 빅뱅은 규제 완화나 금융시장 변화로 인해 금융산업 재편이 이뤄짐을 의미한다. 금융 빅뱅은 1986년 10월 27일 영국 정부가 단행한 획기적인 금융대개혁에서 유래됐다. 당시 런던증권시장이 국제금융에서 1위 자리를 위협받자 대대적인 규제 완화정책을 펴면서 금융의 판도 변화가 발생했다.

에 살판난 듯 들떴다. 전 세계 금융회사들이 런던으로 몰려들어 '시티'라는 금융 타운을 형성했다.

클린턴 대통령도 1993년 취임하자마자 빅뱅정책을 그대로 베껴다 월스트리트에 풀었다. 일본과 한국도 그 뒤를 따랐다. 우주가 대폭발을 일으켜 태양과 달, 지구를 창조해냈던 것처럼 금융의 연쇄폭발이 지구 위를 한 바퀴 돌면서 연쇄반응을 일으켰다. 금융업 내부에서도 기존의 금융 규제를 폭파시키면 일자리가 창출되고 국부(國富)를 쌓아 올릴 효자 산업이 탄생한다는 것을 증명하는 듯했다. 그러나 2008년엔 월스트리트가 먼저 무너지더니, 2012년부터는 런던 금융의 심장도 녹아내렸다.

빅뱅정책을 그대로 따라가다 나라 전체가 지옥까지 내려갔다 오는 충격을 받은 곳이 아이슬란드다. 이곳엔 '북극해의 골드만삭스'로 불리는 은행이 있다. 카우프싱(Kaupthing)은행은 1996년 이후 해마다 몸집을 두 배로 불리면서 북극해의 골드만삭스가 됐다. 2006년 덴마크의 중견 은행을 인수했을 때 카우프싱 은행의 몸값은 최고점을 찍었다. 다른 사람이 불러주던 애칭은 이때부터 은행 임직원 스스로가 뽐내며 자랑하는 이름으로 변했다.

북극해의 골드만삭스가 신봉한 경제 신앙은 '큰 것은 강하다'였다. 남의 돈 빌려서라도 덩치를 키우면 시장의 지배자가 된다고 굳게 믿었다. 아니나 다를까 아이슬란드의 1인당 국민소득이 한국보다 3배 이상 높아졌다. 2007년에는 유엔이 아이슬란드가 가장 살기 좋은 나라라고 치켜세웠다. 아이슬란드 국민의 '대물(大物) 숭배', '카우프싱 만세'는 비등점을 넘어섰다.

버블이 무너진 지금 그들에게 새롭게 스며든 종교는 '큰 것은 위험하다'거나 '큰 것은 나쁘다'는 것이다. "밤새 열대야에 잠을 설치고 아침에 눈을 떠보니 앞마당에 하얀 눈이 30㎝나 쌓였더라." 어느 이코노미스트는 금융위기의 충격을 이렇게 표현했다. 카우프싱을 포함한 아이슬란드 3대 은행은 거대한 악마로 변해버렸다. 죄 없는 국민은 앞으로 수십 년 동안 세금을 더 내야 한다. 인플레와 부동산·주식값 폭락에 쪼들린 고난의 하루하루를 보내야 한다. 거대할수록 튼튼할 것이라는 믿음을 맹목적으로 추종했던 죄치고는 너무나 비싼 대가였다.

어디 아이슬란드뿐인가. 많은 나라가 빅뱅 이후 클수록 선하고 좋다는 대형화정책을 추진하다가 참사를 겪었다. 세계 최대 은행인 씨티, 세계 최대의 증권회사인 골드만삭스, 스위스의 최대 은행 UBS와 크레디스위스 등 '최대', '최고'라는 간판이 하나같이 무고한 백성에게 큰 짐을 안겼다.

이제 과거의 빅뱅정책은 박물관으로 들어가고 새로운 빅뱅정책이 논의되고 있다. 지금은 거대화가 몰고 온 재앙에 질겁한 나머지 큰 것을 경계하는 정책이 세계적인 흐름이 되고 있다. 그저 감독의 강도를 높이며 감시의 눈총을 보내는 데 그치지 않는다. 대형 금융회사에는 별도 세금(은행세)까지 물린다. 덩치를 키우지 못하게 누르고, 너무 큰 것은 쪼개라는 강압적인 주문까지 나온다. 오바마 정권이 추진하는 금융개혁이 대표적이다. 대형 금융회사의 무한도 팽창을 제한하고, 금융재벌은 분할 경영을 하라는 취지다. 유럽에서도 적정 규모 논쟁이 한창이다. 금융회사의 적당한 규모에 대한 정답이 있을 턱이 없다. 그렇지만 대형 금융회사가 망해도 국가경제에 치명상을 주지 않고, 국민에게 애꿎은 세금 부담을 끼얹지 않을 크기를 탐색해야 한다는 공감대가 강하다.

대형 금융회사의 반칙행위를 처벌하는 강도도 몰라보게 달라졌다. 세계 최대 은행 중 하나로 꼽히는 HSBC는 이란, 멕시코 등 마약 범죄 조직의 자금을 세탁해준 혐의로 호된 조사를 받은 끝에 19억 달러(2조 500억 원 상당, 2012년 12월 환율)의 벌금을 납부하기로 미국 정부와 합의했다. 대형 은행에 부과된 벌금액으로는 사상 최고 액수다. 영국 스탠더드차타드은행은 이란과 불법 거래를 했다는 이유로 도마 위에 올라 3억 2700억 달러(3531억 원 상당)의 벌금을 내기로 타협했다. 버클레이즈은행은 런던 은행 간 금리(리보)를 조작한 범죄를 저질렀다가 4억 5300만 달러(4377억 원 상당)의 벌금형을 받았다. 영국 재무부 장관 입에선 영국 공직자 입에선 좀체 나오지 않는 '사기'라는 단어가 튀어나왔다. 월스트리트가 말썽을 피울 때만 해도 씨티은행이나 골드만삭스가 도산할까 두려워 정부가 재빨리 구제금융을 제공했다. 더 큰 참변을 막으려고 세금을 지원해 살려냈다. '덩치가 큰 것들'의 붕괴가 몰고 올 충격을 걱정해 모든 게 조심스러웠다. 그러나 지금은 어느 나라에서든 메가뱅크*를 다루는 방식이 거칠어졌다. 불법 행위가 나오면 가차 없이 벌금을 때리고 수사에 돌입한다.

이처럼 달라진 것은 영국이나 미국, 유럽 대부분의 국가가 더 이상 부실 대형 은행을 구제할 형편이 못되기 때문이다. 재정이 바닥난데다 정부나 정치권이 그들을 옹호하다가는 '범죄 집단', '사기 조직'을 대변하는 하수인으로 몰리기 십상인 것이다.

대형 은행들은 그동안 '통제받지 않는 권력'을 마음껏 즐겼다. 영국계 은행들은 런던에서는 불법인 거래를 싱가포르에서 성사시키곤 했다. 정부 감시가 엄한 프랑크푸르트를 벗어나 뉴욕에서 덩치를 키운 독일 은행도 있다. 글로벌 경영을 한다는 명분 아래 국가의 감시 카메라를 벗어나 외국의 이곳저곳을 돌며 돈벌이에 몰두했던 것이다. 그러다가 위기에 몰리자 대형 은행들은 일제히 모국에 돌아가 살려달라고 자기 나라 정부와 국민에게 손을 내밀었다. 높은 연봉을 받으며 요트와 사냥의 맛을 만끽하던 인간들이 무슨 염치로 돌아와 국가의 보호를 바라는가. 이런 여론은 자연스럽게 만들어졌다. 은행 규모가 클수록 가짜 상품을 많이 팔고 변칙 거래와 불법 행위도 엄청나다는 사실도 속속 드러났다.

이제 초대형 은행은 애물단지가 되거나, 아니면 국민에게 피해를 주는 '대량 살상 무기'로 경계해야 할 대상이 됐다. 전문가들 사이에는 메가뱅크의 규모를 통제해야 한다는 논의가 한창이다. 금융회사의 최대

＊ 메가뱅크

초대형 은행. 정부가 공적 자금 회수의 일환으로 자산 규모 319조 원에 이르는 우리금융그룹의 민영화를 추진하면서 메가뱅크 탄생 여부가 한국에서도 화두로 떠올랐다. 우리금융 인수에 성공하는 은행은 규모에서 다른 은행을 압도하며 금융권에 새로운 지도를 짜게 될 가능성이 높다. M&A를 통해 세계적 규모의 대형 은행을 육성한다는 메가뱅크 구상에는 규모를 키우면 구조조정 등을 통해 효율성이 높아질 것이라는 기대가 깔려 있다. 자산 규모가 세계 50위 은행의 절반밖에 되지 않는 국내 은행의 국제경쟁력을 강화하고 업무 영역을 다변화하기 위해서는 초대형 은행이 필요하다는 의견이 있다. 반면 대형화로 시장경쟁이 줄어들어 중소기업이나 가계 등 금융 소비자들에게 부정적인 영향을 줄 수 있다는 점은 부작용으로 꼽힌다.

자산 규모를 국가경제규모(GDP)*의 20~30%선까지만 키우도록 규제해야 한다는 주장이 설득력을 갖기 시작했다. 2011년 우리나라 경제 규모는 1237조 원이었다. 2012년 3월 말 현재 우리금융지주의 자산 규모는 319조 원이고, 신한은 295조 원, KB와 하나금융지주는 285조 원, 농협은 248조 원이다. 삼성그룹의 경우 금융 관련 계열사들을 합친 자산 규모만 해도 232조 원이다. 얼추 덩치 키우기의 한계점에 도달했음을 알 수 있다.

한국에서도 메가뱅크를 가져야 한다는 꿈을 팔며 금융지주회사들끼리 합병시켜 덩치를 키우려는 시도가 있었다. 한국의 골드만삭스를 키우겠다는 장관들도 적지 않았다. 금융지주회사들은 저마다 은행부터 증권회사, 보험회사, 자산운용회사, 사모펀드(PEF)를 설립하고 저축은행까지 인수해 비빔밥처럼 뒤섞인 회사로 변모하고 있다. 한국도 금융회사 대형화 경쟁을 구경만 하고 있어서는 안 된다. 은행과 보험, 증권 등 업무 영역을 구별하고, 다른 금융업 간에는 어느 정도 벽을 쌓도록 칸막이를 해야 한다. 계열 금융회사들끼리 내부 거래도 통제하고, 임원 파견 근무도 제한해야 한다. 은행 고객에게 증권회사의 파생상품을 가져다가 함부로 팔지 못하게 선을 그어야 한다.

금융계 일부에서는 미국·유럽 은행들은 너무 커서 줄여야 할지 모르지만, 한국은 사정이 다르다고 주장한다. 우리는 미국이나 유럽과는

＊ 국가경제규모(GDP)
국민 총생산에서 외국으로부터의 순소득을 제외한 지표. 국내총생산과 같은 말이다.

반대로 금융회사 규모를 지금보다 더 키워야 한다는 것이다. 하지만 대형화로 내달렸던 우리의 은행정책은 이미 부작용을 낳고 있다. IMF 외환위기 이후 국민, 신한, 우리, 하나 등 4대 은행이 시장의 7할 이상을 점유하게 됐다. 4대 은행은 지난 5년 사이 신용등급이 가장 낮은 고객에게 대출을 3분의 1로 줄인 반면, 1등급 고객에게는 두 배 이상 늘렸다. 영세상인과 중소기업이 갈수록 돈줄을 찾지 못하는 현실은 바로 대형화정책의 나쁜 생산물이다. 그러면서도 2008년 2차 외환위기 때는 4대 은행이 모두 달러 부족에 허덕였다. 그들은 나라경제가 가장 어려울 때 자금경색을 부채질했다. 큰 은행들이 위기를 막아주는 방파제가 되기는커녕 위기를 가중시켰다.

금융업에 골몰하는 재벌들도 손을 쓰지 않으면 안 되는 단계다. 삼성그룹 내 금융 계열사는 열 개에 달하고, 금융 계열사가 그룹 내 총자산에서 차지하는 비중은 절반(50.9%·2008년)이 넘는다. 이런 금융·산업 복합 재벌을 쪼개지 않으면 한국판 카우프싱이 나오지 말라는 법은 없다.

캐나다의 대형 은행 여섯 곳 중 세계적인 금융위기 속으로 휘말려 들어간 곳은 한 군데도 없다. 덩치를 키우지 않았고 단번에 큰돈을 챙기려는 유혹에도 빠져들지 않았다. 그들은 크지는 않아도 건강한 은행이 국가 발전에 이바지한다는 것을 증명했다. 뉴욕과 런던 금융가의 실패를 보며 우리는 '국가의 통제에서 벗어난 슈퍼 권력들'에 대한 공포를 느껴야 한다. 선량한 사람들이 믿고 있는 신앙을 가장 극적으로 뒤집어엎는 배신자는 언제나 최대 규모의 회사들이다.

10

'금융 검투사' 키우려면
각 대학에 금융학과 설치하라

●●● "달러는 우리(미국) 통화지만, 당신들이 풀어야 할 문제야." 국
제금융의 역사에서 가장 유명한 발언 중 하나인 이 말은 존 코널리
(Connally) 미국 재무부 장관이 1971년에 내뱉었다. 그는 미국의 무역 적
자가 쌓여 달러 가치가 하락하는 책임을 독일과 일본에 떠넘겼다. 달러
무죄론(無罪論)을 앞세워 미국은 당시 주요 국가의 환율을 강압적으로
조정했다. 코널리 장관의 텍사스 사투리가 짙은 영어는 더욱 알아들을
수가 없었다. 일본 재무상은 영어를 거의 알아듣지 못해 미국이 하자는
대로 따라 갈 수밖에 없었다. 미국의 압도적인 힘을 느끼며 모든 나라

가 억지로 환율을 조정해야만 했다. 코널리의 떠넘기기 발언이 있은 지 2년 만에 1차 오일쇼크가 발생했다. 중동전쟁과 석유값 폭등에 온 세계가 침체에 빠졌고, 1971년의 합의는 슬슬 깨지기 시작했다.

석유파동의 원인은 간단했다. 달러값이 하락하자 중동의 원유 생산 국가들의 수입이 줄어들었다. 원유값을 달러로만 받다 보니 저절로 수입이 줄어든 것이다. 줄어든 수입을 메우려고 중동 국가들은 원유 가격을 올리기로 담합했다. 석유파동이 심각해지자 나라마다 제 살길을 찾아 흩어졌다. 일본은 기회를 잡은 듯 엔화를 절상했다가 슬그머니 절하해 수출업체를 지원하기 시작했다. 일본산 경공업 제품의 수출은 이때 최고조에 달했다. 일본 제품이 세계적으로 칭찬받고 일본인들의 부지런함과 일본 특유의 노사협조 분위기가 다른 나라의 부러움을 샀다.

들어갈 때는 같은 문으로 어깨동무하고 갔지만 나올 때는 다른 문으로 나와 뿔뿔이 흩어지는 것이 국가 간 국제 공조(共助)의 역사다. 1985년 플라자 합의* 때도 그랬다. 5대 경제강국끼리 뭉쳐 위기를 이겨내자는 합의가 뉴욕에서 이루어졌다. 다시 환율을 조정했고, 경제정책을 서로 감시하는 체제까지 만들었다. 그러나 미국의 압력에 진저리를 내던 독일은 어깨동무에서 빠져나가 독자 노선을 걸었다. 2년 후 가을 어느 월요일(Black Monday) 전 세계 주가는 폭락했다. 국제 공조에서 독일이 발을 뺐기 때문이라는 분석이 지배적이었다. "혼자 살겠다고 배신하나"

---

* 플라자 합의
미국의 달러화 강세를 완화하려는 목적으로 미국, 영국, 독일, 프랑스, 일본의 재무 장관들이 뉴욕 플라자호텔에서 맺은 합의이다.

라고 욕해 봤자 아무 소용없었다. IMF가 눈을 시퍼렇게 뜨고 감시한들 무슨 권한으로 이탈자를 단속할 수 있는가. 일본도 국제 공제체제에서 탈출했다. 플라자 합의 이후 34개월 동안 50% 엔화를 절상했으나 블랙 먼데이 이후 다시 30%를 절하했다. 일본 자동차업계와 전자, 조선, 철 강업계는 환율에서 숨통이 트이자 세계시장을 지배하기 시작했다. 일 본의 최고 호황 국면은 이렇게 만들어졌다.

'미스터 엔'이라 불리는 일본의 국제금융 문제해결 전문가

●●● 국제적으로 환율이 춤출 때마다 일본에서는 '미스터 엔'이 활 약했다. 미국이나 다른 선진국으로부터 환율 때문에 시달리다 못해 국 제금융 문제를 전담하는 상징적인 인물을 키운 것이다. '미스터 엔'은 선진국 정책 당국자들과 모여 환율을 조정하고 일본의 이익을 챙기는 역할을 맡은 인물이다. 수시로 바뀌는 일본 총리와 장관은 국제회의에 나가면 '미스터 엔'이 써준 대로 읽기만 했다고 할 정도로 '미스터 엔'들 의 힘은 강했다. 그 역할은 재무성 재무관(차관급) 자리에 있는 인물이 주로 맡았지만, 자리보다는 경력이나 실력에서 미국이나 다른 나라 당 국자들이 인정하는 인물이었다고 보면 된다. 대표적인 사람이 교텐 도 요 씨다. 지금은 공익재단 이사장으로 일하지만, 플라자 합의 때 일본 대표로 큰 활약을 했었다. 또 한 사람은 사카키바라 씨다. 사카키바라 는 조지 소로스 같은 국제금융인들과 개인적인 친분을 쌓았던 인물이 다. 그는 재무관에서 퇴임한 후 "한국의 외환위기가 닥치기 전에 소로

스 씨로부터 '다음은 한국 차례'라는 말을 들었다"고 증언했다. 그는 국제금융시장의 위기가 세계적인 공황으로 연결되지 않도록 정치권에 대책을 마련토록 설득했었다고 말했다. 일본의 역대 '미스터 엔'들은 미국, 독일, 영국 등 주요 국가의 재무부와 중앙은행, IMF 같은 국제금융기구와 접촉하는 공식 창구 역할을 맡는다. 이들은 국제시장의 흐름이 일본 경제에 미치는 파장을 미리 감지하는 '고성능 안테나'이자 대책까지 제언하는 '해결사' 역할을 수행해왔다.

한국에는 '미스터 원'이 아직 없다

●●● 한국에는 국제금융계의 거물들과 속마음을 터놓고 깊은 정보를 교환할 수 있는 얼굴이 지금도 없다. 1차 외환위기 때 김기환 박사가 대활약을 폈던 덕분에 IMF 구제금융을 받는 데 성공했으나, 그의 공적은 곧 잊히고 말았다. 그 후 그의 국제적인 인맥을 활용하는 정권은 없었다. 그렇다고 정부가 부처 내에 '미스터 원'으로 부를 만한 인물을 지명한 것도 아니다. 우리 환율 담당 공무원들이 워싱턴과 월스트리트의 분위기 변화를 감지하는 노력이란 외신 보도와 공개된 보고서를 종합하는 수준에 불과하다. 그래서 환율이 요동치면 누구 표정부터 살펴야 할지 경제계의 불안감은 가중될 수밖에 없다. 우리는 그렇게 외환위기에 노출돼 있으면서도 '미스터 원'으로 활약해 줄 인물을 갖지 못했다.

전문가들은 세계화(Globalization)의 상징적인 증상을 몇 가지 꼽는다. 어떤 전문가는 국가 간 빈부 격차가 커지는 현실을 지적하기도 하고, 미국의 룰이 모든 나라에 강요되는 미국화 현상을 비판하는 세력도 있다. 하지만 가장 뚜렷한 세계화 증상 중 하나는 돈의 흐름, 투자자금의 방향에 따라 나라경제의 성패가 갈리는 세상이 됐다는 점이다. 유행하는 표현을 빌리자면 글로벌 규모로 펼쳐지는 '쩐의 전쟁'이 잘사는 나라와 못사는 나라를 갈라놓고 있다는 얘기다. 자본주의 경제에서 금융업은 언제나 중요한 역할을 했지만, 한 나라 경제의 운명을 결정짓는 핵폭탄급 산업으로 등장한 것은 최근 10여 년 사이다. 세계화 추세와 정보기술(ICT)의 발전 덕분에 미국과 영국 같은 금융제국이 등장했다는 데 많은 전문가들이 동의한다. 외국 부동산과 주식투자에서 엄청난 수익을 올리는 펀드나 투자회사, 은행들이 미국과 영국에는 많다. 머니게임에서 무역 적자를 메우고도 남는 돈을 벌어들이기도 한다.

전 세계 상품의 무역 거래 액수에 비하면 금융 거래 액수는 그보다 수십 배에 달한다. 런던의 집값을 점치려면 주택 수요-공급 전망만으로는 판단이 안 선다. 그보다는 중동의 오일 달러가 얼마나 더 들어올지를 들여다보는 작업이 훨씬 중요해졌다고 한다. 서울 증시도 상장회사의 실적 전망치보다는 뉴욕 증시의 흐름에 더 많은 영향을 받고 있다. 과거에는 실물경제가 머리이고 금융은 실물의 흐름을 따라가는 꼬리 역할을 해왔다면, 지금은 금융이 머리이자 몸통이고 실물은 꼬리로 뒤바뀌었다. 글로벌 경제체제에서 선진국일수록 금융업에 온 정성을 쏟고, 머리 좋은 수재들이 그곳에 몰리는 이유가 여기에 있다.

최고 호황을 누리는 국내의 어느 조선회사 임원은 한탄했다. "1억 달러짜리 대형 선박을 수주해 3년간 수천 명의 기술자가 땀 흘려 수출하면 500만 달러나 600만 달러 정도 남습니다. 하지만 영국의 금융기관은 선박 건조자금을 1억 달러 빌려주고 단번에 엇비슷한 금액을 벌어 갑니다." 우리도 촌티를 벗어야 한다. 글로벌시장에서 큰돈이 어디서 나와 어디로 굴러다니는지 모르는 비전문가들이 증시에 헌 칼을 휘두른다고 통하는 세상이 아니다. 초등학생이 주식투자를 한다고 걱정할 필요가 없다. 미국에서는 초등학생들이 동아리를 만들어 주식 모의투자를 하고, 지역 학교끼리 벌이는 투자수익률 경쟁 순위가 매주 《워싱턴 포스트》에 보도되기도 한다. 미국 부모 중에는 초등학생에게 투자금을 쥐여주며 주식과 채권에 투자하도록 권하는 사례가 적지 않다. 어릴 때부터 금융에 대해 공부하고 직접 체험하도록 기회를 준다.

우리는 세계 8대 무역대국이라고 뽐내며 언제까지 강아지 꼬리나 붙잡고 있을 것인가. 나라경제를 위해서는 수출에만 매달리는 시대에서 벗어나야 한다. 앞으로는 글로벌 머니게임에서 싸워 이길 금융 검투사를 키워야 한다. 우리 대학들은 과거 국가가 수출을 최고 지표로 삼았을 때 무역학과를 설치해 인재를 길러냈다. 전자산업을 위해서 전자공학과를 만들고, 조선업을 키우려고 조선공학과를 대학마다 설치했다. 이제는 대학마다 금융학과를 설치해 국제적인 금융인을 길러내야 한다. 금융을 집중적으로 가르치는 특성화 고교를 만들어 학생을 모집할 필요가 있다. 물론 우리가 길러낼 금융인은 국제적으로 통용될 인재여야 한다. 영어, 일본어, 중국어 같은 외국어는 필수적으로 가르쳐야 할 것이다. 한국 경제가 무역으로 돈을 벌고 금융으로 돈을 잃는 게임을 언제까지 끌고 갈 것인가.

11

한국은행,
천재 스님들의 공염불 언제까지

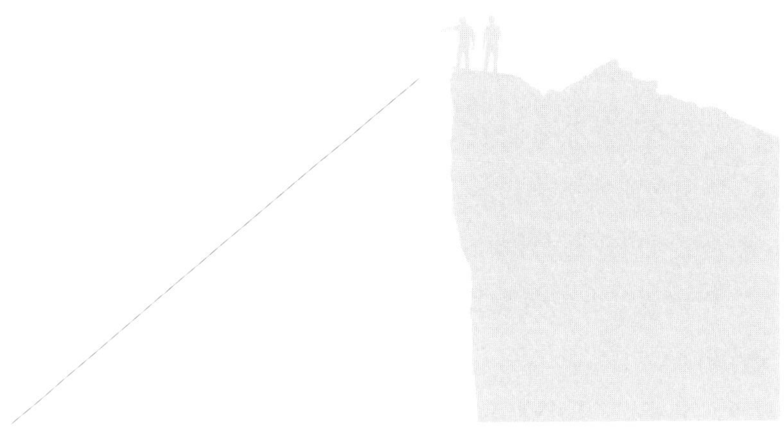

●●● 그린스펀 미국 연방준비제도이사회(FRB) 의장이 한창 영향력을 발휘하고 있을 때의 일화다. 미국의 한 국회의원이 그린스펀은 "경제계의 마이클 조던"이라고 했다. 프로농구의 최고 스타만큼이나 영향력과 대중성을 가졌다는 뜻이다. 그린스펀은 미국 경제를 10년 이상 호황으로 이끌었다. 아시아 금융위기, 중남미 외환위기, 러시아 금융위기나 월가의 주가 폭락 등 위기를 만날 때마다 최선의 선택을 내렸다는 평가를 받았다.

그러나 경제학자들은 백악관 주도의 경제개혁 실패가 그런 영웅을 낳았다고 설명한다. 예를 들어 닉슨은 인플레와 경기 침체를 해결하려고 임금·물가 억제책을 실시했으나 실패했고, 카터는 인플레 대책으로 규제 완화를 추진하다가 무너졌다. 레이건도 취임 때는 공급 중시 경제학*이라는 장밋빛 청사진으로 정치 마케팅에는 성공했으나 호황을 만들지 못했다. 1970년대 이후 대통령 주도, 백악관 주도의 경제정책은 한때 기승을 부리다 곧 사그라져버린 반딧불 일생 같은 역사를 갖고 있다. 어느 전문가는 "클린턴 전 미국 대통령이 10년 호황에 큰 역할을 했다면 그것은 경제에 아무런 역할을 하지 않은 것"이라고 말하기도 한다. 클린턴은 당선 직후 그린스펀 의장과 만나 재정적자 축소를 약속한 후, 금융정책의 지휘탑을 중앙은행(FRB)으로 넘기는 결단을 내렸다. 이후 월가나 전 세계는 백악관이 아니라, 그린스펀의 발언 한마디 한마디에 촉각을 곤두세우는 상황이 되었다.

경제 상황에 따라 달라지는 경제정책 지휘 본부

●●● 경제정책의 지휘 본부를 정권의 핵심부에서 중앙은행으로 이전시킨 노하우는 영국에도 수출됐다. 블레어 전 영국 총리는 취임하자마자 기자 출신 측근을 미국 클린턴 정권에 보내 장기 호황의 비결을

*** 공급 중시 경제학**
수요 면보다 공급 면을 중요시하는 경제정책 상의 입장으로, 경제의 안정적인 회복과 인플레이션 억제를 위해 감세나 기업의 투자 확대를 촉진하는 법을 만들어 재화나 서비스의 공급을 증가시킬 필요가 있다고 주장하는 경제이론이다.

물었다. 백악관의 대답은 권한을 가능한 한 중앙은행에 넘기라는 것이었다. 블레어 총리는 취임 다음 날 곧바로 그동안 재무성이 쥐고 있던 금리 결정권을 잉글랜드은행에 넘겼고, 이것이 영국 경제가 블레어 총리 시절에 부활한 비결로 꼽히고 있다. 백악관은 금리나 주가에 관해 언급하는 일조차 없었다. 대형 금융회사(LTCM)가 도산위기에 몰렸을 때도 그린스펀이 도맡아 처리했다. 일시적으로 왔다 가는 정치인들이 너무 깊이 개입했다가 국내외 투자자들의 신뢰만 잃고 말았던 것이 그들이 겪었던 실패의 역사이다. 권력자란 늘 그렇기 때문에 미국은 무게 중심을 정치 바람을 덜 타면서 시장 동향에는 민감한 중앙은행으로 옮겼고, 백악관과 의회, 경제 부처들은 중앙은행을 감시하며 협조해주는 체제를 만들었다. 위기가 겹치는 국면일수록 먼 장래를 보면서 경제 지휘탑을 정치로부터는 멀고, 시장으로부터는 가까운 곳으로 옮겼다고 보면 된다.

그러나 2008년 월스트리트에서 금융위기가 폭발하면서 그린스펀에 대한 평가는 완전히 달라졌다. 그린스펀 스스로가 그동안 시장 자율에만 맡겼던 금융정책이 잘못됐음을 인정했다. 정부가 구제금융을 제공하며 대형 금융회사들을 회생시키는 과정에서 다시 정부의 입김이 강해졌다. 정부가 앞장서서 국민 세금을 투입해 대형 은행들을 살려내면서 월스트리트와 중앙은행의 체면은 추락했다. 미국이나 유럽이나 정치가 다시 금융에 개입하기 시작한 것이다. 그렇다고 중앙은행의 역할이 끝난 것이라고 본다면 이는 시대 흐름을 잘못 읽은 것이다. 각국 중앙은행들은 금리를 사상 최저 수준까지 내리고 돈을 풀어내는 정책을 본격적으로 전개했다. 이것이 결국 환율전쟁으로 이어지고 있지만, 미국은 미국대로 유럽은 유럽대로, 일본은 일본대로 중앙은행들이 경기 회복 싸움에 앞장서는 모습은 공통된다고 할 수 있다.

선진국 중앙은행들의 모습을 보면서 우리는 한국은행을 돌아보지 않을 수 없다. 2008년 금융위기 때도 어느 나라보다 굼뜬 행동을 고집한 곳이 한국은행이다. 오죽했으면 청와대와 경제 부처들이 입을 모아 "도대체 뭐 하느냐"고 답답해했고, 어느 장관은 "아예 문을 닫아버리는 게 좋겠다"며 욕설을 내뱉고는 끓어오르는 분을 삭이지 못했다.

당시 한국은행 내부 증언을 들어봐도 그렇다. 세계 금융위기가 시작된 후 돈을 무제한 살포하는 미국·유럽을 두고서 "저러다가 어쩌려고⋯⋯"라는 비판이 한은 내부에서 비등했다고 한다. 그 지진이 서울의 외환위기로 감염될 줄 모르고 달러를 무제한으로 방출하는 미국식 진압 작전을 '미친 짓'으로 단정하는 발언이 한은 고위층 입에서 자주 나왔다는 얘기다. 한국은행이 월스트리트의 격진을 태평양을 건널 수 없는 화재로 오판했다는 증거는 금리 결정이다. 세계적인 금융위기가 닥치고 국내 경기마저 지표가 하강해가던 때 한국은행은 느닷없이 기준금리를 5%에서 5.25%로 올렸다. 부동산 값마저 하강하던 차에 위험한 역주행을 한 것이다.

한 번의 오판은 또 다른 오판을 낳았다. 리먼 몰락의 충격에 잘못된 자세를 취했던 것이다. 괴물과 맞서 싸우는 용감한 사령관의 모습은커녕 피동적이고 소극적으로 대처했다. 신중한 대응이 중앙은행의 전매특허인 양 행동했지만, 실은 닥치지 않을 줄 알았던 쓰나미가 막상 눈

앞에 닥치자 어쩔 줄 몰라 허둥대며 금리를 찔끔찔끔 내리기 시작했다. 대통령과 장관들이 2%라는 숫자까지 주면서 금리 인하를 압박했다. 금리 인하에 소극적이던 한국은행은 그 후엔 너무 허둥대다 금리를 한 꺼번에 대폭 인하했다. 이번엔 지나치게 인하했다는 말을 들었다. 가장 뼈아픈 실책은 중앙은행으로서 금리 결정권에 외부 개입을 허용한 것이다. 자기 밥그릇을 지키지 못해 정부 개입을 초래한 셈이다.

중앙은행은 나라 안팎 금융시장의 살아있는 정보에 정통해야

●●● 반복되는 위기를 겪으면서 어느 나라에서나 중앙은행을 보는 눈은 완전히 달라졌다. 물가를 안정시키고 통화 가치를 지키는 마지막 수호신이라던 옛날의 지위는 약화됐다. 금리·환율만 들여다보고 있는 중앙은행은 이미 중앙은행이 아니다. 금융시장뿐 아니라 나라경제 전체를 잘 돌아가게 해야 하는 것이 새로운 중앙은행의 모습이다. 한국은행은 입만 열면 '독립'을 말한다. 하지만 중앙은행이 정부와 손잡지 않고 '자주 독립 정신'으로 혼자 해결할 수 있는 금융위기란 글로벌 시대에는 존재하지 않는다. 한국은행 사람들은 "이곳은 절간"이라고 말한다. 현장에서 소외되어 통계나 챙기는 처지, 감독권을 박탈당한 신세, 퇴직 후 낙하산 자리 하나 챙기지 못하는 불출(不出)을 푸념하는 비유다. 그러나 그런 체념과 자포자기 증상에서 벗어나야 한다. 열등감, 패배감으로 가득 찬 중앙은행의 모습은 버리고 모두가 절간에서 탈출해야 한다. 시장 물정 모르는 경제학자와 내부 출신으로 채워져 있는 상

층부 지배구조야말로 오판을 부르는 재앙의 출발점임을 인정해야 한다. 다른 나라 중앙은행 사람들과 어깨를 툭 치며 농담을 주고받을 국제금융통이 상층부에 들어가야 하고, 금융가 뒷골목 정보까지 아는 금융시장 출신도 가세해야 한다.

경제학자들이 '미스터 고금리'로 자주 들먹이는 인물은 두 사람이다. 미국의 볼커 전 연방준비제도이사회(FRB) 의장과 미에노 야스시 일본은행 총재다. 뛰는 물가와 싸워야 했던 상황과 고금리라는 정책 수단은 같았으나, 두 사람에 대한 사후 평가는 판이하게 갈라졌다. 미에노는 1989년 5월부터 15개월 사이에 기준금리를 2.5%에서 6%까지 단숨에 올렸다. 부동산 투기와 물가를 잡겠다는 의욕이 강했다. 그 당시의 고금리정책은 그를 '서민의 영웅'이자 '의적(義賊)'으로 격상시켰다. 하지만 일본이 장기 침체에 빠지면서 평가는 거꾸로 바뀌었다. 투기와 물가를 잡았지만, 경제 후퇴의 출발 총성을 울린 장본인으로 꼽힌다.

반면 볼커는 '토요일 밤의 대학살'을 일으킨 악역으로 출발했다. 미에노보다 10년 앞서 굳이 주말 오후를 골라 금리 인상을 발표했다. 무려 20% 선까지 올린 고금리 고집은 '미스터 고통(Mr. Pain)'이라는 별명을 낳는 데 그치지 않았다. 벽돌공·농민들까지 들고일어나 데모하는 통에 주머니 속에 호신용 권총을 넣고 다녀야 했다. 하지만 3년 후에는 물가가 가라앉고 주식시장이 불타올랐다. 달러화에 '강하다', '든든하다'는 형용사가 다시 붙었다. "달러 시대는 끝났다"고 했던 저명한 경제학자는 자기 예언을 취소하고 볼커에게 공개 사과했다.

한국은행 총재라면 볼커나 미에노처럼 청와대와 싸우고 장관들과 다퉈야 한다. 국회의원들 협박에 맞설 각오도 해야 한다. 미에노는 집권당 최고 권력자의 "일본은행 총재 목을 쳐서라도 금리를 내려야 한다"는 공개 협박에 시달렸다. 볼커는 금리를 강제 인하하는 법안까지 들고 나오는 의원들과 싸웠다. 자신을 FRB 의장에 임명한 카터 대통령으로부터는 갖은 욕설을 다 들었다. 한국은행 총재가 정치와의 싸움에서 밀리고, 경제 부처와의 알력에서 힘을 못 쓰는 이유는 금융정책의 타이밍이 한 발짝 느리기 때문이다. 금리를 내려야 할 때 한 번 미적거리고, 올려야 할 때 다시 머뭇거리는 일이 잦았다. 그러는 사이 가계부채는 1000조 원까지 늘었고, 저금리로 은행 대출을 받아 주식에 투자하는 개미들도 늘고 말았다. 꼭 필요할 때 중앙은행이 경고 벨을 울리지 않아 주부나 월급쟁이들이 빚을 무서워하지 않게 됐다.

정부 쪽에서도 한국은행에 많은 권한을 넘겨줘야 한다. 걸핏하면 한국은행 예산 편성에까지 개입하고, 한은 결정에 정부가 거부권을 행사할 수 있는 조항도 없애야 한다. 보복성 세무조사까지 할 수 있는 꼬투리도 정부가 포기해야 한다. 하지만 한국은행 쪽에서 먼저 경제위기에 목소리를 높이고, 누구보다도 더 용감하게 싸우는 모습을 보여야 한다. 한국은행은 한국에서 가장 우수한 경제학도들이 취업하는 조직이다. 한국은행이 속세와 떨어진 절간이 되어 천재 스님들이 공염불만 하는 곳이 되어서는 안 될 것 아닌가? 한국의 최고 인재들이 자기 역량을 풀가동 하는 날이 오면 한국 경제도 좀 나아질 것이다.

12

금리입찰은
서민들 이자 털어가는 약탈행위

●●●● 우리 금융계에 관행처럼 굳어진 게 금리입찰이다. 여윳돈을 가진 쪽에서 예금이자를 얼마 줄 건지 경매에 부친다. 거액 예금을 유치하려고 이 은행 저 은행이 경쟁하고, 다른 금융회사들까지 경쟁에 뛰어들기 때문에 큰돈을 굴리는 입장에서 좋은 조건에 맡기고 싶은 것은 당연하다. 예를 들어 농협이 대구시 교육금고 운영권을 차지한 경우를 보자. 농협은 3년간 2조 3000억 원을 운영할 권리를 손에 넣었다. 예금 금리 수준은 연 4% 후반, 교육청 직원들에 대한 대출금리는 5.76% 이하로 했다. 대구은행과 하나은행은 예금 유치 경쟁에서 밀렸다.

2012년 9월 현재 국내 은행의 평균 예금금리는 3.18%, 대출금리는 5.13%다(한국은행 통계). 농협이 4% 후반 이자를 보장했다면 1년에 100억 원마다 1억 500만여 원 이상 이자를 더 준다는 약속이다. 거액의 예금을 맡긴 덕분에 대구시 교육청 직원들은 아무리 대출금리가 올라가도 5.76% 이상은 안 낸다. 그리고 대출금리가 떨어지면 대구교육청 직원들은 더 낮은 금리를 내면 되도록 계약되어 있다. 교육청이 큰돈을 맡긴 덕분에 직원들까지 농협에서 낮은 이자로 대출받을 권리를 덤으로 챙겼다.

금융권에서 늘 벌어지는 금리입찰은 거액을 가진 큰손들을 둘러싸고 금융회사들이 너도나도 뛰어들어 경합하고 좋은 조건을 써낸 회사가 낙찰받는 과정이다. 이자율을 높게 쓰고 보너스 혜택을 듬뿍 얹어주는 곳이 성공한다. 금액이 많을수록 얽히고설킨 인맥이 동원되고 로비까지 가세해 과열되기 일쑤다. 금융권에서 금리입찰은 상식이자 관행으로 굳어진 마케팅이다. 은행 입장에서는 1000만 원짜리 '푼돈 고객' 1000명을 상대하는 것보다 100억 원 예금주 한 명과 거래하는 것이 비용이 훨씬 적게 든다. 큰 거래처를 따오는 것만큼 은행원이 조직 내에서 진한 인상을 남기는 업적도 없다. 고액 예금자를 우대하는 관행은 최근 15년 새 고착됐다. 큰손과 금융회사들은 아예 계약서를 쓰기 때문에 약속을 위반하면 위약금까지 물어야 한다. 감독 당국은 한때 금리입찰을 단속했지만, 이제는 거액을 가진 쪽이 입찰을 통해 우대금리를 받는 것을 '있는 자의 권리'쯤으로 당연하게 여기게 됐다.

금리입찰은 불합리한 '소득 약탈'의 또 다른 형태

●●● 　그러나 금리입찰은 두 가지 문제를 갖고 있다. 하나는 금리입찰 탓에 수천만 명의 다른 고객들이 손해를 감수해야 하는 점이다. 금융회사가 고액 예금자들에게 보너스를 얹어주고 나면 소액을 맡기는 고객들의 예금에는 이자를 낮출 수밖에 없다. 농협이 대구시 교육청 직원들에게 대출금리를 낮춰주면 다른 고객들에게 내주는 대출금리를 올려야 한다. 차등금리 때문에 소액 예금자들은 어느 은행을 가든 불평등한 차별 대접을 받을 수밖에 없다. 경제학자들은 소액 예금자가 받을 이자소득이 고액 예금자에게 옮겨가는 현상을 '소득이전'*이라는 말로 모호하게 설명한다. 그렇지만 낮은 예금금리를 감수하는 처지에서는 이자소득을 '약탈'당하는 꼴이고, 금융회사들이 거액 예금자를 우대하려고 소액 예금자들을 상대로 '금리 학대'를 한다고 볼 수 있다.

금리입찰이 양극화 구조를 심화

●●● 　금리입찰의 또 다른 문제는 금리입찰로 재미를 보는 쪽은 언제나 재벌 기업과 정부 부처, 공공기관, 수백~수천억 원씩 여윳돈을 굴리는 '슈퍼리치(super rich)' 집단이라는 사실이다. 삼성전자의 사내 유

*** 소득이전**
일정 기간 동안의 근로 사업 또는 자산의 운용 등에서 얻은 수입을 넘겨주거나 넘겨받는 것.

보금은 2012년 9월 100조 원을 넘어섰다. 현대자동차도 2012년 9월 말 현재 30조 원을 여윳돈으로 챙겨놓고 있다. 과거엔 재벌 기업들이 은행에서 자금을 대출받으려고 접대 전담 술상무를 두고 커미션을 써가며 로비했다. 은행 대출 담당 임원을 모시고 주말엔 골프 접대로, 주중엔 술 접대로 세월을 보냈다. 지금은 증권회사의 법인 영업 담당 사장이 재벌 기업의 자금과장이나 부장을 만나려고 안달할 만큼 판도가 변했다. 대기업들은 예금할 때 높은 우대금리로 이득을 보고, 대출받을 때는 낮은 우대금리로 두 번 이득을 챙긴다. 이쪽 은행에서 낮은 금리로 대출받아 저쪽 은행에 높은 이자율로 예금해두는 등 자금운용 기법도 갈수록 발달하고 있다.

정부와 지방정부, 공기업들도 재벌들처럼 매년 수백조 원을 운영하며 금리입찰의 재미를 만끽하고 있다. 감사원까지 나서 여윳돈을 통상적인 금리로 은행에 맡기는 담당 공무원을 징계한다. 예금을 이자가 싼 곳에 맡겼다고 징계받은 공무원이 각 부처와 공기업마다 적지 않다. 사실상 정부가 금리입찰을 부추기는 꼴이다. 시중의 큰손들도 이런 금리입찰을 그대로 따라서 하고 있다. 공공기관과 재벌이 우대금리로 이득을 먼저 챙기는 대신 나머지 일반 고객들이 손해를 감수하는 구조가 정착되면서 우리 사회의 양극화는 더 심각해지고 있다. 큰돈 굴리는 사람을 위해 적은 돈 맡기는 예금자가 희생하는 구조가 더 심각해지고 있는 것이다.

지금은 저금리시대다. 저금리시대를 맞아 은행 정기예금에 맡겨두면 손해 보는 사실상의 마이너스금리 국면이 이어질 전망이다. 서민들은 0.01% 차이의 금리에도 민감해졌건만 푼돈 저축으로는 새해 달력 하나 받지 못할 만큼 은행 창구 인심은 차가워졌다.

그렇다고 금융회사들에게 소액 예금을 더 우대하라고 강요할 수도 없을 것이다. 다만 정부가 마음만 먹으면 고액 예금 우대를 위해 소액 예금자를 홀대하는 금리 차별만은 막는 법을 만들 수는 있을 것이다. 너무 명백하게 금리를 차별했을 때는 해당 은행과 금융회사들을 징계하는 것이다. 근로자 재산 형성 저축에는 일절 세금을 물리지 않는 방식으로 실질적인 예금금리를 높여주거나 정부가 지정한 생활보호 대상자들의 예금에는 은행 측이 일정 비율 높은 이자를 제공하는 방식도 있을 것이다. 근로자들이 주택 마련을 위한 저축에 가입한 후 실제로 그 예금이 주택 구입이나 전세금 마련에 사용되면 은행이 주택자금 대출금리를 크게 낮춰주는 방식으로 예금과 대출을 연계한 우대 방안도 만들 수 있다. 어떤 식으로든 다수의 소액 예금자가 소수의 고액 예금자를 위해 이자소득을 빼앗기는 구조는 고쳐야 할 것이다. 은행들은 "그럼 우리는 무엇으로 영업하느냐"고 반발할지 모른다. 예금자에 따라 금리에 차등을 두어야 영업이익이 더 커진다는 것을 누가 모르겠는가. 하지만 금리 차별이 지금처럼 심하면 속았다는 기분을 느끼는 푼돈 예금자들의 숫자가 늘어날 것이다. 다수에게 자기 권리를 포기하도록 강요하는 사회에선 내부 갈등이 갈수록 거칠어질 수밖에 없다. 사회가 분열됐을 때는 강한 소수를 편들어주기보다는 약한 다수를 다독여주는 정책이 절실하다.

13

불량 상품 파는 금융회사,
문 닫지 않으면 금융위기 또 터진다

●●● **미국** 뉴욕 월스트리트에는 그 동네만의 독특한 언어 표현이 많다. '아랍인(the Arabs)'은 투자 성향을 종잡을 수 없는 투자자를 뜻한다. '피라니아(piranha)'는 아마존의 육식 물고기인데 식인(食人) 물고기로 알려졌다. 이는 월가에서는 상대방이 죽든 말든 인정사정없이 물어뜯는 흉포한 인간으로 통한다. 이런 말도 곧잘 듣는다. "월스트리트에서는 고민을 절대 털어놓지 마라. 당신의 고민을 듣는 사람 중 90%는 아예 듣지도 않을 것이고, 경청해주는 10%는 당신의 고통을 즐거워할 것이다." 월스트리트에선 인간 피라니아들의 생존 경쟁력이 뛰어나다. 어제

술좌석에서 동지에게 들었던 비밀을 오늘 투자에서 이용해 상대방의 살점을 몽땅 뜯어먹고 뼈까지 부러뜨리는 공격적인 투자자들이 그곳을 지배하고 있다.

골드만삭스가 한때 최첨단 컴퓨터 기술로 1000분의 3초 만에 거래 체결을 완료하는 시스템을 개발했다. 덕분에 같은 시각에 같은 정보를 듣더라도 남보다 빨리 계약을 끝내면서 큰돈을 벌었다. 이 시스템을 개발한 인물은 '투자의 귀재'로 추대됐다. 다른 회사들도 비슷한 소프트웨어를 개발하면서 '채권의 귀재', '전환 사채의 귀재'들이 속속 탄생했다. 초고속 거래용 컴퓨터 시스템은 투자활동을 도와주는 소품이건만 그걸 선점한 인물은 귀재 아니면 달인으로 추앙받았다. 이제 월가의 숱한 귀재들은 2008년 금융위기 이후 죄인으로 몰리고 있다. 초고속 거래가 범죄는 아니지만 남의 계약을 방해할 수 있는 새치기 기법이라는 논란이 비등했다. 자신의 이익을 위해 남의 이익을 침해하고 시장 혼란을 부추겼다고 비판받고 있다.

월가의 금융회사들이 타도 대상으로 지목되는 이유가 여기에 있다. 그들이 주입한 신앙을 믿고 따른 99%의 사람들이 이용만 당한 후 빈곤층으로 떨어졌다는 분노다. 투자의 귀재를 믿었다가 결국 손해 본 쪽은 나와 내 이웃의 평범한 투자자였다는 걸 깨달았다. 그곳의 인간 피라니아들에게 살점을 뜯긴 피해자가 바로 99% 인간들이라는 자각을 하게 된 셈이다.

월스트리트가 30여 년간 떠받든 신앙은 인간은 항상 이성적이고, 항상 현명하며, 항상 효율적인 결론을 찾는다는 것이었다. 신자유주의나

시장경제 이념의 출발점은 인간은 본디 합리적이라는 시각이다. 주가가 폭락하더라도 투자자들이 총명해 돈을 풀어 자극을 주면 자연스럽게 회복되고, 시장 움직임에 맡겨두면 경제 집단의 이성적 판단 덕분에 경기 흐름이 자동 조절된다고 보았다. 그러나 미국의 신용등급이 추락하고 유럽이 가쁜 숨을 몰아쉬면서 그런 절대 신앙은 깨졌다. 인간이란 때론 감정적이고 때론 멍청하며, 탐욕 덩어리라는 것을 알게 됐다. 인간이 무리를 형성하면 그 허약함이 감춰지기는커녕 더 무서운 탐욕과 격정에 휘둘리고, 그 허점을 파고들어 자기 잇속을 챙기는 큰손의 작전세력이 활개치는 현실도 알게 됐다.

한국의 금융 피라니아들

●●●● 인간 피라니아가 월스트리트에만 생존하는 희귀종이 아니라는 것을 한국인들이 느끼기 시작했다. 금융회사들의 탐욕도 그곳만의 독특한 증상이 아니라는 것을 깨닫게 된 셈이다. 예를 들어 불량품을 겁없이 파는 우리 금융회사들에 대한 악감정이 비등점까지 치솟고 있다.

변액보험*이라는 상품부터 보자. 고객이 이 보험에 10만 원을 넣으면 금융회사는 설계사 몫으로 5998원, 관리비 명목으로 5613원을 뚝 떼어간다. 이런 식으로 금융회사는 챙길 건 다 챙긴 후에 남는 8만

---

* **변액보험**

보험계약자가 납입한 보험료 가운데 일부를 주식이나 채권 등에 투자해 그 운용 실적에 따라 계약자에게 투자 성과를 나누어 주는 보험상품.

7000원을 밑천 삼아 굴린다. 회사가 8만 7000원을 잘 투자해주면 원금 이상을 챙기고 잘못 투자하면 원금을 못 건지는 상품이다. 금융회사로서는 고객이 보험료를 입금하는 순간 수수료부터 챙겼으니 손해 볼 건 없다. 그러나 돈 주인은 제발 원금이 불어나기를 기도하며 시시각각 변하는 수익률을 살핀다. 가입자는 수익률이 0.1%라도 오르면 동료에게 커피 한 잔 사겠다고 하지만 내렸을 때의 기분은 묻지 마라. 수익률도 변덕 부리고 기분도 변덕 부린다고 해서 '변덕보험'이라고 불린다.

퇴직연금도 금융회사가 0.8% 넘는 수수료부터 챙겨간다. 은행들은 고객의 퇴직연금 중 92.8%를 자기 은행 정기예금에 넣어둔다. 아무리 잘 굴린다고 해도 정기예금보다 수익률이 더 나오기 어려운 상품이다. 이렇듯 퇴직연금과 변액보험 등 수익률이 형편없는 상품을 우리 금융회사들이 판매하는 경쟁을 벌였다. 다짜고짜 수수료부터 떼어가는 얌체 상술로 시끄러운 잡음이 그치지 않았다. 낮은 수익률을 탓하는 불평이 나올라치면 금융회사들은 "운용 결과 원금에 미달할 수도 있다"는 식의 문구가 들어간 81쪽짜리 두툼한 '상품 요약서'를 들고 나온다. 창구 직원이 가입자에게 "손해 볼 수도 있다"는 주의를 줬다고 변명하기도 한다. 책임은 경고를 흘려 들은 고객에게 미루고 자기들은 모래알 같은 글씨가 빼곡한 계약서 뒤로 피신한다. 우리 고객은 노후와 퇴직 후의 생활비를 걱정하지만, 은행·보험회사 직원들은 오늘의 수수료 수입 실적을 걱정한다. 그런 줄 모르고 변액보험에는 247만 명 이상, 퇴직연금에는 330만 명 이상이 가입했다. 간판을 믿고 변액보험에 매년 10조 원씩 쏟아 넣고, 퇴직연금에는 50조 원을 맡겼다. 한국인들은 2000년대 중반 외국 펀드에 60조 원을 맡겼다. 과거에 중화상을 입었던 것을 벌써 잊은 듯 은행이 권하는 대로 투자했다. 외국 펀드의 경우 원금이 몽땅 사라질 때까지 금융회사들은 매달 수수료를 챙겨갔다. 고객들이 "속았다"며 소송을 걸었지만 연기처럼 흩어진 원금을 몇 원이라도 되찾았다는 사람은 없다. 금융회사는 챙길 건 다 챙기고 책임을 사면받았다. 고객은 멍청한 투자자가 돼버렸지만, 금융회사 임직원의 연봉은 올라갔다.

금융상품에도 철저한 고객 보호 장치가 필요

●●●● 라면 봉지에서 작은 쇠붙이가 나올 때마다 소동이 벌어진다. 불량품을 생산한 식품회사는 사과 광고를 내고, 정부는 불량 라면을 전면 수거하라는 명령을 내리기도 한다. "본사 라면에서는 가끔 쇠붙이 같은 불순물이 나올 수도 있습니다." 이런 경고문을 라면 봉지에 적지 않았거나 판매 사원이 그런 주의사항을 미리 고객에게 말하지 않았어도 제조회사는 책임을 지고 정부는 징계를 가한다. 하지만 금융상품에는 왜 고객 보호 장치가 작동하지 않는 것일까? 신형 자동차 모델에서 브레이크 결함이 발견되면 리콜(전면 회수와 수리)을 해야 하지만, 금융상품에는 그런 리콜이 없다. 생명과는 관계없는 극소량의 발암물질이 장난감에서 검출되면 그토록 호들갑을 떨다가도 서민들의 노후 생계를 위협하는 불량 금융상품은 대범하게 넘긴다.

금융회사는 신뢰라는 토양 위에서 먹고 사는 조직이다. 신사임당 초상이 들어 있는 5만 원짜리 지폐도 모든 국민이 5만원권으로 인정하고 믿어주기 때문에 "나는 5만 원이다"라고 행세하는 특별한 신분의 종이가 됐다. 온 국민이 신사임당이 들어간 가로 154㎜, 세로 68㎜ 쪽지가 불온문서라고 믿으면 불온문서가 되는 것처럼, 다수 국민이 금융회사를 고객에게 손해를 안기는 집단으로 보면 은행이든 보험회사든 불온한 무리가 되고 말 것이다. 금융회사가 불신받으면 그 회사가 고객을 잃고 도산하는 데서 그치지 않는다. 금융회사들에 대한 신뢰가 무너지면 위기가 닥쳤을 때 국가경제를 뒤흔드는 핵폭탄이 터질 수 있다.

우리 금융회사들이 고객을 우습게 보고 피라니아처럼 영업하다가는 가장 간절히 도움을 원할 때 역풍을 맞을 것이다. 금융 불신 풍조가 이대로 굳어지면 한국 경제는 다음 위기에서 일어나기 어렵다. 우선 믿을만한 금융상품을 고객에게 권해야 한다. 투자로 말미암은 고객의 손해에 대해서는 금융회사가 그 아픔을 고객과 나누는 태도를 보여야 한다. 원금이 다 허공으로 사라졌는데도 수수료를 챙겨가는 회사는 처벌하는 방안도 도입해야 한다. 지금처럼 고객의 눈물을 자기들 연봉 인상의 밑반찬으로 삼는 금융회사들의 영업 행태는 중단되어야 한다.

14

외환위기 다시 오면
'금 모으기' 감동은 기대하지 말라

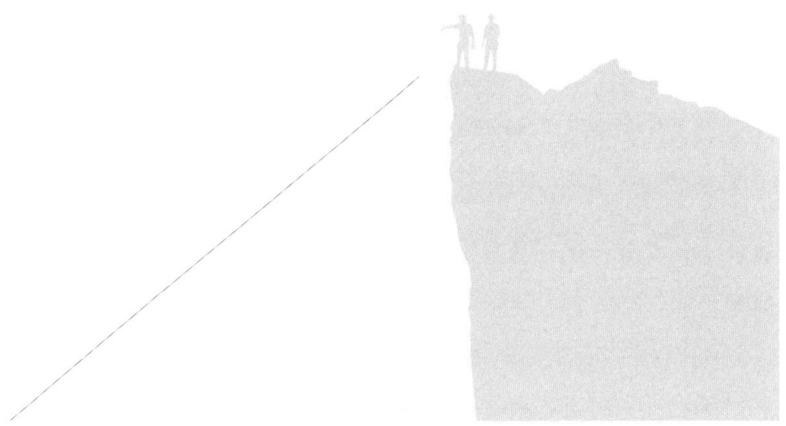

●●●● "금 모으기 캠페인도 안 하나." 2010년 무너지는 그리스를 보며 한국인들만 이런 말을 했던 것은 아니다. 미국 신문에 그런 칼럼이 실렸고, 대만의 언론들도 그리스 국민을 그렇게 비아냥거렸다. 우리는 1997년 외환위기 때 21억 7000만 달러어치의 금붙이를 모았다. 아이들 돌 반지, 부모님 회갑 반지를 모두 팔아 달러를 사들였지만, 국가 부도 수표를 막기에는 턱없이 부족했다. 그러나 온 국민이 국가위기를 이기려고 동참했다는 사실 하나가 세계인을 감동시켰다. 그걸로 국가적 난국을 다 이겨낸 듯 지금껏 뻐기고 있다.

반면에 그리스 수도 아테네 거리에서 들리는 구호는 한국의 IMF위기 때와는 다르다. "그리스는 빚이 없다." 외채(外債)의 존재를 아예 부정한다. 시위대는 외채가 누적된 책임을 독일과 프랑스 은행들에게 돌린다. 자기들이 돈을 벌려고 외채를 갖다 쓰라고 강요한 것이 그리스 외채가 됐다는 논리다. 이런 구호도 있다. "빚이 있어도 갚지 않는다." 상환을 거부하겠다는 것이다. 외채를 단 한 푼도 떼어먹지 않았던 한국과는 정반대 발상이다. 시위대 피켓에는 "돈은 정치인·은행가·자본가들이 갖다 쓴 것이다"는 구호도 있다. 외채를 들여다 즐긴 것은 권력 계층이고 밑바닥 국민은 덕본 게 없다고 펄쩍 뛴다. 그리스에선 국가가 부도난다고 야단법석이어도 매일 파업과 데모가 그치지 않았다. 유럽연합과 국제통화기금, 유럽은행이 구제금융을 끊겠다고 압박해도 긴축정책에는 결사반대했다. 1832년 터키 지배에서 독립한 이후 벌써 6번째 국가 파산 상태다. 180년 동안 줄곧 빚더미에 짓눌려 지냈다. 하지만 그리스는 지도에서 사라지지 않았고, 그리스 국민도 멸종되지 않았다. 900여만 명의 그리스인들은 2만 6000여 달러 안팎의 국민소득 덕분에 그리스 특유의 커피를 즐기며 살아왔다. "우리가 언제 빚더미 없이 살았던 적이 있는가"라며 배짱을 부리는 것이 그리스인들의 위기의식이다.

1차 외환위기 때 한국도 그리스 못지않은 긴축정책 아래서 고생했다. 국제통화기금은 금리를 30%까지 올렸고, 30대 재벌 그룹 중 절반을 정리했다. 종합금융회사는 거의 문을 닫았고, 주요 시중 은행들도 합병대상이 됐다. 길거리에 실업자가 쏟아졌다. 직장을 잃은 제일은행 직원들이 남긴 눈물의 비디오가 온 국민의 눈시울을 자극했던 적도 있었다. 하지만 우리는 금 모으기라는 상징적인 이벤트로 국가적 위기를 넘겼다는 자부심을 갖게 됐다. 그토록 혹독한 긴축정책을 강요받고도 서울 시내 한복판에서 데모다운 데모 한 번 하지 않은 채 묵묵히 인내했다. 우리는 장기 집권과 독재 정권에 항거해 정권을 뒤엎었던 민족이다. 군사 정권의 억압에 맞서 죽음을 두려워하지 않고 그토록 격렬하게 싸웠던 국민이다. 그런 백성이 왜 외환위기 앞에서는 상상하기 어려울 정도로 참을성을 보였는지는 전문가들이 연구해볼 만한 주제다.

유럽과 한국의 국가부채에 대한 인식 차이

●●● 사실 국가부채에 대한 유럽인의 생각은 한국인과는 딴판이다. 나라의 빚은 통치자가 부담할 몫이라는 인식이 유럽 역사를 지배해왔다. 왕과 귀족들이 영토 확장 전쟁을 하려고 빚을 졌다면 그 빚은 왕과 귀족들이 갚아야 했다. 당대(當代)의 왕이 진 빚은 다음 왕에게 넘겨지지 않고 채무 상환 의무는 말소됐다. 근대 시민국가가 들어서면서 많은 것이 달라지긴 했지만, 빚 갚으라는 독촉에 몰려 나라가 벼랑 끝에 서게 되면 유럽인들은 그리스 국민처럼 원초적인 반발을 한다. 그들은 통치자, 즉 집권 정치세력이 갖다 쓴 외채를 국민이 금붙이를 모아 갚는 모습은 상상하지도 못한다. 오히려 그런 일을 기적 같은 현상으로 보고 있다. 외채 상환에 대한 의무감도 우리와는 다르다. 채무자가 못 갚겠다고 나자빠지면 채권자가 탕감해주는 게 서양의 역사다. 그들은 채무자도 탕감받는 것을 당연한 권리처럼 여긴다. 유럽에서는 과거부터 왕

의 즉위식 때면 대사면을 했다. 그때마다 감옥 문을 열고 부채를 탕감해줬다. 가톨릭 교회가 50년마다 '주빌리(Jubilee)'라는 기념 이벤트를 갖고 빈곤층의 빚더미를 털어주는 전통을 갖고 있는 것을 보면 부채 탕감의 역사가 얼마나 오래됐는지 짐작할 수 있다. 유럽 은행들이 신속하게 그리스 외채를 털어주고 구제금융을 제공한 것은 이런 전통이 만들어낸 자연스러운 수순이었다. 유럽에서 한국처럼 모든 외채를 마지막 한 푼까지 갚는 나라는 좀체 찾기 어렵다. 그리스가 버티고 반항하는 것을 보며 "어쩌려고 저러는가"라며 걱정하는 한국인들이 적지 않다.

그러나 유럽은 그들 나름의 해결책을 찾았던 것을 그들의 역사 속에서 찾을 수 있다. 사실 영국 중앙은행제도도 숱한 전쟁으로 나라가 빚더미에 올라 있을 때 채권을 찍어내기 위해 만들어졌다. 처음엔 왕이 채권을 찍어 전쟁에 들어간 비용을 갚다가 나중엔 아예 채권을 찍어 돈을 조달해 전쟁비용으로 썼다. 프랑스가 지폐(종이 돈)를 발명한 계기도 국가의 재정위기였다. 프랑스혁명 후 혁명정부가 국가 부채를 갚으려고 인쇄한 것이 오늘날 지폐의 출발점이다. 그전까지는 동전이나 금, 은, 부동산처럼 시장에서 가격이 매겨지는 희귀한 것들만이 거래를 매개하는 수단이었다. 그런데 프랑스가 특별한 디자인을 넣은 종이를 상거래의 매개체로 처음 쓰기 시작했던 것이다. 독일의 문호 괴테가 『파우스트』에서 '이 나라에 무진장 묻혀있는 보물'이라고 쓴 것은 바로 지폐의 발명을 그렇게 표현한 것이다. 왕이나 권력자가 인쇄기를 돌려 마구 찍으면 되는 지폐가 재정위기와 국가적 경제위기를 넘어서는 편리한 도구로 등장했던 셈이다. 이번 유럽위기에서 어떤 혁신적인 발명품이 나올지는 두고 볼 일이지만, 그렇다고 한국이 "저 사람들은 국가적 재앙 앞에서 왜 저런 행동을 하는가"라고 깔보거나 우습게 봐서는 안 된다.

곰곰이 살펴보면 한국에도 '유럽 신드롬'은 이미 나타나고 있다. 유럽 신드롬이란 국민이 은행을 믿지 않고, 국가 재정을 믿지 않으며, 국가 지도자를 신뢰하지 않는 것을 말한다. 그들은 정부가 나라를 살리겠다고 실행하려는 정책을 거부하고 국가의 운명에 따라 개인의 운명이 바뀔 것이라는 생각을 받아들이지 않고 있다. 위기가 오면 나라의 운명보다는 자신과 가족의 살길을 먼저 챙기며 제 갈 길을 가려는 조짐이 한국에서도 보인다고 할 수 있다. 유럽에서 '과연 정부를 믿어도 되는가', '정치가 나라경제를 살려낼 능력이 있는가'라는 불신이 휩쓸고 있는 것과 똑같은 증상이다.

유럽에서는 이번 장기 침체에서 정부의 실패, 권력자의 무능이 발가벗겨졌다. 유럽 국가들은 미국이 하는 것을 따라 2008년 은행 도산을 막으려고 정부가 나서서 대형 은행들을 몽땅 구제했다. 중앙은행이 대기업을 구출하는 비상수단도 동원했다. 한동안은 그게 먹혀드는 줄 알았다. 하지만 대형 은행들이 다시 헉헉대며 비틀거리는 꼴을 보면서도 정부는 더 이상 구조선을 보낼 수 없는 지경에 빠지고 말았다. 재정적자가 너무 많아 더 이상 은행을 구제해 줄 여력을 상실해버렸다. 금융도 추락했고, 정부도 추락했고, 정치도 추락했다. 은행가나 공무원이나 정치인이나 온통 체면을 구겼다. 국민이 '혹시나……' 하는 심정으로 정권을 바꾼 유럽 국가가 19곳(2012년 현재)이 넘지만 새로운 권력자인들 신통한 해법이 있을 턱이 없다. 영국의 캐머런 정권, 프랑스의 올랑드 정권 모두가 뾰족한 출구를 찾지 못해 허우적거리고 있다. 금융과 재정이 동시에 빚더미를 짊어지면 어느 나라 경제든 검붉은 구렁텅이에서 빠져나오기 어렵다는 것을 모두가 생생하게 목격하고 있다.

한국에도 드러나기 시작한 '유럽 신드롬'

●●●● 한국의 유럽 신드롬은 아직은 초기 증상의 얼굴이다. 국민이 정치권을 믿지 않고 은행과 관료 집단에 대한 신뢰를 거두고 있다. 무엇보다도 은행을 믿기 어렵다는 여론이 확산되고 있다. 이는 일본의 은행과 한국의 은행을 비교하면 자명하게 드러난다. 2008년 10월 13일은 월요일이었다. 모건스탠리는 금융위기 쇼크로 하루하루 급전으로 부도를 막는 형편이었다. 그날 아침 7시 수표 한 장을 들고 온 사람은 미쓰비시도쿄UFJ은행의 뉴욕 사무소 기획부장이었다. 수표에는 '90억 달러-모건스탠리에 지불할 것'이라고 인쇄돼 있었다. 모건스탠리는 이 수표 한 장으로 살아났다. 한국에서 90억 달러짜리 수표를 발행할 수 있는 은행은 한 군데도 없다. 대형 은행이 갖고 있는 외화는 기껏해야 여기저기 뿔뿔이 묻어놓은 20억 달러 안팎이다. 달러가 조금만 없어도 절절매는 게 우리 은행들이다. 이런 궁핍한 처지를 1차 외환위기(1997년)와 2차 외환위기(2008년) 때 매번 겪었건만 우리나라 은행들은 그 뒤로도 달라진 것이 없다. 주요 은행들의 판매 상품이나 영업 방식을 서로 구별하기 어렵다. 사기성 금융상품을 팔아 인심을 잃은 것도 최근 10년 사이에 자주 발생했다. 은행들이 이토록 허약하건만 이명박 정부는 무

너진 저축은행을 하나둘 금융지주회사들에게 억지로 떠넘겼다. 체질이 허약한 곳에 부실 쓰레기를 얹었으니 주요 은행들이 좋아질 턱이 없다. 싸늘한 저성장 바람이 불어 닥치고 저금리 체제 아래서 수익을 내기도 힘든 상황으로 가고 있다. 그동안 잔 주먹으로 맞던 신체 부위가 이제는 큰 주먹을 감당해야 할 시점이다. 앞으로 은행들이 무너지면 두 차례 외환위기 때처럼 재정 지원을 통해 구제할 길은 있다. 재정이 최후의 생명줄 역할을 할 테니 걱정할 필요 없다는 게 공무원들의 전형적인 설명이다. 정부가 "뒤에 정부가 버티고 있다"며 은행들에게 불황이 토해낸 온갖 오염 물질을 청소하라고 요구하는 것도 이 때문이다.

그러나 재정이 얼마나 버텨줄지 국민은 회의적이다. 정치권은 2013년부터는 총선과 대선 때 약속한 복지공약을 실천해야만 한다. 전시 작전권을 미국에서 되돌려받기 위해 국방비도 증액하지 않으면 안 되는 시기와 겹쳤다. 한 해 수십조 원의 예산을 더 투입해야 한다. 세금을 늘리지 않으면 결국 채권을 발행해 쓸 것이고, 지폐를 더 인쇄할 수도 있을 것이다. 유럽처럼 은행들이 허약한 판에 마지막 방파제랄 수 있는 재정마저 금이 가고 있다고 할 수 있다. 두 차례 외환위기를 겪으면서 '정부가 마지막 버팀대가 돼줄 수 있을까?'하는 의구심 때문에 공무원 집단의 위기 수습 능력에 대한 기대마저 차갑게 식었다. 뭔가 불안한 조짐은 정치 지도자가 아니라 국민이 먼저 감각적으로 느끼는 모양이다. 기존 정치권에 대한 신뢰가 땅에 떨어져 국민은 안철수라는 초보 정치인을 통해 새 정치를 갈망하고 있음을 표시했다.

우리 국민이 정치를 못 믿고 정부와 은행을 믿지 못할 때 우리 경제가 위기를 맞는다면 곧장 유럽을 닮아갈 것이다. 그리스가 여섯 번의 파산을 겪었던 180년 사이 우리는 조선 왕조(王朝)를 끝내고 나라를 잃었다. 미국에서 구호품으로 받은 강냉이 죽과 분유로 끼니를 때웠던 세월도 짧지는 않았다. OECD에 가입해 예비 선진국으로 버젓이 성장한 이후에도 1997년에 이어 2008년 외환위기의 쓴맛을 봤다. 이런 고비가 두 번에서 멈출 것 같지는 않다. 정권이 바뀌어도 집권세력은 빚내서 쓰기를 즐긴다. 1차 외환위기 때 80조 원 수준이던 국가부채가 지금은 그 다섯 배 이상으로 팽창했다. 멍청한 집권자에게 속아 몇 번 더 뜨거운 맛을 보고 나면 양순하게 금을 모으던 국민도 그리스화(化)할 것이다. 다시 경제위기가 오면 금 모으기에 나서기는커녕 "우리는 빚이 없다"고 외치며 나자빠질 날이 금방 닥칠 수 있다. 그리스인들을 보며 이해할 수 없다고 고개를 갸우뚱거리던 한국인들도 한두 번 더 독한 경제위기를 겪고 나면 그리스 국민과 동질감을 느끼게 될 것이다.

15

외환위기는
전쟁 치르듯 맞서야 한다

●●●● 2008년 세계적인 금융위기 때 미국 재무부 장관은 헨리 폴슨
(Paulson)이었다. 골드만삭스를 세계 최강의 투자은행으로 성장시킨 스
타 경영인 출신이다. 두뇌가 좋기로 유명했고, 운동선수 출신이라 그랬
는지 결정을 내리고 사태를 수습하는 행동이 빠르기로 유명했다. 그런
폴슨도 금융위기가 터진 후에는 그때를 회고하며 후회했다. "지금 생각
해보면 그보다 몇 달 전에 행동했어야 옳았다. 위기에 직면하지 않으면
큰 결정을 내리지 않는다는 것이 내가 워싱턴에서 배운 교훈이다." 뒤
문장은 위기 앞에서 행동이 굼뜬 정치권을 겨냥한 말이고, 앞 문장은

정치권 눈치를 보며 결단을 미뤘던 자신을 책망한 말이다. 그는 재무 장관 시절 다가오는 위기의 경고음을 들으며 비상대책팀을 만들었다. 공무원들과 함께 구체적인 방어 대책을 만들었다. 부시 대통령에게도 위기 조짐을 보고했다는 기록도 있다. 리먼브라더스가 몰락하기 훨씬 전부터 주택시장 버블이 꺼질 것을 짐작하고 국책 주택금융회사들에 구제금융*을 제공할 방안을 찾았다. 주택 대출금을 갚지 못하는 집에 금리를 낮춰주고, 하우스 푸어** 계층을 구하는 정책도 발표했다. 그랬던 폴슨도 금융위기의 파장을 보고서는 땅을 쳤다. 좀 더 빨리, 좀 더 과감한 대책을 준비했어야 옳았다고 후회했다. 국회와 국민 눈치 보느라 위기를 막을 만한 방어책을 준비하지 못했다는 자책감 때문이었다.

현대전과 금융위기는 닮은꼴이 많다. 미리 대비하지 않으면 국가위기를 불러오는 결과가 그렇고, 엄청난 비용과 대량의 희생자를 요구하는 비싼 계산서가 그렇다. 21세기 들어 전쟁과 금융위기의 공통점은 더 늘고 있다. 무엇보다 신속한 회답을 재촉하는 특성이 같다. 이라크전쟁과 리먼브라더스 붕괴에서 보았듯 전장(戰場)이나 시장(市場)이나 과거에 비해 폭발성이 엄청나게 강해졌다. 한번 터졌다 하면 많은 사람의 밥줄뿐 아니라 생명줄을 끊어놓는다. 무자비한 파괴력은 현대전에서 '선

*** 구제금융**

은행이나 기업이 도산하는 것을 막기 위하여 정부나 금융기관이 정책적으로 지원하는 금융.

**** 하우스 푸어**

'집을 보유한 가난한 사람'을 말한다. 이들은 주택 가격이 오를 때 저금리를 바탕으로 과도한 대출을 받아 집을 마련했으나 금리 인상과 주택 가격 하락으로 인해 큰 손해를 보고 있는 사람들로, 외형상 중산층이지만 원리금 상환 부담에 시달려 구매력이 떨어져 있는 상태이다.

제적 공격'이라는 새로운 전쟁 이론을 탄생시켰다. 사전에, 또는 적이 선수 치기 전에 재빨리 공격하지 않으면 피해가 깊어지거나 사태가 장기화한다. 미국 정치권도 리먼 사태 이후 금융위기를 수습하는 과정에서 게으름을 피웠다. 월스트리트에서는 그보다 1년 전부터 사정이 어렵다고 아우성쳤건만 정권 말기에 들어간 백악관과 재무부는 일찌감치 비상벨을 누르지 않았다. 비상벨을 눌렀어도 그 소리가 크지 않아 좀체 들리지 않았다. 백악관은 리먼 사태가 터진 후에야 긴급 구제기금 7000억 달러를 의회에 요청했다. 의회는 한심스럽게도 처음에는 이를 거부했다. 위기의 폭발 규모를 과소평가했던 것이다. 결국 주가가 사상 최악으로 폭락한 참변을 목격하고서야 긴급 구제를 승인했다. 미국 정치는 선제적 진압에 실패했고, 시장의 사후 도발에도 패배했다.

2010년 11월 우리는 연평도에서 돌발적인 폭격을 당하고서야 "미리 대비했더라면…….", "더 빨리 움직였더라면…….", "몇 배로 대응 사격했더라면……." 등의 아쉬운 탄식을 쏟아냈다. 선제공격은 못해도 초기 대응이 민첩했더라면 밑바닥 민심이 흉흉하지는 않았을 것이다. 포탄이 쏟아지는 판에 합참으로, 국방부로, 청와대로 "쏠까요, 말까요?" 물으며 결재 서류를 돌리는 듯한 모습에 좌절감은 커지고 말았다. 현대전과 금융위기에서 신속함만큼 중요한 것이 대응 방식이다. 금융위기에는 갈수록 거칠고 난폭한 처방이 먹혀드는 추세다. 경제 전문가들은 "금융이 민주주의를 파괴한다"는 말을 곧잘 쓴다. 민주적 의사결정 과정을 꼬박꼬박 거치다가는 위기를 넘길 수 없다는 뜻이다. 윗분 도장을 다 받고 원칙을 따지다 보면 실기(失機)하고 만다.

한국의 1997년 외환위기 원인

●●● 1997년 1차 외환위기 때 한국이 국가부도를 막으려고 급하게 빌려다 쓴 돈은 모두 302억 달러였다. 많은 사람이 국제통화기금(IMF)에서 갖다 쓴 구제금융 195억 달러만 기억하지만, 세계은행(IBRD)*에서 70억 달러, 아시아개발은행(ADB)**에서 37억 달러를 더 빌렸다. 2008년 2차 외환위기 때 미국 연방준비제도이사회(FRB)에서 빌려 온 급전은 410억 달러였다. 1차 때는 44개월 만에 원리금을 상환했고, 2차 때는 15개월 만에 깨끗이 갚았다. 그전에도 달러가 없어 쩔쩔매던 시절이 있었다. 1차와 2차 석유파동 후에는 수입대금을 결제할 돈조차 부족해 국무총리와 외교부 장관까지 나서 중동 국가를 찾아다니며 구걸하다시피 했었다. 그러나 1997년과 2008년의 외환쇼크가 한국 경제사에 공식 기록될 수밖에 없는 이유가 있다. 1996년 OECD(경제협력개발기구)*** 회원국으로 가입한 후에 벌어진 파동이기 때문이다. 선진국 행세를 하려다가 두 번 다 외국 자본의 공격에 무너지고 말았다.

*** 세계은행(World Bank, IBRD)**
제2차 세계대전 후에 경제를 부흥하고 개발도상국에 자금을 지원하기 위하여 설립한 국제은행.

**** 아시아개발은행(ADB)**
아시아 및 극동 지역의 경제개발과 협력을 증진하기 위하여 자금 융자, 기술 원조 등을 해주는 국제은행.

***** OECD(경제협력개발기구)**
경제성장, 개발도상국 원조, 통상 확대의 세 가지를 주요 목적으로 1961년에 창설된 국제경제 협력 기구.

한국이 연달아 패퇴한 배경에는 외환 부족 사태나 환율을 경제 문제로만 생각하는 정치지도자들의 잘못된 생각이 자리 잡고 있다. 대통령은 그런 것은 장관이 알아서 처리할 일이라고 미루고, 장관은 실무자들에게 미룬다. 위기 전의 불길한 징조나 방어 체제 구축 필요성 등 어느 것을 보더라도 외환파동이 군사적 전쟁과 다를 게 없다는 것을 무시한다. 어느 나라든 외환파동을 겪고 계층 간 갈등이 폭발하면서 정권 교체가 거의 100% 이루어진다는 IMF 분석조차 듣지 않는다.

'외환전쟁'에 응전(應戰)하는 방식은 나라마다 다르다. 아르헨티나는 2002년 외환파동 때 예금 인출 소동으로 모든 은행이 문을 닫았다. 견디다 못해 외채 상환 중단(디폴트)을 선언했고, 결국 30% 안팎만 갚는 선에서 끝났다. 러시아도 1998년 외채를 못 갚겠다고 드러누워 버렸다. 외채 상환 중단 선언이다. 서방 은행들은 원리금을 절반 정도 챙기는 데 만족해야 했다. 이런 불량 국가들에 비하면 한국은 모범생이다. 원금과 이자를 짧은 기간 내에 다 갚았다. 그들이 탕감해 주지도 않았거니와 우리도 한 푼 떼어먹지 않았다. 온 국민이 나서서 금 모으기까지 해가면서 빚을 갚은 나라는 한국밖에 없다. 그러다 보니 외국자본들은 틈만 나면 한국으로 달려와 돈을 더 쓰라고 판촉활동을 벌인다. 그래서 우리 외채는 줄곧 늘어난다. 단기에 갚아야 하는 외채가 급하게 늘었다가 금융위기가 닥치면 빠른 속도로 한국에서 달러를 빼내 가곤 한다.

환율이 안정되지 않고, 국제적으로 자금 흐름이 요동칠 때마다 한국 환율과 외환시장이 흔들리는 이유가 있다. 미덥지 않은 구석이 남아 있기 때문이다. 2차례 외환위기에 대비한 한국의 통화 안보 태세가 엉망

2차 외환위기 이후 외채구조 변화

	2008년 9월 말	2012년 6월 말
총외채(억 달러)	3,651	4,186
단기외채(억 달러)	1,896	1,414
은행단기외채(억 달러)	1,594	1,037
단기외채 비중(%)	51.9	33.8

이었다는 걸 국제 외환 전문가들은 알고 있다. 우선 경제 부처의 공무원들이 약체이고, 권력 상층부의 금융에 대한 이해와 식견이 빵점이라고 시장 전문가들은 보고 있다. 경제에 무식했던 대통령이나 "경제 좀 안다"던 대통령, '경제 대통령'을 표방한 대통령이나 똑같이 금융위기에 무능하다는 것을 국제자금시장 사람들은 꿰뚫고 있다. 훈련되지 않은 군대를 갖고 있는 데다 지휘탑은 전쟁에 무식한 인물로 가득 차 있는 것으로 보는 셈이다. 이런 조직으로 환율전쟁에서 이기기는 불가능하다.

더구나 한국은 평상시 통화 방위 태세가 굳건히 갖춰진 나라도 아니다. 미국이나 일본, 중국과의 통화교환협정(SWAP)*만 해도 OECD에 가입할 때부터 시도했어야 했다. 당시 외환시장을 너무 빨리 개방하는 게 아닌가 걱정하면서도 통화동맹**이라는 안전장치를 만들지 않았

*** 통화교환협정(SWAP)**
환율 안정을 위해 2개국 중앙은행 간 체결되는 통화의 상호교환협정. 각 중앙은행은 자국의 통화를 상대방 중앙은행에 서로 바꾸어 예치함으로써 차관 도입 형식 없이 외화 유동성을 확보하게 된다.

**** 통화동맹**
통화 가치의 변동에 따른 무역의 불편을 없애기 위하여 여러 나라가 화폐의 대외 가치를 서로 일정한 비율로 확정하는 화폐동맹.

다. 그때는 그런 게 있는 줄도 몰랐다고 치자. 그 후 호된 쓴맛을 보고 나서도 역대 정권들은 그대로 지나쳤다. 전쟁에 대비해 군사방위동맹을 맺어두듯 통화전쟁에 대비한 통화안보동맹을 맺을 생각조차 하지 않았던 것이다. 영국·프랑스·독일·스위스는 1962년에, 일본은 1973년에 처음 미국과 통화교환협정을 맺었다. 미국은 그 후 2001년 9·11테러나 금융위기가 오면 이들 선진국과 통화협정을 자동으로 재가동해왔다. 하지만 한국의 경우엔 허둥지둥 쫓아가 매달려야만 문을 조금 열어주는 사이로 지내고 있다. 북한이 침공하면 미군이 자동 개입하는 안보동맹처럼 지금이라도 한국에 외환위기가 닥치면 미국이 자동 개입할 장치를 마련해둬야 한다.

금융과 외환을 모르는 지도자는 국가를 위기에 빠뜨려

●●● 그러나 통화동맹 구축보다 더 절박한 것은 정치지도자들이 금융과 외환을 공부하는 일이다. 반도체공장 몇 번 시찰한 경험으로 경제 대통령 다 된 듯 뽐내는 정치인은 자격 미달이다. 경영인 출신으로 대통령이 됐던 이명박 대통령은 금융과 외환에 기초 지식조차 없어 그의 오랜 경제 참모였던 강만수 기획재정부 장관에게 의존했다. 강 장관은 1차 외환위기 때 재정경제부 차관으로 외환위기를 막지 못한 책임을 져야 할 인물이었다. 그러나 그의 운명은 다시 2차 외환위기를 피해가지 못하고 전쟁을 치르는 데까지 달려갔다. 대통령이 금융과 외환을 모르면 아무리 경영 능력이 뛰어난 경제인 출신도 국가를 위기에 빠뜨

릴 수 있음을 이명박 대통령이 증명했다.

　전쟁이든 금융위기든 국민은 이때 정치를 시험하고 지도자를 채점한다. 정치가 과연 '나'를 지켜줄지, 내 가족, 내 직장, 내 집을 지켜줄지 주시한다. 여기서 패배한 정권은 오래 버티지 못하고 패배한 대통령은 권위를 잃는다. 골드만삭스에 엄청난 이익을 남겼던 돈벌이의 귀재 폴슨 장관도 금융의 폭력성에 두 손을 들었다. 위기를 막지 못한 회한이 은퇴 후 삶을 지배할 수밖에 없을 것이다. '그때 좀 더 튼튼한 대비책을 세웠더라면', '그때 좀 더 빨리 대책을 세웠더라면', '그때 좀 더 확실한 태도로 의회를 설득했더라면' 등. 나라경제가 녹아내린 후에 이런 후회를 해본들 아무 소용이 없다.

　세계는 돈과 돈이 싸우고, 돈이 실물경제*를 지배하는 금융의 시대다. 대통령이 이걸 부정하거나 무시해선 안 되며, 대통령의 필수과목으로 여겨야 한다. 국민이 정치와 지도자를 믿지 않으면 위기는 끝나지 않는다. 국가가 나와 내 재산을 지켜주지 못할 것이라고 낙담하면 경제의 기본 바탕인 신뢰가 깨지고, 곧이어 불황이 스며들면서 금융위기가 재발할 수 있다. 국가 지도자라면 대통령이든 장관이든 금융의 야만적이고 파괴적인 얼굴을 알고 있어야 한다. 금융의 속성, 외환위기의 본질을 이해하지 못하는 지도자가 나라를 통치하는 한 3차 외환위기는 언제든 닥쳐올 수 있다.

＊ 실물경제
화폐경제나 금융경제와 대비되는 용어로 실제 물건이나 서비스를 주고받는 경제행위를 말함.

16

'죽은 돈'
굴려야 경제가 굴러간다

●●●● 2012년 봄 어느 한국 사모펀드가 미국 회사의 아시아 지역 사업을 인수했다. 인수 계약이 발표되자 곧바로 한국 기업을 찾아온 손님은 싱가포르 공무원들이었다. 그는 홍콩에 있는 미국 회사의 아시아 지역 본부를 싱가포르로 옮기라고 권했다. 싱가포르나 홍콩이나 영어가 통하는 곳이고, 국제적인 교통 요지라는 입지 여건이 똑같다고만 설명한 게 아니다. 세금 감면 같은 혜택을 제공하겠다는 유혹도 덧붙였다. 이 한국 회사 경영진은 "더 잘 해주겠다는 나라로 가지 않을 이유가 없다"고 했다. 한국 공무원은 누구도 찾아오지 않았다. 그랬을 것이다. 우

리 공무원들은 비싼 출장비를 써가며 외국 기업을 유치하겠다고 외국을 싸돌아다닐망정 외국 회사를 인수한 한국 기업인에게 본부를 서울로 이전하라고 권하며 뛰어다니지 않는다. 외국 기업의 경영진을 만나려고 먼 길을 달려가면서도 국내 기업인 앞에서는 어깨에 힘을 주는 게 우리 공무원이다.

경제성장 50년의 역사는 한국에 많은 유산을 남겨놓았다. 세계시장에서 큰소리치는 기업이 나타났고, 외국에서 알아주는 인물도 등장했다. 머리 좋은 엔지니어들이 개발한 신기술은 적지 않게 쌓여있다. 하지만 우리는 이런 좋은 자원과 잠재력을 풀가동하지 못하고 있다.

기업 유보금을 활용 방안 찾아야

●●● 대표적인 것이 기업 유보금이다. 10대 재벌 그룹의 사내 유보금은 대충 340조 원(2012년 3월)에 달한다. 상장회사들 것을 모두 합치면 이보다 훨씬 많을 것이다. 경영위기 때 사용하거나 장차 새로운 사업에 지출할 여윳돈이 그렇게 많다. 국내 기업의 유보금은 2000년대 들어 줄곧 늘어왔다. 무차입(無借入) 경영을 하는 회사도 여럿 나타났다. 우리 기업 중에는 묻어둔 돈을 투자할 곳이 마땅치 않아 머리를 싸매고 있는 곳이 적지 않다. 그들은 모처럼 투자하려고 결심해도 한국 땅을 피해 외국에 공장을 짓는 쪽을 선택한다.

나라경제의 한쪽에는 잉여자금이 쌓여있는데도 다른 쪽은 황무지 상태다. 지방 산업공단에는 잡초가 우거진 지 오래됐다. 경제자유지역 공무원들은 입주할 기업이 오지 않는다고 체념하는 분위기다. 공무원들은 이쪽에서 남아 넘치는 돈을 끌어다 저쪽 빈터에 채워볼 궁리를 하지 않는다. 경제자유지역의 빈터는 그대로 둬봤자 돈이 생기고 일자리가 만들어지는 것도 아니다. 땅값이 올라 훗날 부동산 차익이 돌아올 일도 없을 것이다. 텅 빈 공간을 유지하려고 공무원들에게 월급을 주면서 조직을 가동하는 데 하염없이 비용만 들어갈 뿐이다. 그런데도 공무원들은 국내 기업에는 외국처럼 공짜나 반값으로 공장 터를 제공하려 들지 않는다.

우리나라는 국내 기업에 제공하는 혜택에 대해 유독 특혜 시비가 잦은 나라이긴 하다. 하지만 쌓여가는 유보금을 보면서도 한국 회사들이 외국으로 달려나가는 것을 지켜보고만 있을 때는 지났다. 미국이나 일본, 유럽에서는 유보금이 많은 회사에 세금을 더 물리는 방안이 논의되고 있다. 우리도 유보금을 장기간 쌓아두는 회사에는 별도 세금을 부과하는 방안을 검토해야겠지만, 그보다 먼저 해야 할 일은 국내 기업이 우리 땅에 투자해 일자리를 만들도록 파격적인 혜택을 제공하는 것이다.

경영인들은 이 유보금이 새 공장을 짓고 신기술-신상품 개발에 투자할 돈이라고 말하면서 조직의 미래를 위해 남겨둔 것이므로 함부로 사용해선 안 된다고 펄쩍 뛸 것이다. 경영인들은 유보금을 종업원 고용 유지에 사용하는 데도 결사반대한다. 그러나 월급쟁이로서는 좀체 이해되지 않는 논리다. 회사의 불확실한 장래를 위해 남겨둔 돈이라고 해서 피고용인의 암울한 장래를 위해서는 사용할 수 없다는 것인가. 회사의 앞날만 중요할 뿐, 유보금을 쌓는 데 함께 고생한 사원들의 형편은 걱정되지 않는다는 것인가. 유보금 적립에 사원들이 공헌했다고 인정 한다면 주주나 경영자가 사원의 고통을 덜어주는 일에 인색할 필요는 없을 것이다. 유보금이 많이 남아있는 회사는 기본적으로 정리해고나 인원정리를 할 수 없도록 제한할 필요가 있다.

기업이 유보금을 몽땅 털어 써버리면 재투자가 위축돼 회사 성장에 적지 않은 장애가 되고 주가도 하락할 것이다. 최악의 경우 회사가 망 해 지키려던 일자리마저 송두리째 잃어버릴 위험에 처할 수도 있다. 그 러므로 유보금의 대부분은 회사를 위해 남겨두되, 그중 10%나 20%만 이라도 고용 유지나 일자리 만들기에 써보자는 것이다. 회사마다 형편 이 다 같을 수는 없다. 일부는 "당장 부도 막을 현금도 없다"고 아우성 치고, "비상금을 깨 먹자고? 배부른 소리 작작 하라"고 욕할지 모른다. 하지만 바로 얼마 전 수천억 원, 수조 원씩 이윤을 남겼다고 뽐내던 대 기업일수록 경영 합리화를 앞세워 발 빠른 구조조정에 들어가는 풍경 은 이상하지 않은가. 회사 형편이 닿는 대로 사내 유보금 중 일부를 꺼 내 고용 유지와 하도급 회사 지원에 활용하는 방안이 마련되면 적어도 수만 명의 실업자를 쉽게 구제할 수 있을 것이다.

묻혀 있는 국유재산도 활용해야

●●● 우리 경제의 지하에 묻혀있는 또 다른 매장물(埋葬物)은 국유재 산이다. 우리는 국가 부채가 744조 원이나 된다고 걱정하면서도 863조

국유재산 가격 평가 결과

(2011년 1월 기준. 단위: 조 원)

종류		평가액
토지	일반 토지	135.9
	임야	29.4
	공공용지*	267.8
건물		35.0
공작물**		225.1
기계기구		0.3
입목죽		8.9
선박		1.1
항공기		0.3
유가증권		129.3
2009. 1. 1 이후 취득		29.6
총계		863.5

* 대부분 사회기반시설(도로, 하천, 철도, 공항, 항만, 댐 등 8종)
** 교량, 터널, 축대, 승강기, 궤도 등

원에 달하는 국유재산은 챙기지 않는다. 국가가 가진 땅만 해도 433조 원어치다. 국유재산을 팔겠다면 국민 정서상 거부감이 있고, 심지어 매국노로 몰릴 수도 있을 것이다. 그러나 그리스는 국가부도 위기에 몰린 끝에 항만과 공항, 관광지 같은 국유재산을 팔겠다고 내놨다. 막다른 벼랑에 몰린 나라의 부동산은 잘 팔리지도 않고, 잘해야 가격 후려치기의 대상이 되고 만다. 평상시 국유재산을 적절히 정리해 국가 부채를 줄이는 노력이 필요하다는 것을 요즘 그리스가 보여주고 있다.

국유재산 중에는 국보(國寶)처럼 팔아서는 안 되는 것도 있지만, 굳이 국가가 가지고 있을 필요가 없는 평범한 토지나 건물이 적지 않다. 제 값을 받을 수 있을 때 하나둘씩 정리하면 나랏빚을 줄이면서 복지 재원을 확보할 수 있을 것이다.

우리나라는 2008년 외환보유액을 2400억 달러나 쌓아두고서도 제대로 관리하지 못하고 똑바로 쓰지 못해 외환위기를 겪었다. 지금도 외환보유액이 3000억 달러를 훌쩍 넘어섰지만 언제 다시 위기가 닥칠지 몰라 국민은 조마조마한 심정이다. 비상금을 제때 꺼내 쓸 수 있도록 해놓지 못한 채 그저 금액만 늘려놓는다고 위기를 피할 수는 없을 것이다.

사내 유보금이나 국유 재산, 외환보유고는 미래를 위해 쓰거나 비상 상황에서 쓰려고 따로 떼어둔 재산이다. 그렇다고 이를 묵혀둔다면 '죽은 돈(Dead money)'이다. 활동이 멈춰 있는 돈을 굴려야 경제가 돌아간다. 한국은 곧 인구가 줄어들기 시작하고, 고령화 속도는 더 빨라질 것이다. 묻혀 있는 국가 자산을 전면 가동해야 성장 엔진이 꺼지지 않는다. 그저 죽은 돈을 쌓아두기만 하는 국가 경영은 미련하기 짝이 없는 전략이다.

PART 3

귀족노조 깨지 않으면 비정규직 구해낼 수 없다

비정규직을 구제하려면 정규직의 기득권을 해체해야 한다. 그들이 챙기고 있는 임금부터 온갖 복지혜택을 나누는 게 훨씬 빠르다. 그리고 정부 복지정책은 비정규직과 같은 근로 빈곤층의 고민을 해결하는 방향으로 수립되고 시행되는 것이 옳다. 이들을 향해 실업자가 되더라도 몇 년 버틸 수 있는 수당을 주고 새 직장을 소개하겠다고 말해야 한다.

수입, 고용계약 기간, 정년 보장 같은 경제적 조건만이 3개 계층을 분할하는 것은 아니다. 우리 사회의 계층화에 따라 그것이 사회적 대접이 달라지고, 신분 서열이 매겨지는 수준까지 발전하고 있다. 위층의 특권을 나누고 아래층의 복지를 강화하는 형태로 이런 신분 격차를 해소해야 한다.

17

정규직 기득권 쪼개
비정규직에게 나눠줘야 한다

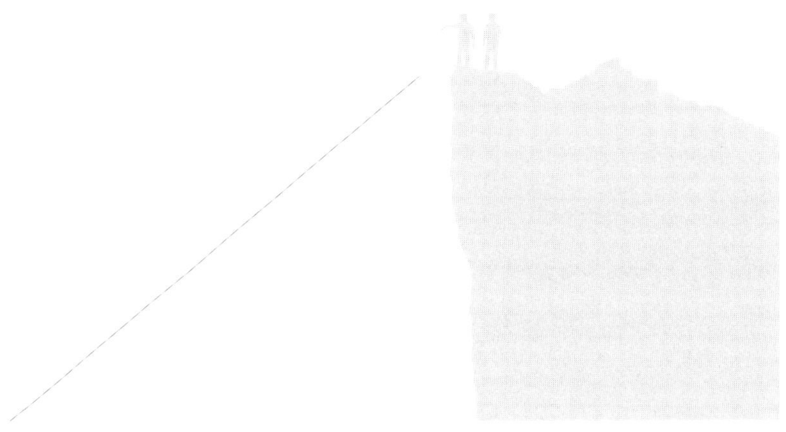

●●●● 중견 그룹인 CJ그룹이 2012년 초 비정규직 사원 600명을 정규직으로 전환했다. 박원순 서울시장도 시청에서 일하는 청소, 경비, 시설관리 업무 담당자 6231명을 정규직으로 바꿔주겠다고 했다. 정부도 비정규직 수만 명의 계약 기간을 무기한으로 늘려 정규직으로 전환시킨다고 했다. 우리는 비정규직 사원을 정규직으로 전환하는 결정을 따뜻한 미담으로 칭송한다. 언론은 때로 그 결정을 '용단'으로 포장하고, 용단의 주인공은 인정 많고 나눠줄 줄 아는 인물로 묘사된다.

하지만 비정규직을 구해낼 때 오로지 용단만 필요한 건 아니다. 누군

정규직과 비정규직의 월 평균임금 격차 (단위: 만 원)

	2009년 8월	2010년 8월	2011년 8월	2012년 8월
정규직	255	266	272	277
비정규직	120	125	132	138

가 그 비용을 부담하고 대가를 치러야 한다. 정규직으로 전환하고 나면 적어도 수당을 올려줘야 하고, 4대 보험도 들어줘야 한다. 유급 휴가와 사원 휴양 시설 사용 같은 복지 혜택도 똑같이 제공해야 한다. 인건비를 늘리지 않으면 안 되는 일들이다. 어느 은행의 계산을 보니 비정규직과 정규직의 인건비 격차가 3.5배였다. 비정규직을 정규직으로 바꿔준다고 해서 부담이 3.5배까지 늘지는 않지만 적게는 20~30%에서 많으면 2배까지 늘어난다. 같은 임금을 유지하며 계약기간을 늘려주더라도 추가비용 부담은 발생한다. 정부 당국자와 지방자치단체장들은 다른 지출을 아끼며 '용단의 비용'을 장만하는 척하지만, 최종적으로는 국민에게 세금 부담으로 돌릴 것이다. 경영인들의 비정규직 배려도 회사의 이익잉여금이나 대주주들에게 돌아갈 배당금에서 귀퉁이를 떼어낸 돈으로 감당하는 것처럼 보도된다. 그러나 그대로 믿는다면 큰 착각이다.

미국·일본의 경제학자들은 회사에서 정치적인 이유, 사회적인 압박으로 비용 부담이 늘어날 때 그 비용은 주주나 회사가 아니라 종업원에게 대부분 전가된다는 결론을 얻었다. 정부가 법인세를 올려도 그렇고, 국회가 복지 선심을 쓴다며 의료비 부담을 늘려도 마찬가지다. 얼핏 보면 회사가 모든 비용을 떠안는 듯하지만 몇 년에 걸쳐 결국 종업원들에게 청구서가 돌려지더라는 논문이 즐비하다. 다시 말해 비정규직을 정규직으로 전환하는 데 추가되는 비용은 몇 년에 걸쳐 다른 종업원들이 떠맡게 된다는 말이다.

경영인들이 '용단의 비용'을 조달하는 방법은 뜻밖에 간단하다. 정규직 사원을 해고해 숫자를 축소하거나 임금을 동결 또는 삭감하면 된다. 신입 사원 채용을 줄일 수도 있다. 이 때문에 비정규직의 정규직 전환은 당사자들에게는 인생이 바뀌는 축복이지만, 큰 틀에서 보면 실업 해소에 플러스 효과를 낼 수 없다. 박원순 서울시장이 비정규직을 구제하겠다고 발언했을 때 공무원시험을 준비하는 청년들이 반발하는 글을 인터넷에 줄줄이 올렸다. 서울시가 공무원 채용 숫자를 줄일까 봐 견제하고 나온 것이다. 더구나 최대 800만 명이 넘는 비정규직을 몽땅 정규직으로 바꾼다는 것은 상상할 수 없는 일이다.

그렇다고 우리가 비정규직 문제를 이대로 안고 갈 수는 없다. "비정규직이라는 단어도 듣기 싫어요." 어느 비정규직 근로자가 TV 카메라 앞에서 말했다. "정규직은 인간이고 너희는 인간도 아니라는 말로 들리잖아요." 비정규직은 우리가 무심코 쓰는 단어지만 그들에게 비(非)라는 접두어는 '울타리 밖의' 또는 '한 동네 친구가 아닌' 내지는 '정상적인 것과는 다른 부류의'로 해석되는 모양이다.

대학 시간강사가 털어놓은 심정도 똑같다. "대학 안에 있으면서도 사실은 대학 문밖에 있었고, 집에 있으면서도 집 밖에 있었다(녹색평론 2008년 1~2월호)." 그래서 '누구도 기억해주기를 원하지 않는다'는 뜻으로

자칭 '아무도 아닌 자'라고 했다. 대학 시간강사들이 오전 강의 후 다음 강의를 앞두고 캠퍼스 뒷산에 오를 때, 눈치 없는 제자가 "교수님!"이라고 부르는 순간의 비참한 심정을 고백한 글은 너무 많다. 대학마다 전체 인건비는 7만 2000여 저임금 시간강사들의 희생을 바탕으로 설계되어 있다. 강의의 절반이 시간강사에게 맡겨진 반면, 5만 8000여 전임교수들은 평균 5배 이상 10배의 연봉을 받아간다. 전임교수 쪽에 인건비 9할 이상이 지출된다는 통계도 있다.

대기업, 병원, 대학 등 모든 조직을 보면 정규직은 비정규직이나 조직 내 다른 정규직의 희생 위에서 서 있다. 종합병원의 경우 인턴, 레지던트, 간호사, 간호조무사들의 값싼 노동력 덕분에 의사들의 높은 연봉이 보장되는 임금 구조이다. 대학 정교수는 시간강사들의 땀과 눈물 위에서 연봉과 정년을 보장받고, 대기업의 정사원은 파견사원들과 하도급 중소업체 비정규직들이 밑자락을 받쳐주고 있다.

비정규직 배척하는 것이 현대판 빈곤

●●● 비정규직들이 아무리 검증받는 과정에 있는 근로자 집단이라고 해도 이런 극단은 정상이 아니다. 문밖에 내쳐진 기분을 느끼지 않을 수 없는 신분 배척이다. 전문가들은 '사회적 배척(Social exclusion)'이야말로 현대의 빈곤을 설명하는 키워드라고 말한다. 한 지붕 아래서도 한 식구로 껴안아 주지 않고 따돌리는 현상이 현대판 빈곤이다.

이런 신분 배척 행위는 글로벌 기업에서 더 극단적으로 나타나곤 한다. 한동안 정규직과 비정규직이 구내식당을 따로 쓰는 공장도 있었다. 지금도 정규직과 비정규직에게 다른 색깔의 유니폼을 제공하는 사례가 적지 않다. 몇 년 전 어느 조선회사에서는 비정규직에게 통근버스 24~45번 뒷좌석에만 앉으라고 했었다. 버스 앞좌석은 정규직들 전용 좌석이었다. 먼 곳에 살 수밖에 없는 비정규직들이 먼저 통근 버스 앞좌석을 차지해버리면 공장 가까이 사는 정규직이 앉을 자리가 없다는 불평을 해결하려는 아이디어였다. 회사 측은 비정규직들의 항의를 받고서야 철회했지만, 흑인 차별이 극심했던 미국 앨라배마의 1950년대를 연상시키는 풍경이 아닐 수 없다. 흑인민권운동은 바로 그와 같은 차별 버스 안에서 불꽃이 튀기 시작했다.

인터넷 포탈에 가보라. 어느 대형 포탈에서 '인턴'이라는 키워드를 치면 400여 카페가 뜬다. '알바'나 '아르바이트'라는 검색어에는 4200개가 뜬다. 한국이 마치 인턴 왕국, 알바 천국으로 등극한 분위기다. 이들은 '다양한 인턴 경험'이나 '밑바닥 알바 5년'이라는 이력서로는 도저히 한 가정을 꾸릴 수 없음을 알고 있다. 그래서 그들은 "우리는 일회용 건전지가 아니다"라고 외치기 시작했다. 몇 해 전 프랑스에서 청년들이 "우리는 크리넥스 티슈가 아니다"라며 방화 시위를 벌였던 것과 똑같다. 우리는 비정규직·인턴·알바처럼 유통기한이 짧은 근로자세력이 소수라고 착각하지 말아야 한다. 근로 현장에서는 이미 비정규직들이 정규직보다 많은 다수파가 됐다.

우리 세대의 불행은 88만 원짜리 인생*들이 쉽게 줄어들지 않을 것이라는 데 있다. 그들의 비극이 미래형이어서 더욱 처절한지도 모른다.

인구 구조만 봐도 그렇다. 이대로 가면 우리나라는 2015~2016년 무렵부터 돈벌이하려고 일하는 사람의 수(생산연령인구)가 저절로 줄어들게 되어 있다. 이어 늦어도 2024년부터 총인구가 감소한다. 40년 후쯤엔 '5천만 동포'가 아니라 '4천만 동포'로 바뀐다. 88만 원 인생 세대가 나라의 중추 집단이 되는 30년 후부터 문제는 심각해진다. 어느 일본 연구소의 분석으로는 2040년경부터 한국의 경제성장률은 제로 수준으로 하락하는 반면, 노인 부양 비율은 전 세계 랭킹 3위를 차지할 것이라고 한다. 일하지 않고 얻어먹고 사는 몸(종속인구)**이 그만큼 많아진다. 그 세대는 한창 벌어 노년을 준비해야 할 중년에도 자녀뿐만 아니라, 부모세대 부양에 뭉칫돈을 써야 하는 기구한 팔자라고 할 수 있다.

인구 구조만이 그런 것은 아니다. 지금의 40대, 50대, 60대가 물려줄 악성 부채 또한 만만치 않다. 건강보험은 이미 적자여서 다음 세대는 해마다 세금을 더 내 부모 세대의 병원비를 대줘야 한다. 국민연금은 이대로 가면 35년 후부터 적자를 내고 2060년에는 바닥난다(KDI 추정).

＊ 88만 원짜리 인생

고용불안에 시달리는 한국의 20대 청년층을 지칭. 비정규직 평균급여 119만 원에 20대 평균급여에 해당하는 73%를 곱한 금액이 88만 원이다. 한국의 여러 세대 중 처음으로 승자 독식 게임을 받아들인 세대가 된다. 이 말은 2007년 8월 출간된 책 『88만원 세대』에서 처음 쓰였다. 이 책의 저자인 우석훈 씨는 "지금의 20대 중 상위 5% 정도만이 5급 사무원 이상의 단단한 직장을 가질 수 있고 나머지는 평균 임금 88만 원 정도를 받는 비정규직 삶을 살게 될 것이다"라고 말했다.

＊＊ 종속인구

생산연령인구(15~64세)에 반대되는 말로서 노년인구(65세 이상)와 연소인구(14세 이하)의 양자를 합친 것을 종속인구라고 한다. 노인과 어린이의 삶은 생산연령인구층의 경제활동에 종속돼 있다는 의미다.

꼬박꼬박 납부금 내고서 그 세대가 정작 연금을 받을 때가 되면 깡통 계좌가 된다는 말이다.

7백만 명이 넘는 베이비 붐 세대의 노후를 떠받들어줘야 할 세대는 베이비 붐 세대의 아들딸 세대인 '주니어 베이비 붐 세대'다. 바로 그 주니어 베이비 붐 세대가 아르바이트나 파견사원으로 평생을 보낼지 모른다는 절망감에 싸여 있다. 이 얼마나 끔찍한 미래인가. 그 세대는 386세대들까지 기득권층으로 몰아세운다. 그들은 한때 안철수 현상을 만들었던 핵심 집단이다. 그들의 촛불이 언제 횃불이 되고, 이어 짱돌과 화염병으로 변할지 알 수 없을 지경이다.

비정규직의 정규직 전환만으론 해결 못 해

●●● 한국의 20대는 우리 사회의 거대한 악성 부실채권 같은 집단이다. 장래 중산층 가정을 꾸려갈 만큼 직업이 안정된 20대는 많아야 20~30% 정도라고 전문가들은 추정한다. 이것이 여태 사회문제로 좀체 떠오르지 않고 본격적인 정치세력화에 실패하는 이유는 그들이 부모의 주머니를 털어먹고 살기 때문이다.

기성세대의 아들딸들은 대학을 졸업한 후에도 선진국 젊은이들처럼 독립하지 않은 채 학비와 용돈을 부모로부터 지원받는다. 가족에 대한 아무런 책임도 지지 않는다. 캥거루나 기생식물처럼 살면서 부모가 아파트 한 채 물려주기를 학수고대하는 20대도 적지 않다. 대학을 평균 6년씩 다니고, 그것도 부족하면 대학원을 거쳐 다시 유학까지 떠나는 청년이 부지기수다. 외국에 나가지 못하는 청년 백수들은 취업 학원에서 빙빙 돌거나 PC방 주변을 서성거린다.

프랑스의 20대들은 일자리가 위협받자 수많은 도시에 분노의 불길을 댕겼다. 그러나 한국의 20대는 반미운동에 어쩌다 화염병을 던질 뿐 자신들의 밥줄을 챙기는 데서는 좀처럼 촛불을 들지 않는다. 이 때문에 집권을 노리는 정치지도자들마저 우리 사회의 '초대형 부실채권'에 관심을 갖는 척만 하고 있는지 모른다.

800만 명이 넘는 비정규직을 전원 정규직으로 전환해줄 수는 없을 것이다. 재벌 총수나 서울시장이나 자기가 맡은 조직에서 대단한 용단을 내리는 시늉만 하고 있다. 기업은 장기 근속을 우대하며 정규직에게 인건비와 복지 혜택을 몰아주는 경영의 틀부터 깨지 않으면 안 된다. 비정규직에게는 노동의 기본권조차 인정하지 않는 법을 모두 바꿔야 한다. 2년 단위로 되어 있는 계약기간도 5년·10년짜리 준(準) 정규직 계약이 가능하도록 개정해야 한다. 노무현 정권은 비정규직에 2년이라는 짧은 유효기간을 설정한 후 '보호'라는 단어를 붙여 법을 만들었다. 이명박 정권은 알량한 보호 기간을 4년으로 늘리겠다는 법안을 내놓았다. 국회는 이마저 제대로 논의하지 않은 채 처리를 미뤄버렸다.

도쿄 디즈니랜드는 사원 90%가 아르바이트생이지만 종업원들의 사기는 높다. 회사 경영도 아무 탈 없이 돌아간다. 정부 정책이나 기업 경영 전략에서 정규직 중심을 벗어나 비정규직 중심으로 생각의 축을 이동시켜야 한다. 비정규직을 구제하려면 정규직을 해체해야 한다. 그들이 챙기고 있는 임금과 온갖 복지 혜택을 나누는 게 훨씬 빠르다. 지금

은 정규직 여섯 명이 10개 챙겨가고 비정규직 네 명이 4개 챙겨가는 구
조라면, 이를 장기간에 걸쳐 14개의 열매를 열 명이 똑같이 1.4개씩 나
눠가지는 구조로 바꿔가야 한다. 정규직의 기득권을 파괴하지 않고서
는 우리 사회의 비정규직을 구제할 수 없다.

18

복지 혜택은
'**현역 세대**'가 먼저 챙겨가야 한다

●●● "토요일에는 은행이나 증권회사 점포 앞이 좋다. 불고기집이나 라면집 앞은 피해야 한다. 음식점 부근에는 바퀴벌레나 쥐가 나올지 모른다." 홈리스를 위한 노숙 장소를 고르는 요령이다. "바로 눕거나 엎드려 자지 말고 옆으로 누워 자라. 땅과 접촉 면적이 넓을수록 체온을 차디찬 땅에 빼앗기기 쉽다." 겨울철 홈리스(homeless) 취침 비법이다. 이런 짭짤한 노숙 노하우는 『가난뱅이의 역습』이라는 책에 정리되어 있다. 이 책은 일본 명문대학 중 하나인 호세이(法政)대학을 멀쩡하게 나온 고학력 빈민운동가가 썼다.

또 다른 책도 있다. "빈곤 앞에 좌(左)와 우의 구분은 더 이상 의미를 잃었다. 살게 하라. 난민화하는 젊은이들을……" 르포 서적 『성난 서울』에 나오는 핵심 메시지다. 이 책은 우리나라에서 일하는 빈곤층(워킹 푸어), 직장을 가지려고 몸부림치는 자녀 세대의 실태, 한국의 풀뿌리 빈민구제운동을 소개했다. 한국인 공동 저자가 있기는 해도 대부분은 일본 여성 빈민운동가가 일본어로 쓴 것을 번역했다.

이뿐만 아니다. "100년 전 사람이 묻는다. 왜 아직도 많은 사람이 가난한가." 마치 2009년 우리 사회에 던져진 듯한 화두다. 이것은 일본의 군국주의 시절 일본의 좌파 이코노미스트 가와카미 하지메(河上肇) 교수가 『빈곤론』에서 내걸었던 구호다. 그 교수는 과연 100년 전의 『빈곤론』이 무덤에서 나와 이웃 나라 언어로 번역돼 출간될 것이라고 상상이나 했을까?

우리나라는 G20(주요 20개국) 회담의 정식 멤버이고, 한국산 토종 골퍼가 세계 메이저 대회를 제패했다. 반도체 왕국, 휴대폰 왕국, LCD-TV 왕국으로 등극했다고 들떠 있다. 금융위기에서 경제 회복이 가장 모범적이라는 평가에 모두가 우쭐했다. 국가신용등급이 최상위급으로 올랐다고 떠들썩했던 적도 있다. 이런 위대한 나라의 서점에서 식민지 시대 엘리트들이 몰래 읽었을 만한 빈곤론이 고전 문학작품처럼 부활하고, 노숙자를 위한 생활의 지혜가 책꽂이에서 벗어나 밑바닥 계층으로 전파된다. "일본을 따라잡자"고 갈망해온 한국이 빈곤에 관한 책마저 일본을 뒤따라간들 뭐 어떠냐는 생각도 든다. 빈곤 문제라면 일본이나 한국이나 그게 그거고, 그래서 일본산 빈곤 연구를 수입해도 별반

달라질 게 없을지 모른다.

아무리 그렇더라도 우리나라의 빈곤 연구는 일본에 비해 얄팍하기 그지없다. 우리는 극빈층 집단인 기초생활보호 대상자에게 몇 년간 지원해주면 그중 몇 %가 바로 그 위 계층으로 도약하고, 그중 몇 가구가 극빈층으로 다시 추락하는지 잘 알지 못한다. 외동딸을 키우는 이혼녀 중 몇 %가 빈곤선 아래에서 헤매고 있는지도 모른다. 실업급여를 받는 실직자가 몇 달 만에 끼니를 걱정하는 단계로 진입하는지 알 수 없다. 서울역 홈리스 중 몇 명이 자영업자 출신인지 짐작할 수 없다.

일본에는 이런 조사와 연구 자료가 다 갖춰져 있다. 현장 조사를 토대로 극빈층을 지원해준다. 하지만 우리 정부는 기초 조사에 돈을 쓰지 않고 현장에 몇 달씩 머물며 심층 연구하는 빈곤 전문가도 없다. 그저 구청 사회복지사의 감각과 동사무소 공무원의 어림짐작, 종교·사회단체의 체험적 감에 의존한다. 현장 조사를 바탕으로 논쟁을 벌이는 일본과 딴판이다. 이렇게 빈곤층 연구나 현장 조사가 엉망이다 보니 정부가 빈곤층에 복지 예산 지출을 엄청나게 늘렸다고 해도 빈곤층의 갈증은 해소되지 않는다. 오히려 그 많은 복지 예산이 어디로 새나갔느냐고 야단이다. 생활보호 대상자들에게 몇 년 지원해주다가 돈을 버는 자녀가 있는 것을 뒤늦게 알고 취소하는 일도 비일비재하다.

우리 사회에는 신분 상승의 사다리에서 추락, 아예 사닥다리 밖으로 배제된 최하위 극빈층이 존재한다. 이 계층에는 김대중-노무현 정권이 최소한 버틸 수 있는 돈을 지급하기 시작했다. 생활보호 대상 153만 가구 등에 매년 7조 원 이상의 생계비가 국고에서 나간다. 비닐하우스,

쪽방촌, 고시원, 만화방, 찜질방을 전전하는 '한 평짜리 인생'들에게도 이런저런 통로로 먹을 것이 지원된다. 전국에 몇천 명 수준인 노숙인을 위한 대책도 실행된다. 농촌의 노령층과 장애인 가정에도 최소한의 생활비가 지급되고 있다. 충분하지 않지만 끊기지도 않는 보조금이 밑바닥층에는 지급되고 있다.

근로빈곤층에 집중 투자해야 하는 복지

●●● 그러나 이걸로 복지정책을 다한 것처럼 생각하면 오산이다. 우리나라 빈곤층 가구가 이미 2009년에 305만 8000가구를 기록해 처음으로 300만 가구를 넘어섰다. 하지만 근로빈곤층으로 분류할 수 있는 인구도 300만 명을 넘어섰다. 절대빈곤층만큼 근로빈곤층의 두께가 두꺼워지고 있는 것이다.

앞으로는 우리 사회의 낙오자 집단에 집중되던 복지를 비정규직, 인턴, 아르바이트 같은 젊은 현역 집단에 초점을 맞춰야 한다. 비정규직 근로자는 800만 명이 넘는 거대 집단이다. 그중 40% 안팎이 지난 10여 년 사이에 신빈곤층으로 떠올랐다. 국민연금에는 절반 이상이, 고용보험에는 3분의 2가 가입하지 못했다. 직장에서 밀려나는 순간 끼니가 어려워지는 극빈층 예비부대다. '공장 문 닫으면 죽음'이라는 플래카드를 휘감고 지상 50m 타워 크레인에서 단식 농성하는 극한 투쟁은 여기서 출발한다.

정치인들이 복지정책을 늘리겠다면 바로 이 현역 세대의 고민을 해결해줘야 한다. 이 집단을 향해 실업자가 되더라도 몇 년은 버틸 수당을 주겠다고 해야 한다. 그리고 언젠가 새 직장을 소개하겠다고 말할 수 있어야 한다.

2008년 금융위기 때 기업에 가장 혹독했던 나라는 스웨덴이다. 자동차회사 볼보와 사브가 부도 위기에서 허우적거렸으나 정부는 못 본 척했다. 미국의 GM처럼 국유화하거나 특별 구제금융을 달라는 요청에도 끝내 귀를 닫았다. 결국 볼보는 중국에, 사브는 네덜란드에 팔려 나갔다. 스웨덴 정부가 자동차 업계의 아우성에도 버틸 수 있었던 힘은 종업원을 보호하는 복지제도에서 나온다. 볼보가 무너져도 사원들은 현역 시절 임금의 80% 안팎을 실업수당으로 받는다. 정부에서 전직 훈련을 시켜주고, 새 직장을 알선해주며, 주택 수당을 제공한다. 이런 복지 혜택을 끝없이 제공하는 건 아니다. 실업수당은 최장 5년 이내에서 지급되고, 전직 알선도 횟수가 제한되어 있다. 하지만 다음 직장을 구할 때까지 생활비를 받기 때문에 근로자들은 회사가 돌연 공장 문을 닫더라도 내일 아침 길거리로 나설 만큼 급박하지는 않다. 쌍용자동차 종업원들처럼 공장에 화학약품을 잔뜩 쌓아놓고 목숨 걸고 경찰과 싸울 필요가 없다. 스웨덴의 복지제도는 지금 일자리를 갖고 있는 '현역(現役)'에 초점이 맞춰져 있다.

스웨덴과 비교하면 우리의 복지정책은 장애인, 농민, 노인층 같은 경제활동이 멈추어 있거나 경제활동이 상대적으로 저조한 집단에 집중되어 있다. 비정규직으로 대표되는 빈곤층 예비군을 위한 복지정책을 들먹이면 당장 "그럴 돈이 어디 있나"고 치받고 나온다. 세금을 더

정부의 총지출과 복지지출 규모 및 증가율

	2007	2008	2009	2010	2011	2012
총지출(조 원, A)	237.1	262.8	301.8	292.8	309.1	325.4
(증가율, %)	(5.8)	(10.8)	(14.8)	(−3.0)	(5.5)	(5.3)
복지지출(조 원, B)	61.4	68.8	80.4	81.2	86.4	92.6
(증가율, %)	(9.6)	(12.1)	(16.9)	(1.0)	(6.3)	(7.2)
총 지출 대비 비중(B/A, %)	25.9	26.2	26.6	27.7	28.0	28.5

거둬야 할 것이라는 걱정도 따른다. 하지만 스웨덴의 복지가 꼭 고율의 세금만으로 지탱되는 것은 아니다. 법인세 실효 세율을 보면 스웨덴이 26.3%로 한국보다 3~4%포인트 높은 선에 머물고 있다. 세금을 조금 올리면서도 복지를 두텁게 할 길이 있음을 시사한다. 마음만 먹으면 수십조 원의 예산을 확보할 다른 길도 얼마든지 있다. 기업에서 늘 10% 예산 절감을 단행하듯 정부가 34조 원(2013년)에 달하는 예산의 지출 구조를 바꾸면 20~30조 원을 금방 마련할 수 있다. 4대강 사업에는 22조 원을 뚝딱 마련하면서 비정규직들 복지에 투자할 몇조 원이 없다고 잡아뗄 수는 없을 것이다.

극빈층으로 떨어지는 것을 기다렸다가 구조의 손길을 내미는 우리의 복지정책은 현금 살포로 끝나고 만다. 젊은 예비 빈곤층 집단을 감싸주고 돕는 복지가 경제를 살리면서 복지도 늘리는 길이다. 몇 년째 취직하지 못한 청년 실업자나 아르바이트 근로자, 영세 자영업자 등 고용보험에서 소외된 신빈곤층 823만 명(한신대 전병우 교수 추계)에게도 매달 생계비를 지원해주는 제도(실업부조)를 하루빨리 도입해야 한다. 이들에게 직업 전환의 기회를 제공하려면 전직훈련도 시켜줘야 한다. 처음에는 부담되겠지만 우리 경제가 감당할 수 없는 금액은 결코 아니다. 경제활동을 멈춘 집단에는 최소한의 복지를 제공하되, 경제활동에 도움이 될 현역 집단의 복지에 투자하는 것이 경제를 살리는 길이기도 하다.

19

직장이
신분 서열 되는 사회

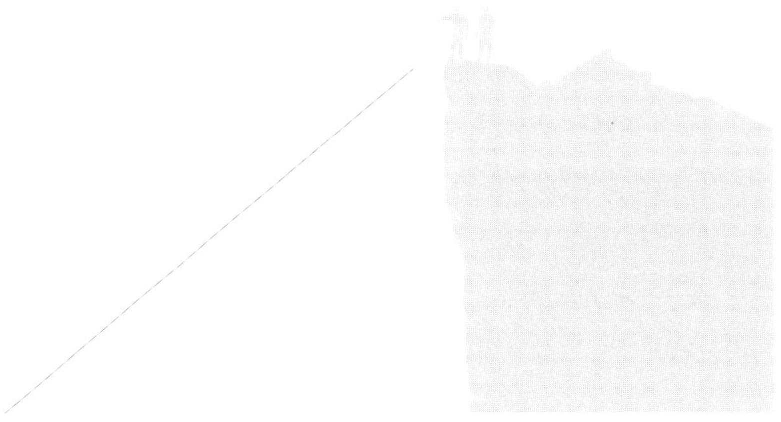

●●●● 우리 사회의 임금근로자 집단은 3층 계급으로 굳어지는 듯하다. 직장 따라 신분 등급이 매겨지는 현상은 막기 어려운 물결이 되고만 것이다. 가장 윗줄에 선 임금근로자 계층은 두말할 것 없이 공무원과 공기업 임직원이다. 지방 공기업, 출연회사들까지 포함하면 거기서 근무하는 월급쟁이들 숫자는 150만 명 이상으로 추산된다. 건국 초기부터 공무원에게는 헌법(7조)이 '신분 보장'을 약속했다. 그중 법관은 탄핵이나 금고 이상의 형을 받지 않는 한 직장을 잃을 위험은 0%다. 신분 보장이란 자리 보장, 정년 보장, 소득 보장, 퇴직 후 죽는 날까지 연금

보장 등으로 촘촘하게 짜여 있다. 자녀 학자금 제공, 승용차 할인 구입 혜택까지 빈틈이 없다. 세계 금융위기, 외환위기 같은 어떤 폭풍우 속에서도 이들은 황금낙하산 타고서 푹신한 잔디밭에 사뿐히 내릴 수 있는 계층이다. 헌법상 신분 보장이 왜 정년 보장이고, 죽는 날까지 연금을 제공하는 것으로 못 박혔는지 납세자들은 한 번도 따져본 적 없다. 조직이 없어지지도 않고 공기업이 문을 닫을 염려도 없다. 조직 개편으로 인원이 철철 넘쳐도 어딘가 사무실과 일거리를 챙길 권리를 가졌다고 생각하는 특수층이다. 불황이 와도 월급을 삭감하는 일은 거의 없고, 구조조정이라는 이름의 인원 감축도 하지 않는다. 한국에서는 불황의 최고 안전지대가 바로 정부이고 공기업이다. 이런 호사를 자녀 손자에게 대대손손 물려줄 수 없을 뿐, 당대에 본인이 누리는 혜택은 현대판 귀족이랄 수 있다.

우리 사회에서 가장 밑바닥 근로자 계층은 비정규직이다. 공식 통계로는 591만여 명(2012년 8월)이지만, 정부나 경제단체 기준으로 보지 않고 노동계 기준으로 분류하면 860만 명이 넘는다. 이 하층민의 평균임금은 월 125만 원 안팎이다. 정규직의 절반 수입으로 살아가는 처지다. 말단 9급 지방공무원이 30년 근무한 후 받는 연금이 월 194만 원 선이므로 은퇴한 공무원보다 훨씬 못한 수입으로 살아가는 인생들이다. 많은 비정규직 가장은 국민연금은커녕 산재보험료나 고용보험료를 못 내면서 자녀 교육비를 대야 한다. 이 계층에게는 4대 보험(국민연금·건강보험·산재보험·고용보험) 완전 보장이 꿈이다. 그래도 연봉 인상보다는 장기 고용 계약서에 도장 찍기를 학수고대한다. 이들이 '한 번 공무원은 영원

한 공무원'이라며 한 번의 시험 합격으로 장례 서비스까지 보장받는 특수신분층을 바라보는 시각은 어떨까? 이 계층은 "공무원은 국민 전체에 대한 봉사자이며 국민에 대하여 책임을 진다"는 헌법 조문(7조)을 다르게 읽고 있다. "공무원은 국민 전체에 대한 지배자이고, 국민에 대하여 납세와 병역 책임만을 떠넘긴다." 이 계층이 공무원과 공기업 사람들을 보는 눈은 과거와는 달라지고 있다. "저들은 무슨 권리로 저런 호사를 누리느냐"는 여론이 갈수록 기반을 다지고 있다.

직장과 고용 형태에 따라 인간 서열이 매겨진다

●●● 우리 사회의 3단계 신분 계층 가운데서 정규직 임금근로자 계층은 중간 자리를 차지한다. 얼추 900여만 명으로 추산된다. 이들은 4대 보험 걱정은 안 한다. 회사가 보장해주기 때문이다. 수입은 비정규직보다 2배가 넘지만, 정규직도 그들 세계에서 보면 연봉 30억 원짜리부터 1200만 원 저임금까지 천차만별이다. 공무원시험만큼 까다로운 입사 시험과 면접을 통과해야 하는 정규직은 비정규직이나 조직 내 다른 정규직의 희생 위에서 서 있다. 종합병원의 경우 인턴과 간호조무사들의 값싼 노동력 덕분에 의사들의 높은 연봉이 보장되는 임금 구조이다. 대학 정교수는 시간강사들의 땀과 눈물 위에서 연봉과 정년을 보장받고, 대기업의 정사원은 하도급 중소업체 비정규직들이 밑자락을 받쳐주고 있다. 이 정규직 집단은 공무원과는 달리 활화산 지대에 사는 것처럼 불안하다. 조직 개편설이 나돌면 고성능 센서를 가동하여 사내

정보에 민감하게 대응해야 한다. 윗사람들에게 잘 보여야 한다는 강박에 쫓기기도 한다. 강제 해고가 안 된다는 법과 노사합의가 있어도 막상 회사가 구조조정을 실행하면 "일신상의 사유로……"라는 자진사퇴용 사직서에 서명해야 한다. 눈치 없이 버티면 다른 동료가 희생되기 때문에 법을 따지기 전에 결심해야 한다.

수입, 고용계약 기간, 정년 보장 같은 경제적 조건만이 3개 계층을 분할하는 것은 아니다. 우리 사회의 계층화에 따라 그것이 사회적 대접이 달라지고, 신분 서열이 매겨지는 수준까지 발전하고 있다. 은퇴자들의 재혼을 중매하는 시장에서는 공무원-교사 출신이 최상급 신랑감이다. 초혼(初婚)시장에서도 가장 먼저 묻는 항목 중 하나가 정규직·비정규직 여부다. 양반과 상놈, 귀족과 노예를 갈랐던 시대가 부활하지는 않았을지라도 인간과 가정이 직장과 고용 형태에 따라 등급과 서열이 매겨지는 새로운 신분 질서가 형성되고 있다.

경제성장 속도나 인구 추세를 보면 정규직이든 비정규직이든 지금보다 형편이 나아질 가능성은 별로 없다. 온 나라가 해마다 벌어들인 소득(국민 총소득) 중 임금근로자에게 노동의 대가로 지불되는 몫은 1997년 외환위기를 정점으로 점차 줄어들고 있다. 회사와 주주가 챙겨가는 몫은 커지고 월급쟁이에게 돌아가는 보상은 축소되고 있다는 말이다. 예를 들어 취업한 피고용자들 몫으로 돌려지는 노동소득분배율은 정체되거나 하락하는 경향을 보여왔다. 반면 기업들의 처분가능소득을 국민처분가능소득*으로 나누어 계산하는 기업소득분배율은 크게 높아졌다. 2010년 기업의 소득분배율은 20년 전보다 무려 220% 수준으로 커졌지만, 노동소득분배율은 6% 증가하는데 그쳤다. 국가의 GDP가 증가하고 1인당 국민소득이 높아져 봤자 그 혜택의 큰 몫은 기업들에게 돌아가고, 근로자들의 생활은 나아지지 않고 있는 셈이다.

고도성장기에는 국가경제의 피자를 키우면 그것을 나눠 먹어도 개개인에게 돌아가는 사이즈가 함께 커졌다. 그러나 지금은 피자 사이즈가 커져도 개인에게 돌아가는 사이즈는 더 이상 커지지 않는다. 더 늦기 전에 공무원과 정규직에게 주어졌던 각종 신분 보장성 혜택을 줄여

*** 국민처분가능소득**

국민경제 전체가 소비나 저축으로 자유롭게 처분할 수 있는 소득의 규모를 나타내는 것으로 국민계정의 중요한 총량지표 중 하나이다. 국민처분가능소득은 명목시장가격으로 평가된 국민순생산에 교포 송금 등과 같이 생산활동과는 관계없이 국외로부터의 소득(국외수취 경상이전)을 더하고 클레임 등 국외에 지급한 소득(국외지급 경상이전)을 차감한, 즉 국외순수취 경상이전을 더하여 산출한다. 이를 지출 면에서 보면 최종 소비지출과 저축으로 나누어진다. 한편 이와 유사한 개념으로 국민계정에서 중요시되고 있는 국민총처분가능소득(GNDI)은 국민처분가능소득에 고정자본소모를 더한 것으로 총저축률과 총투자율을 작성하는 데 이용되고 있다.

가야 한다. 3개 계층 간의 분배비율을 조정하지 않고 그대로 가져가겠다면 머지않아 "언제까지 현대판 노예로 살아야 하느냐"며 하류 계층이 들고 일어설 것이다. 그동안 공무원을 보는 시각은 어려운 시험에 합격해 호사를 누릴 권리가 있다고 인정하는 여론이 우리 사회에 우세했다. 그런 존경심은 이제 "시험 한번 잘 봐서 평생 세금으로 호사하며 있는 권한, 없는 권한 다 행사한다"는 것으로 바뀌고 있다. 공무원들이 평생 호사를 누리는 비용은 누구 돈으로 만들어지는가 하는 논란이 일어날 수밖에 없다. 팍팍한 인생을 살아가는 인구가 많아지면 머지않아 정치인들도 너도나도 공무원 때리기에 나설 것이다. 2012년 대선에서 재벌 때리기를 했던 것처럼 이르면 다음 총선이나 다음 대선 때부터 공무원, 공기업 직원에 대한 특혜를 줄이고 정부 조직과 공기업을 개혁하라는 목소리가 폭발할 수 있다. 한국인은 이런 신분 격차를 참아내며 인내할 국민이 아니라는 것을 우리 역사에서 배워야 한다.

20

올해 입사하는
신입 사원부터 정년제 폐지를

●●● 공기업인 한전은 2009년 정년을 2년 연장했다. 한전보다 앞서 현대중공업은 정년을 60세로 연장하는 대신 정년이 연장된 직원의 임금을 직전 임금의 50~90% 선으로 낮췄다. 포스코도 56세에서 58세로 늦추고 퇴직 후 재고용하는 방식으로 60세까지 근무할 길을 터줬다. 공무원들도 정년을 연장했다. 일반 공무원의 정년은 2013년 60세로 통일되고, 교육 공무원은 62세다. 앞으로 어느 회사에서나 60세 정년이 법적으로 의무화될 것이다. 먼저 공기업과 대기업부터 60세 정년제를 도입할 것이다.

	도달 연도			소요 기간
	고령화 (7%)	고령 (14%)	초고령 (20%)	7 → 20%
한국	2000	2017	2026	26년
일본	1970	1994	2006	36년
프랑스	1864	1979	2018	154년
미국	1942	2015	2036	94년

* 전체 인구 중 노인(65세 이상) 인구 비율이 7% 이상은 고령화 사회, 14% 이상은 고령사회, 20% 이상은 초고령사회임.

정년을 연장해주면 가장 큰 혜택을 받게 될 직장인은 공무원과 공기업 임직원들이다. 민간기업에서는 구조조정 당하지 않을 사람들이 일부 혜택을 받을 것이다. 인구는 고령화하고 있다. 거대한 유권자 집단인 700만 명이 넘는 베이비부머 세대 직장인들의 노후를 생각하면 정년을 연장해야 한다는 결론에 쉽게 도달한다. 한국인의 수명은 앞으로 점점 더 길어질 것이다. 대부분의 직장인이 퇴직 후 30년 이상 버텨야 한다. 이런 변화 속에서 정년 연장을 반대할 명분을 찾기란 힘들다. 우리는 이제 60세 정년을 법적으로 의무화하고 있는 데 반해 일본은 2004년부터 65세 정년제를 실시 중이다. 다만 일본은 기업들에게 65세 정년제 외에 정년제 폐지나 퇴직 후 재고용 등 다른 선택을 할 수 있도록 융통성 있게 허용했다.

문제는 남아있다. 우리 형편에서는 정년을 연장해줘도 국민연금과 연결되지 않는다. 한국 직장인들이 회사를 그만두는 퇴직 연령은 평균 53세다. 유럽의 평균 퇴직 연령 61.8세, 미국의 평균 은퇴 연령 65.8세보다 훨씬 낮다. 퇴직은 이처럼 유럽보다 빠르지만 국민연금을 받기 시작하는 나이는 2012년 60세에서 2013년 61세, 2018년 62세, 2033년 65세로 갈수록 늦어지도록 되어 있다. 정년 후 곧바로 국민연금을 받을 수 있는 선진국과는 달리 우리는 퇴직 한참 후에야 연금을 받기 시작하는 구조다. 퇴직 시기와 연금 받는 시기 간의 시차가 7년 이상 분명히 존재하는 현실에서 무작정 정년을 늘린다고 좋은 건 아니다.

정년 폐지는 청년 취업 기회를 줄인다

●●● 그러나 이보다 더 근본적인 문제는 정년 연장이 청년 취업 기회를 박탈한다는 점이다. 노령 직장인들의 정년을 늘려주면 그만큼 젊은이들의 취업 기회는 줄어들 가능성이 높다. 청년 실업률이 10%가 넘는 현실에서 정년을 연장하면 청년층에게 돌아갈 일자리가 얼마나 감소할지 모른다. 그렇지 않아도 우리 사회는 청년 세대의 직장보다는 40대 후반과 50대 베이비 붐 세대의 노후를 더 걱정해주는 여론이 강해졌다. 정부도 사회의 문을 열고 막 들어서려는 신참자를 가로막는 줄도 모르고 중년층과 고령층을 우대하는 쪽으로 더 기울고 있다. 서울시 일자리지원센터에서 어느 곳보다 활기찬 조직은 고령자 전용센터다. 확실한 표가 거기 있으므로 예산이 아깝지 않을 것이다. 장애인·여성 전용 고용지원 조직까지는 있어도 청년 일자리를 찾아주겠다는 전용 창구는 없다. 정치인들은 말로는 청년 백수를 없앨 듯 큰소리치다가도 막상 당선된 후에는 달라진다. 청년 일자리보다는 정년 연장이나 은퇴를 앞

둔 계층에 복지 혜택을 늘려주는 정책을 선택한다. 확실한 지지표가 거기에 있기 때문이다. 그래서 우리 청년들의 외로움은 더 짙어질 수밖에 없다.

어느 사회 초년병이 내로라하는 글로벌 회사에 취직했다. 부서 배치를 받은 첫날부터 깜짝 놀랐다. 이사와 부장 두 명, 차장 한 명, 비정규직 여직원 한 명뿐이었다. 그 부서에서 최하위 서열인 차장은 입사 16년째였고 평사원은 없었다. 평사원이 없거나 신참보다 고참이 더 많은 부서 얘기는 대기업과 공기업에서 종종 듣는다. 인사철마다 인력 구조조정에 열중해온 결과다. 부서별로 업적을 평가해 성과급을 달리 주는 회사일수록 이런 경향은 심하다. 숫자가 많으면 자기 한 사람 몫이 줄어들므로 인원을 소수화하려는 인사부의 관리 지침에 쉽게 동의한다. 10년 후 쓸 인재를 키우는 투자보다는 보너스 기준이 되는 오늘 우리 부서의 실적이 중요할 뿐이다. 그래서 신입 사원을 거부하는 부서가 나온다.

조직의 밑바닥을 지탱해 줄 하부 구조가 부실화한 것은 이 회사만의 고민이 아니다. 한국 사회 전체가 가늘어진 하체에 덩치 큰 상체를 맡기는 기형으로 변하고 있다. 청년 실업률은 아빠 연령층보다 2배 높다. 고교 졸업생 아홉 명 중 한 명은 평생 단 한 번도 알바·인턴조차 경험하지 못한다. 취직했다는 고졸 청년 아홉 명 중 한 명꼴로 최저 임금 이하의 수입으로 살고 있다. 한국고용정보원 자료를 보면 2008년 금융위기에서 피해를 가장 많이 본 연령층이 20대와 30대다. 이 계층을 상대로 해고가 많았던 데다 취직할 만한 일자리마저 사라져버렸다. 1차 외환위기 때는 아빠 세대가 최대 피해자였다면 이번엔 아들딸 세대에게 폭탄이 터졌다. 한국은 이미 알바 왕국, 인턴 천국으로 변했다. 글로벌 시대 새 왕국의 주인공은 청년 빈곤층이다. 뛰어난 몇몇 20대 스타의 금메달로는 그 세대의 허기와 절망을 도무지 감추지 못하는 것이 한국 경제의 비극적 운명이다. 피부 세포가 민감한 가수들은 벌써 이런 절망을 노래로 담았다. "희망은 멀리 사라졌네…… 스무 살의 꿈은 사라지고…… 잠만 자네(윤도현)", "내일로 가는 마지막 기차를 놓칠 것만 같아요"라고 불안에 떠는 가수(장기하)는 "이 세상은 지옥, 지옥이다"라고 외친다. 유튜브 접속 건수 세계 1위를 배출하는 세대가 왜 내일의 꿈을 잃었다며 지옥의 고통을 호소하는지 엄마 아빠들은 알지 못한다. 엄마·아빠 세대는 자신들의 노후를 앞세울 뿐 가난한 청년층이 만들 끔찍한 미래를 외면한다. 청년 세대의 부실화가 몰고 올 재앙에 대해서도 눈을 감는다.

아빠 세대들은 국민연금을 생각해보길 바란다. 많은 가입자들이 내가 적립한 돈을 국가가 부동산·주식에 잘 운용해 은퇴 후 연금이 두둑해질 것이라고 착각하고 있다. 하지만 국민연금이 제대로 굴러가려면 무엇보다도 젊은 인구가 늘고, 그 계층의 수입이 두툼해져야 한다. 애초부터 후계자 집단이 은퇴자를 부양하는 식으로 설계되어 있기 때문이다.

우리는 지금 젊은이 여섯 내지 일곱 명이 노인 한 명을 부양하는 인구 구조지만, 고령화 추세가 급속도로 빨라지면서 2030년엔 젊은이 세 명이 노인 한 명을 부양해야 한다. 후손이 가난해지면 국민연금제는 신입 회원을 확보하지 못해 와르르 무너지는 다단계 판매 사기극과 엇비슷한 스캔들이 될 수도 있다.

정부와 기업들이 정년 연장을 통해 노령 세대에게 일자리를 보장해주려면 먼저 연공서열제*부터 과감하게 손질해야 한다. 일정 나이가 지나면 임금을 단계적으로 낮추는 임금피크제**를 도입해야 할 것이다. 장기 근속자를 우대하는 관행도 고쳐야 한다. 기업의 인건비 부담을 줄여주는 대책이 없으면 정년 연장 조치가 공염불이 되기 때문이다. 또 인건비 부담이 지나치게 가중되지 않아야 신입 사원 채용에도 관심을 기울여 청년들에게 일자리 기회가 돌아갈 것이다. 정년을 연장해줄 바에야 아예 정년제를 폐지하고 언제든지 재고용 계약을 할 수 있도록 해주는 방안을 마련해야 한다. 그렇지 않으면 기업들은 청년 일자리를 만들어 낼 수 없다.

현재의 직장인들을 상대로 정년제를 폐지하겠다면 모두가 들고일어날지 모른다. 하루아침에 길바닥으로 내동댕이쳐질 걱정부터 할 것이다. 그렇다면 모든 직장인에게 단번에 적용할 것이 아니라 올해 입사하는 신입 사원부터 "당신들부터는 정년이 없다"고 선언할 필요가 있다.

*** 연공서열제**
근속연수가 긴 구성원을 승진과 보수 등에서 우대하는 인사제도를 말한다. 관료 사회는 물론 민간 기업에서도 이러한 제도를 발견할 수 있다. 미국, 캐나다의 일부 민간 기업에서 일시해고·승진 등 인사관리에서 근속연수가 긴 고참 근로자를 근속연수가 짧은 사람보다 유리하게 대우하는 제도가 시행되고 있다.

**** 임금피크제**
50세 또는 56세 등 일정 연령이 되면 임금을 삭감하는 대신 정년은 보장하는 제도.

그러면 30년 후쯤엔 사실상 정년이라는 단어가 우리 고용시장에서 사라질지도 모른다. 물론 정년을 전면 폐지하려면 우리 기업의 임금체계를 송두리째 바꿔야 한다. 언제든지 밀려날 수 있다는 불안감에 대한 보상으로 임금을 올려줘야 할 것이다. 기업 쪽에는 언제든지 해고할 수 있는 권한을 제공할 수밖에 없다.

정년 폐지는 고령화 사회를 대비하는 새로운 방책이기도

●●● 고령화 사회에서 정년 폐지는 직장인 본인들의 인생을 위해서도 좋을 수 있다. 정년이 없으면 좀 더 긴장된 인생 설계를 하게 되고, 직장 생활을 하다가 중도에 진로를 바꾸기도 쉬운 것이다. 어차피 수명은 길어지고 70세 전후까지는 일정한 수입을 확보하는 것이 현명한 시대를 맞았다. 정년제 아래서 실질적으로 50대 중반에 직장에서 쫓기듯 밀려 나가는 것보다는 40대 초반이나 중반에 다른 직장으로 전직해 제2의 직장생활을 다시 시작하는 편이 인생을 길게 사는 지혜가 될 수 있다.

앞으로 한국인들의 수명 연장과 함께 정년제 폐지론은 더 강하게 대두될 것이다. 어쩌면 길어진 인간 수명 때문에 40세 전후로 한 번, 55~60세 전후로 또 한 번, 75세 전후로 마지막으로 한 번 인생 진로를 바꾸는 3단계 직장생활 구조가 바람직한 타입으로 우리 사회에 정착될 가능성도 없지는 않다. 사실 정년제나 장기 근속이 바람직한 고용 관행이 된 것은 고도성장시대였다. 그것도 확장을 거듭했던 제조업 분야에

서 가능했을 뿐이었다. 정년을 연장해 청년 백수를 늘릴 게 아니라, 정
년제를 폐지해 청년 세대나 중년 세대, 노년 세대가 인생 설계를 다시
시작할 수 있는 기회를 제공하고, 우리 노동시장의 임금체계가 재편되
는 계기를 만들어가야 한다.

21

사춘기 때 직업 체험시켜야
청년 실업 줄일 수 있다

●●●● 　2011년 10월 박원순 서울시장이 당선된 다음 날이었다. 안철수 씨의 전폭적인 후원으로 청년 유권자들이 박 시장을 탄생시킨 흥분이 남아 있을 때였다. 도쿄에서 일본 와세다 대학생들을 만났다. 그들에게 "한국에서는 젊은 유권자들이 들고일어나 수도 서울 행정에서 정권 교체를 이뤘다"고 말을 붙여봤다. 뜻밖의 화제에 자기들끼리 대답을 미루는 듯 서로 얼굴만 쳐다볼 뿐이었다. "'월가를 점령하라'는 데모는 일본에서 왜 일어나지 않는가." 이렇게 묻자 "그런 일이 어떻게 일본에서……"라며 의아한 표정을 지었다.

한국에서는 선거 시즌만 오면 2030세대의 분노가 폭발할 것인가를 두고 화제가 되지만, 일본은 정반대다. '분노하지 않는 젊은이'를 두고 전문가들의 이러쿵 저러쿵 논쟁이 벌어진다. 분노할 줄 모르는 청년층을 개탄하는 의견도 나온다. 일본이라고 정치권 불신이나 빈부 격차 문제가 없는 것은 아니다. 1년마다 바뀌는 총리에 국민은 진저리치고, 연간 소득 112만엔 이하 계층(중위 소득의 50% 이하를 버는 계층)의 상대적 빈곤율은 2010년 16%로 사상 최고치까지 치솟았다. 한국의 상대적 빈곤율 14.9%보다 심각하다. 일본 총리실 조사를 보면 20대 연령층에서 "고민과 불안을 안고 있다"고 대답한 비율은 20년 전 40% 수준에서 요즘엔 63.1%로 올랐다. 이렇듯 분노 폭발의 기반은 갖춰졌건만 일본에서 일어난 '점령하라'는 시위에는 기껏 100여 명이 모였다. "한국 드라마를 그만 방영하라"는 후지TV 앞 반(反)한류 데모에는 수천 명이 모였고, 원자력발전소 폐기 집회에는 젊은 엄마들을 중심으로 5만여 명이 시가지를 덮었다.

일본 청년층을 관찰해온 일본의 한 대학교수는 이렇게 분석했다. "장래에 대한 불안감은 있어도 오늘의 생활에는 불만이 없기 때문입니다." 80% 이상의 청년이 부모와 함께 살기 때문에 미국처럼 직장을 잃으면 공원 텐트로 밀려나지 않아도 된다는 것이다. "100엔짜리 동전 3개로 한 끼 식사는 해결되고, 휴대폰이건 노트북이건 가져야 할 것은 다 가졌는데 뭐가 부족하겠나." 물질적 풍요가 분노 억제에 약발을 발휘하고 있다는 얘기다. 그렇다면 한국 청년들은 부모 슬하에서 쫓겨나 식사를 거르며 살기 때문에 이토록 불만을 참을 수 없는 것일까?

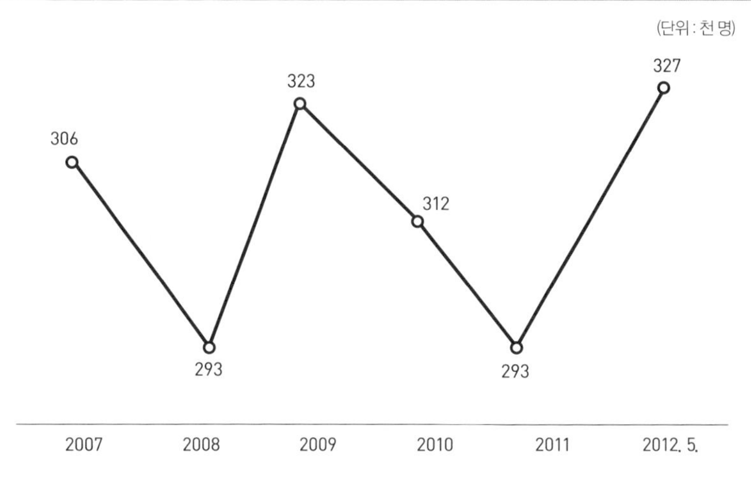

다른 일본의 경제 전문가는 청년 실업을 들고 나왔다. 미국·유럽의 청년실업률도 20~40% 수준이지만 일본은 10% 이하다. 임금근로자 셋 중 한 명이 비정규직이라고 해도 영국처럼 상가에 불을 지르고 미국처럼 은행 점포를 점거할 정도는 아니라는 설명이다. 하지만 청년 실업 또한 한국과 일본이 다를 게 없다. 우리 청년층의 공식 실업률은 지난달 6.9%였고, 구직을 포기한 사람들까지 포함해도 체감 실업률은 11.3%였다.

실업률로도 설명이 안 된다면 두 나라 청년층의 분노 지수가 차이 나는 진짜 이유는 뭘까? 본디 국민성이 다르다고 볼 수도 있다. 한국인은 조그만 불평조차 참지 못하는 성향이지만 일본인들은 불편한 속마음을 좀체 드러내지 않는다. 일본에선 우리처럼 학생·시민혁명이 성공한 적이 없는 데다, 1960~1970년대 일부 청년단체의 과격 투쟁에 넌더리를 냈던 경험 때문이랄 수도 있을 것이다.

일본의 승자와 패자를 구분하는 교육이 직업 결정에 도움

●●● 하지만 이런 것만으로 양국 청년층의 분노 지수 격차를 설명하기엔 부족하다. 일본 전문가들의 진단을 보면 두 가지 차이가 발견된다. 우선 리더십을 갖춘 유능한 일본 젊은이들은 대기업들이 흡수해버린다. 불만 계층을 모아 연대전선을 꾸릴 만한 주동자급 인재는 대부분 엘리트 직장인으로 살아가고 있다. 이는 1980년대에 많은 인재가 운동권으로 내몰렸던 한국과는 전혀 다르다. 한국의 우수한 젊은이들은 우리 사회의 아웃사이더로 자리 잡은 후 시민단체 같은 조직을 만들어 이슈를 내걸고, 인터넷·트위터를 통해 불안한 청년들을 단결시키는 중심체 역할을 하고 있다. 일본의 경우엔 주동세력이 없다 보니 불만세력이 집단화하지 않는다고 할 수 있다.

더욱 근본적인 차이는 일본 젊은이들은 어릴 때부터 승자와 패자를 구별하는 교육을 받았다는 점이다. 노력한 사람과 능력 있는 사람은 그에 걸맞은 보상을 받을 권리가 있다는 능력주의와 성과주의가 은연중 일본 사회에 정착했다는 견해다. 평준화 교육으로 누구나 같은 대우를 받을 권리가 있다는 인식이 강한 한국과는 거리가 있다. 공부 잘하고 실력 있는 친구는 대기업에 정규직으로 취직하는 것이 당연하고, 학교에서 뒤처진 친구는 동네 중소기업에서 적은 월급을 받으며 살아가는 게 맞는다고 생각한다.

일본의 지방 중소기업들이 생존하는 방식도 바로 이런 풍토를 최대한 활용한다. 집안이 잘살고 공부 잘하는 학생을 노리는 게 아니라, 고향에 머물러 있고 싶어 하는 학생층을 공략한다. 지방의 중학생과 고교생을 공장에 초청해 구경시키고, 직접 기계를 만져볼 기회를 제공한다. 지방자치단체와 현지 교육청, 지방 상공인단체가 합동으로 어린 학생들이 정기적으로 공장을 방문하는 프로그램을 진행한다. 사춘기를 전후로 직업을 체험하면 학교를 나온 후 고향의 다니던 학교 주변에서 쉽게 취직자리를 잡는다는 판단이다. 학생들은 젊을 때 일찍 취직할 수 있어서 좋고, 기업은 인력 조달을 원활하게 할 수 있어 이득이다.

직업 체험 교육으로 장래의 직업 수요를 파악하는 덴마크

●●● 덴마크 정부도 초등학교 8학년(한국의 중2) 아이들에게 일찌감치 장래 직업을 선택하도록 직업 가이드북을 제공한다. '미용사 초임 월 2만 3000~2만 5000 크로네(546~595만 원 안팎), 직업교육 기간 3~4년, 건강한 체력 필수' 등과 같이, 모든 직업에 대한 정보를 주고 1~2주일씩 관심 있는 직장에서 인턴으로 일하며 체험할 기회를 제공한다. 마을 주변 공장에서 직업 체험을 하는 아이도 있고, 미용실에서 직접 머리를 자르는 체험을 해보는 학생도 있다. 야심 있는 학생은 총리실에서 가방을 들고 다니는 수행비서로 인턴을 경험하기도 한다. 이런 직업 체험을

통해 정부는 장래의 직업 수요를 파악하고, 직업학교와 대학의 정원을 재조정한다. 정부는 학생 시절의 선택을 보면서 의사부터 미용사, 목수에 이르기까지 넘치거나 모자라지 않게 공급하는 방안을 찾는다. 이렇게 매년 각종 자격증 숫자를 조절한 덕분에 덴마크는 실업자를 최소화하면서 세계에서 국민 행복도가 가장 높은 나라로 꼽힐 수 있다.

우리나라 청소년들은 특성화 고교를 다니지 않는 한 학생 시절에 어디서도 직업을 체험해볼 기회가 없다. 제과점에서 빵을 만들어보고 싶어도 부모 반대를 무릅쓰고 제빵학원을 따로 다지지 않는 한 도전해볼 기회가 없다. 자동차공장을 바로 옆에 두고도 기껏 견학이나 할 뿐 조립 공정에 참여해보는 체험을 하지 못한다. 그러다 보니 젊은이들은 공무원시험에 매달리고, 좀 우수한 사람들은 사법시험이나 변호사시험, 의대 진학에 몰두한다. 정부는 직업의 수요와 공급을 제대로 예측하지 못해 과부족 아니면 과잉 상태로 치닫는 직업인이 적지 않다. 예를 들어 변호사는 1895년 국립법관양성소가 설립되면서 우리나라에 처음 등장한 직업이다. 이 신종 직업은 이준 열사 등 동기생 47명이 6개월 속성 코스를 거쳐 탄생했다. 변호사는 100년 이상 가장 귀한 대접을 받은 직업이지만, 지금은 시장가격이 하락하는 국면에 접어들었다. 해마다 변호사가 2000~2500명씩 쏟아지기 때문이다. 공급이 20% 이상 단번에 늘면 자격증의 가격은 폭락할 수밖에 없다.

한국에는 1206개의 직업이 있다. 정부는 각 직업에서 밥벌이하는 인구 숫자를 알고 있다. 그들이 생산해내는 부(富)의 크기를 짐작해 평균 소득을 계산해낼 수 있다. 한때 무섭게 늘어나던 한의사나 공인중개사들이 공급 초과로 고생하는 반면, 간호사는 부족해 외국에서 수입해야 한다는 말이 나온다. 집단의 반발에 부닥쳐 자격증 숫자 조절에 실패한 결과다. 무작정 공무원 같은 인기 직업에만 몰리는 청년들 처지가 딱하긴 하다. 하지만 멀쩡한 자격증을 갖고도 일자리를 못 찾는 실업자들을 언제까지 보고만 있을 수는 없다. 190만 젊은이가 가수 직업을 갖겠다며 오디션에 몰려다니는 꼴을 그대로 둬서는 안 된다.

우리도 덴마크나 독일처럼 빠르면 초등학교 시절부터 직업을 몸으로 맛볼 기회를 줘야 한다. 학교 교육과정을 그렇게 바꾸면 장래 자기가 어떤 직업을 갖는 게 좋을지 알게 될 확률이 높다. 고교나 대학 시절에는 현장에서 인턴을 하면서 자기가 원하는 직업인지 아닌지 판단할 수 있어야 한다. 청년 실업자들 대부분은 체면 때문에 중소기업 취직을 꺼리고 있지만, 상당수는 중소기업에 취직하려고 해도 그곳이 어떤 회사인지 몰라 선뜻 결심하지 못하고 있다. 그들도 어릴 때부터 눈에 익고 직접 체험해본 직업이라면 쉽게 선택할 것이다. 만날 청년층의 분노를 걱정하면서 그걸 풀어가려는 장기 계획을 세우지 않는 것은 정치권과 정부의 직무 태만이다.

PART 4

정부 조직 뜯어고치고
공무원 특혜
폐지할 때 됐다

> 공무원을 한 명 줄이면 빈곤층 가정 열 곳을 먹여 살릴 수 있다. 공무원 두 명이 하는 일은 한 명이 하고 그 돈으로 가난한 사람의 복지를 강화하겠다는 수준의 각오로 정부 조직과 공무원 체계를 개혁해야 한다. 공무원의 수가 많고 관의 영향력이 커지면서 비생산적인 일이 자주 벌어진다. 본연의 업무가 아니라 민간이 할 일에 뛰어드는 경향이 도를 넘어선다. 예산 버팀목이 있고 생존에 직결된 문제가 아니라 책임감이 부족하여 방만하게 운영되는 이런 사업은 중지되어야 마땅하다.
>
> 복지가 새로운 이슈로 떠올랐다. 정부와 정치권은 총선과 대선의 공약을 지키기 위해 적극적인 복지에 나설 수밖에 없다. 이런 복지 재원 마련할 때 반드시 정부 예산 개혁에 눈을 돌려야 한다. 이벤트 예산부터 싹둑 잘라내고 민간협회나 단체에 지원하는 보조금도 삭감해야 한다. 기존의 예산 지출 항목을 전면 개편한 후에는 세금 감면 및 비과세를 축소하는 것도 필수적이다.

22

공무원 한 명 줄여
빈곤층 열 명 살려야

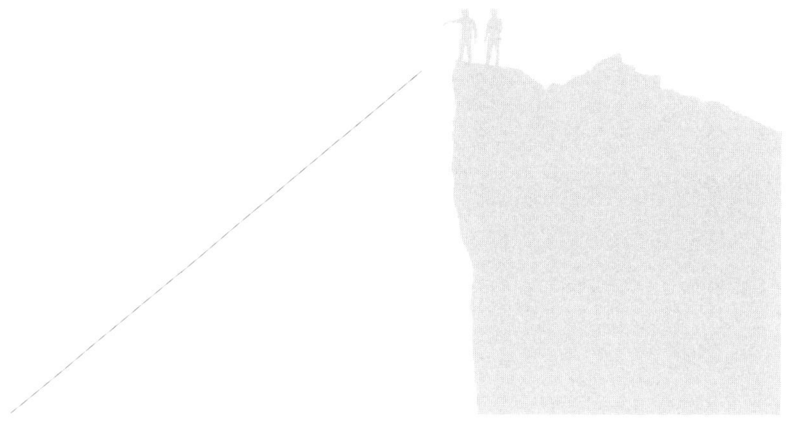

●●●● 공공정책을 연구하는 전문가들 사이에 요즘 주목받는 곳은
샌디스프링스(Sandy Springs)다. 미국 조지아주 애틀랜타시 주변의 베드
타운 중 하나다. 샌디스프링스에는 정식 공무원이 4명뿐이다. 공무원
이 해오던 일 대부분을 얼마 전부터 민간 회사에 일괄 위탁해버렸다.
물론 경찰 86명과 소방서 대원 91명은 별도로 두고 있다. 교육과 보건위
생 업무는 상급기관(카운티)에서 담당한다. 하지만 상수도, 하수도, 공
중 화장실, 주차위반 단속, 공원관리, 교통관리, 조사-검사 업무 같은
단순 업무부터 회계, 세출입, 도시설계, 술집 인허가, 건축허가, 도로관

리처럼 꽤 중요한 공무까지 135명의 회사원에게 맡겼다.

이 마을의 행정업무를 대행해주는 곳은 화학 기호(www.ch2mhill.com) 같은 이름으로 전 세계 3만 명의 종업원을 둔 글로벌 기업이다 (2011년 말 기준). 이 회사는 우수한 전직-현직 공무원을 채용해 쓰므로 행정의 달인을 많이 보유하고 있다. 사원들이 주인인 회사로 한국에서는 주한 미군기지 이전에 참여하는 거대 다국적 기업이다. 이 회사가 샌디스프링스를 맡은 후 당장 도로관리가 좋아져 주민들은 만족스러운 첫인상을 가졌다. 무엇보다도 다른 도시에 비해 세금(지방세·고정자산세)이 딱 절반밖에 안 되는 점에 더 신 나게 콧노래를 부른다. 이 때문에 주변 도시들이 경쟁적으로 이 회사와 접촉 중이다. 절반의 세금으로 공공 서비스 감동을 배가시켜 달라는 시민 압력에 견딜 수 없는 셈이다.

한국의 공무원이라면 "미국과 한국의 여건이 똑같은가?"라는 반문부터 쏟아낼 것이다. 그러고선 우리나라에서 샌디스프링스처럼 할 수 없는 이유를 10분 안에 100가지 이상 떠올려 반박하고 싶을 것이다. 행정 체제가 다르고, 역사적 배경이 다르고, 주민 기대가 다르고, 위탁 업무 범위가 다르고……. 행정을 왜 대기업에게 맡기느냐는 특혜 논란도 일어날 것이다. 그렇다고 샌디스프링스의 행정혁명을 깡그리 무시하기엔 우리의 행정은 지나치게 한심하다. 인구수가 10만 명 언저리로 엇비슷한 강원도 동해시와 비교해보자. 동해시 공무원 숫자는 600명이다. 샌디스프링스와 얼추 비교해도 서너 배가 넘는다. 전남·북, 경남·북, 강원도 등 인구가 줄어드는 지역에서 공무원 숫자는 늘어난 곳이 적지 않다. 전남 구례군에선 10년 사이 인구가 5천 명 이상 줄었으나 공무원

공무원 정원 및 현원 규모 변화 (단위: 명)

	2007	2008	2009	2010	2011
공무원 정원(A) (증감률)	975,012 (1.9%)	968,684 (−0.6%)	970,690 (0.2%)	979,583 (0.9%)	981,927 (0.2%)
공무원 현원(B) (증감률)	963132 (2.4%)	968836 (0.6%)	978087 (0.9%)	987754 (1.0%)	989138 (0.1%)
초과 현원 (C=B−A)	−11,880	152	7,397	8,171	7,211

자료 : 행정안전부, 행정안전통계연보

은 늘어났다. 강릉과 영월, 인제, 고성군도 인구 감소와 반대로 공무원은 증가했다. 이들을 먹여 살려야 하는 백성은 세금 부담으로 등골이 더 휠 수밖에 다른 도리가 없다.

중앙 정부도 마찬가지다. 정부는 한때 무능의 극치를 보여준 기상청의 혁신을 위해 외국의 전문가를 초빙하고, 민간 업체와 경쟁시키는 체제로 가겠다고 밝혔다. 기상청 공무원들이 한심하게 일하는 행태를 그대로 둔 채 액세서리를 첨가하겠다는 발상이다. 결국 엉터리 예보는 그대로 남을 것이다. 어쩌면 전문가 초빙, 추가 장비 도입을 외치며 세금 부담만 더 무겁게 만들지 모른다. 이럴 바에야 아예 외국의 뛰어난 날씨예보회사에 날씨정보 제공을 통째로 위탁해버리는 선택이 국민을 위하는 길일 것이다.

기득권을 지키기 위해 정치인과 손잡는 공무원

●●● 대한민국 공무원들은 누구나 "우리가 하는 모든 일은 국민을

위한 것이고, 국가 발전을 위한 일"이라고 말한다. 이는 구구단을 외우는 것처럼 그들 입에서 술술 나오는 말이다. 공무원들은 자기들의 기득권을 지키고 조직 보호를 위해 정치인에게 접근한다. 정치인의 지원을 받으면 아무리 주민이 불평해도 조직과 예산을 확보할 수 있기 때문이다.

공무원이 국회를 들락거리고 정치인을 접촉하는 목적이 거창한 정책 조율을 위한 것이라고 믿으면 오산이다. 같은 고향 출신인 국회의원을 만나면 "다음 달에 승진 인사가 있습니다. 장관님께 전화 한 통만⋯⋯" 이라고 청탁할 기회를 잡는다. 장관은 국회 소관 상임위원회 소속 의원의 부탁을 딱 잘라 거절할 수 없다. 이번엔 안 되더라도 "다음번엔 꼭 배려하겠다"는 빈말 약속이라도 해야 한다. 어느 부처에든 장·차관이 국회 상임위원장의 몫을 따로 챙겨주어 누가 승진했다는 일화는 흔해 빠졌다.

한국에서 공무원이 정치인과 손을 잡으면 안 되는 일이 별로 없다. 호남 정권이 들어섰을 때 전남 무안에 국제공항이 필요하다고 주문하자, 공무원들은 승객이 매년 519만 명이나 북적거릴 것이라는 '고객 주문형 계획서'를 만드는 데 앞장섰다. 두 집단은 3000억 원을 투입하고 항공사들에 국제 항공노선을 개설하라고 압력을 넣는 데 박자를 척척 맞추었다. 2011년 1년간 무안공항을 이용한 사람은 9만여 명이었다. 그들 중 누구도 510만 명은 어디로 증발했을까 궁금해하지 않는다. 2192억 원을 들여서 지은 경기도 화성스포츠타운도 현지 공무원과 현지 정치인들이 야합한 결과 탄생한 창조물이다. "차라리 폭파해버렸으면 좋겠다." 화성시 공무원이 시민은 오지 않고 예산만 삼키는 괴물이 돼가는 스포츠센터를 보며 토해낸 독백이다.

정치인이 취미인지 정책 방향인지 분간하기 어려운 '디자인'을 강조하면 공무원 집단은 돈이 얼마 들어가든 시장 마음에 드는 디자인으로 설계된 청사를 지어 올린다. 정치인은 기념비적 건축물을 올렸다고 자랑하고, 공무원은 깔끔한 새 건물에 입주하는 행복을 누린다. 정작 건축비를 댄 시민은 번쩍거리는 광채에 놀라 함부로 들락거릴 수 없는 부담감을 안고 구경만 한다. 서울시 청사가 대표적이다. 서울 도심 한복판에 정치인 시장님과 공무원들의 취향에 맞는 멋진 빌딩을 올렸으나 시민을 위한 행정 서비스가 건물만큼 멋지게 바뀌었다는 평가는 나오지 않는다.

정치인과 공무원의 결혼으로 태어난 기형물은 호화 청사, 자동차 뜸한 도로, 손님 없는 공항으로만 드러나지 않는다. "우리 군에도 4년제 대학이 있어야 한다"는 정치인과 지방 토호들의 로비에 넘어간 공무원들이 합작한 결과는 수십 개의 깡통대학으로 나타났다. 저축은행 붕괴 사태도 국회의원들과 금융 공무원들이 고객 몰래 손잡았던 것이 10년 이상 썩고 발효하는 세월을 거쳐 터진 것이다. 정치인들은 공무원을 잘만 다루면 40년 동안 안 된다던 도로가 뚫리는 기적이 일어난다는 것을 잘 알고 있다. 그래서 부처마다 잉여 인력이 넘쳐 외국연수로, 산하기관 파견으로 대기실 면적을 넓혀간다. 그러나 어느 대선 후보도 '공무원 개혁'을 공약으로 내걸지 않는다. 여성단체, 종교기관처럼 공무원 집단도 함부로 건드려선 안 되는 성역으로 대접받는다.

2012년 세계경제포럼(WEF)* 조사에서 한국의 경쟁력은 세계 19위 수준으로 평가됐다. 하지만 정부정책 결정의 투명성은 133위, 정치권에 대한 신뢰는 117위였다. 공무원과 정치인 집단의 점수는 세계 꼴찌이자 후진국 수준이다. 후진 집단끼리 야합으로 생산된 불량품을 국민들이 언제까지 뒷감당해줄 수는 없는 노릇이다. 헌법상 삼권분립의 원칙을 적용해 영국처럼 담당자 이외에는 공무원과 정치인의 접촉을 엄격히 금지하는 방안을 찾아봐야 한다. 다음 정권은 관료 집단의 정치화를 막고 국민을 위한 조직으로 재탄생시킬 혁신책을 내놔야 한다. 정부 조직혁신은 부서 몇 개 통폐합하는 식으로는 안 된다는 것을 역대 정권들이 증명했다. 기존의 그래프에서 한 줄 올려 긋거나 한두 칸 내려보는 접근법으로는 결코 성공할 수 없다. 공무원 개혁은 조직, 인원, 예산 등 세 가지를 통째로 없애거나 외부에 몽땅 위탁해버려야 성공한다. Ch2mHill 같은 회사의 한국 자회사에 상하수도 관리를 위탁해버리고, 인감증명 발급 업무도 민간 회사에 맡기는 등 담당 공무원 숫자를 줄이는 노력을 해야 한다. 관청 업무는 모두 공무원이 맡아야 한다는 기존 관념을 버릴 때가 됐다. 정부 조직이 썩고 세금만 많이 잡아먹는 조직으로 변했다면 더 이상 늦추지 말고 과감한 수술을 해야 한다. 정부 조직과 공무원 집단은 건국 이래 60년을 넘도록 한 번도 청소다운 청소를 한 적 없이 무풍지대에서 살아왔다.

*** 세계경제포럼(WEF)**
World Economic Forum. 저명한 기업인·경제학자·저널리스트·정치인 등이 모여 세계 경제에 대해 토론하고 연구하는 국제 민간 회의.

빈곤층 기초생활보호 대상자들에게 지원되는 보조금은 연간 554만 원이다. 공무원 1인당 평균 인건비는 한 해 5336만 원이다. 공무원을 한 명 줄이면 빈곤층 가정 열 곳을 먹여 살릴 수 있다. 공무원 두 명이 하는 일은 한 명이 하도록 구조조정을 한 후 빈곤층 열 명을 먹여 살리겠다는 정치인은 언제 나올 것인가.

23

청와대가 떡볶이 사업에 진출하면
신당동 떡볶이 아줌마는 어디로 가야 하나

●●● **전남** 여수 앞바다에는 경도가 있다. 2012년 가을, 이 아름다
운 섬에 멋진 골프장이 들어섰다. 홀마다 바다가 보이는 그림 같은 코스
가 골퍼들의 마음을 설레게 할 만했다. 그러나 이 골프장을 건설한 전
남개발공사는 2012년 11월에 골프장 운영 방식을 애초 회원제에서 돌
연 대중제(퍼블릭)로 변경했다. 이미 회원권을 구입한 102명에게는 회비
를 반환하고, 회비 반환 때 원금에 법정이자 6%를 얹어 지급했다고 들
린다. 전남개발공사는 2011년 9월부터 창립 회원권(개인 1억 2000만 원, 법
인 2억 3000만 원) 판매에 들어가 102명에게 모두 140억 원어치를 판매했

었다. 그러나 회원 모집은 제대로 되지 않았다. 전남개발공사는 "태풍이 세 차례나 덮쳐 공사가 많이 지연되는 바람에 회원권 판매가 저조했다"고 설명했으나 세상 물정 모르는 변명에 불과했다. 경도 골프장 건설을 시작했던 2010년부터 이미 전국 골프장 경영은 침체하고 있었다. 회원권 값은 하락했고, 회원권 보증금을 돌려달라는 회원들의 요구로 골프장 경영인들은 골머리를 앓고 있었다. 골프장에는 평일은 물론 주말에도 종종 손님이 꽉 차지 않았다. 그런데도 전라남도는 이 사업을 강행했다. 전남에서도 당시 골프장이 과잉 상태여서 회원권 없이도 어디서나 골프를 즐길 수 있다는 말이 나돌 정도였다. 이런 시장 사정을 깡그리 무시한 채 전라남도 공무원들은 여수 경도에 골프장과 리조트 사업을 벌였던 것이다. 그것도 골프장 하나만 짓는 게 아니었다. 경도 일대 216만㎡에 4400억 원을 투입해 2016년까지 27홀 규모의 골프장과 콘도를 비롯해 호텔, 요트 마리나, 오토캠핑장 등 해양레저관광단지를 조성하는 사업이었다. 공무원은 남의 돈인 세금을 쓰는 데는 익숙하지만, 수익을 올려야 할 사업을 시작하기 전에 반드시 터득해야 할 기초 상식은 전혀 없는 직업인이다. 원가가 얼마고, 시장 상황이 어떤지, 마케팅을 어떻게 해야 하는지 공무원들은 알 턱이 없다. 골프장이 전국에 흘러넘치는 것도 무시했고, 회원권 가격도 터무니없이 높게 불렀다. 회원권 분양이 안 된 건 상황 판단 잘못이 빚어낸 당연한 결과였다.

그러나 경도 골프장-리조트 사업은 단지 세금을 낭비하는 데서 그치지 않을 것이다. 사업이 계획대로 완공되면 민간 기업이 운영하는 다른 골프장과 리조트 사업을 망치는 훼방꾼이 속속들이 등장할 것이다.

관청이 민간 사업 분야에 뛰어들어 민간 업체들의 존망을 위협하는 지경에 도달할 수 있다는 얘기다.

21세기 세계는 관(官) 우선 사상을 거부한다

●●● 관청이 민간 영역의 사업에 뛰어들어 물을 흐려놓는 사례는 부지기수다. 서울 강남구청에서 운영하는 인터넷 수능 강의가 인기를 끌었다. 강남 학원가의 유명 강사가 출연하면서 회원이 100만으로 불었고 지방 수험생까지 몰려들었다. 무엇보다도 흑자를 냈다. 관청 사업이 흑자라니 납세자부터 반가워하거니와 언론마저 사교육을 이긴 강좌라고 미담 기사로 대접해 추켜세웠고, 구청장의 큰 업적으로 포장됐다. 그러나 관영(官營) 인터넷 과외의 번창으로 다른 민영(民營) 중소기업이 얼굴 찌푸린다는 것을 알아채지 못했다. 분위기가 이렇게 흘러가다 보니 아예 방과 후 과외방을 운영하는 지자체까지 등장했다. 우수 학생을 키우겠다는 군수님, 시장님의 갸륵한 명분이 그럴싸하지만, 그 때문에 민간 학원이 들어설 면적은 줄어든다. 세금을 더 짜내고 유지로부터 헌금을 털어내 수백억짜리 향토 장학재단을 만든 곳도 적지 않다. 눈망울이 초롱초롱한 학생에게 장학금 준다는데 어느 누가 감히 1인 시위를 할 수 있을까? 시장·군수가 같은 돈으로 관내 학교에 특급 교사를 모셔오고 후진 컴퓨터·실험 장비를 바꿔 공교육에 힘을 더 보탤 생각은 좀체 하지 않는다. 그보다는 학생들의 등을 토닥거리거나 장학증서를 수여하는 군수님 얼굴이 TV 화면에 5초 방영되는 쪽이 훨씬 남는 장사다. 과

외도 관(官)이 하면 선(善)이고, 민(民)이 하면 단속 대상이라는 고리타분한 발상이 민간의 활력을 죽이고 생존권까지 위협한다. 주민센터가 어린이 영어교실을 열면 길 건너편 샛별 영어학원에 손님이 줄어가고, 구청 헬스센터 개장과 함께 길모퉁이 빌딩에서 에어로빅 강사가 실업자로 전락해버린다. 그런데도 선거가 닥치면 해야 할 일, 말아야 할 일을 가리지 않는 병은 더욱 도진다. 관영 댄스교실, 관영 영어교실, 관영 헬스센터가 빈곤층에게 100% 무료 서비스를 한다면 시비 걸 말이 궁하다. 어디를 봐도 빈곤층 전용이 아니건만 언론은 구청장의 이색 발상을 칭송할 뿐이다.

고령 인구가 늘자 노인요양병원이 뜨는 상품으로 등장했다. 지자체들이 요양병원에 하나둘씩 참여하면서 그 맞은편 산기슭에서는 민영 실버요양원이 죽어가고 있다. 관청에 접대와 뒷돈을 제공하며 짜증 나는 인·허가를 받은 후 개업해도 요양보호사들 저임금 덕분에 겨우 굴러가는 게 민간 요양원의 현실이다. 이런 길목에서 관영 경쟁자를 만나면 살아날 재간이 없다. 민간 투자자와 지자체의 장은 출발선에서 전혀 다른 총성을 듣는다. 한쪽은 총알보다 빨리 달리지 않으면 죽는다는 최후통첩을 듣지만, 다른 쪽 총소리는 느긋하다. 시장·구청장은 꼭 흑자를 내야 할 부담이 없고 투자비 회수 걱정도 하지 않는다. 원가를 따지거나 배당을 신경 쓸 필요 없이 굴러들어온 세금을 지출하면 그만이다. 관청의 머릿속에는 굴비 가운데 토막은 항상 자기 몫이라는 생각이 가득하다. 국정원에서는 산업스파이를 색출한다며 대기업과 기업인을 감시한다. 선진국에서 산업 스파이 색출은 민간의 사업 영역이다.

스파이를 잡아주는 전문 회사도 있고, 이를 사전에 방어해주는 컨설 팅도 민간 회사가 담당한다. 우리는 국정원이 이 사업을 독점하는 바람에 민간 회사가 설 땅을 잃었다. 안보와 직접적인 관련이 없는 분야까지 정부가 맡다 보니 인터넷 보안 사업이 성장하지 못한다는 분석이다. 우리에게도 필요한 많은 것을 관(官)이 제공하던 시절이 있었다. 해운업·조선업·정유업을 한동안 관청이 맡았다. 중산층의 꿈이던 아파트까지 정부가 공기업을 통해 공급했다. 하지만 21세기 세계는 국가지상주의, 관(官) 우선 사상을 거부하고 있다. 국가 주도로 인간이 함께 행복을 누릴 수 있다고 유혹하던 공산 국가들은 20년 전에 붕괴했다. 중국처럼 국가가 사업 주도권을 강화하자거나 "나라가 하는 일은 항상 옳다"는 박정희식 모델로 회귀하려는 전략은 오늘의 한국, 내일의 한국에 도무지 맞지 않는 옷이다. 대통령이 즐기는 간식을 세계화한다며 청와대가 떡볶이 브랜드를 내놓으면 동대문시장의 떡볶이 아줌마는 어떻게 될지 공무원이라면 항상 생각해봐야 한다.

24

복지에 쓸 돈,
기존 예산에서 빼내라

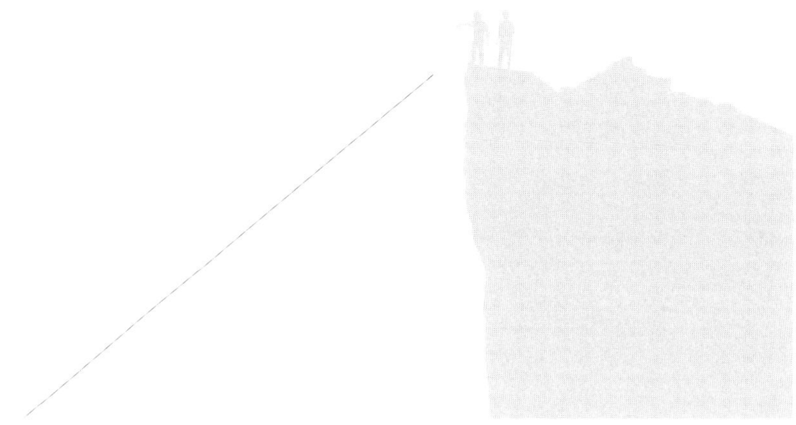

●●●● 복지정책이 쏟아지고 있다. 무상 보육, 무상 교육, 무상 의료 같은 선거공약이 슬슬 본궤도에 오를 시즌을 맞았다. 머지않아 모든 노인에게 무료 장례식을 제공하고, 해마다 제삿밥을 올려 드리겠다고 사후(死後) 복지를 약속하는 정치인이 나올 것만 같다. 원만한 성생활이 국민 행복지수를 높여준다며 매주 묘약 한 알씩을 배달하겠다는 공약도 기대할 만하다.

그러나 우리나라의 복지 논쟁은 아직 초보 단계일 뿐이다. 전체적인 복지 수준은 OECD 국가 중에서도 낮은 편이다. 사실 선진국에서는 복지 논쟁이 이보다 훨씬 심했다. 모든 국민에게 태어날 때부터 평생 월급을 주자는 정치활동(Basic income 운동)*도 여러 나라에서 있었다. 어차피 출생 축하금에서 출발해 무상 보육, 무료 급식, 의무 교육에 이어 실업수당, 노후연금까지 국가가 평생 복지를 제공해야 하는 세상이다. 이럴 바에야 쪼개서 주지 말고 탄생한 날부터 죽는 날까지 모든 개개인에게 정부가 기본급을 통장에 넣어달라는 논리다.

갖가지 이름의 복지 예산을 합해 보면 그럭저럭 계산을 맞출 수 있고 행정비용도 훨씬 덜 들어간다는 보고서가 적지 않다. 남아프리카공화국에서 현재 하층민의 기본소득을 정부가 월급 주듯 보장하는 실험이 진행되고 있다.

우리 정치권에는 순진해 보이는 구석이 남아 있다. 정당 간 정책 브레인들의 토론을 듣다 보면 "무슨 돈으로 공짜 복지 세례를 퍼붓겠다는 거냐"고 반박하면 "결국 어느 정도 세금을 더 거둘 수밖에 없다"는 대답이 나오곤 한다. 당의 입장에서 증세를 공식화하지는 않지만, 정책 담당자들에게 따지고 들면 어느 정도 세금을 더 거두겠다는 말은 감추지 않는다. 세금을 더 징수할 곳을 들먹이는 일도 잦다. 의료비를 최고 100만 원 한도 안에서만 부담토록 하겠다는 의료개혁안을 실행하려면 건강보험료를 올려야 할 것이라고 했다.

---

* **Basic income**
국민 모두에게 조건 없이 빈곤선 이상으로 살기에 충분한 월간 생계비를 지급하는 제도.

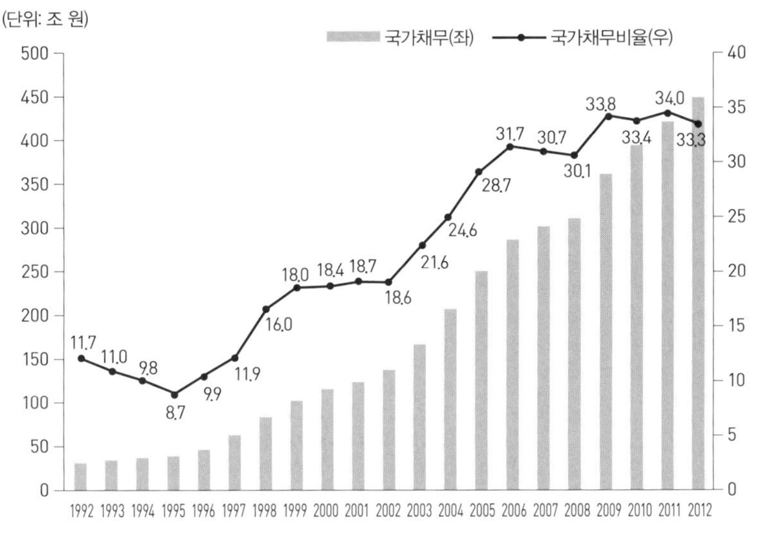

위선적인 유권자, 얄팍한 정치가

●●● 유권자는 위선으로 가득 찬 존재다. 공짜 복지를 반기면서도 세금을 선뜻 더 내겠다는 유권자는 소수다. 건강보험료를 내는 것이 좋겠다고 흔쾌히 동의하는 국민도 드물다. 정치인들은 '공짜는 내가 즐기고 세금 청구서는 옆집에 돌리라'는 유권자의 본성을 꿰뚫고 있다. 이런 위선적 본능을 짜릿하게 자극하는 사례가 부유세다. "돈 많은 자들 지갑에서 빼내 그대에게 바치겠다"는 유혹을 그 누가 마다하겠는가. "당신 지갑은 열 필요가 없습니다. 결단코." 지능지수가 무척 낮은 정치인

이라도 두뇌 회로를 1%만 가동하면 이렇게 말할 것이다. 눈치 없이 "지금보다 세금을 두 배로 내셔야 합니다"라고 설득할 국회의원은 없을 것이다. "소득의 절반을 세금으로 납부해 주셔야겠습니다"라는 대통령도 결코 만나지 못할 것이다. 남의 돈으로 선물 돌리겠다는 얌체성 약속이 앞으로도 선거판을 휘젓고 다닐 것이다.

어느 나라, 어느 시대나 정치는 증세보다는 다른 쉬운 길을 선택했다. 정부가 채권을 발행해 빚을 내 펑펑 쓰는 수법이다. 저항하는 세력이 적어 편하다. 공무원·정치인들이 타협하면 그만이다. 정부의 빚더미는 다음 세대에 넘겨지고, 다음 세대가 정부 빚을 갚느라고 내는 신음소리는 그 빚을 쓴 지금 세대의 귀엔 들리지 않는다. 오늘의 표를 잡아야 할 정치인에게는 무엇보다도 현역 세대에 부담을 주지 않아서 좋다. 재정학자들은 아들딸 세대, 손자 세대에 빚을 떠넘기는 것은 '후손(後孫) 학대' 아니면 '재정적 아동 학대'라고 한다. 국가부채를 후손들에게 떠넘기지 말라고 한들 먹힐 리 없다. 유럽 국가 정치꾼들이 다 그 길로 걸어갔고, 그러다 국가부도를 경험했다.

이런 소동을 보면서도 정치는 변하지 않는다. 다른 정치인이 나와 다른 처방을 내놓는다. 새 지도자는 나라 부채가 무겁다고 한탄하며 자녀 학대 행위를 개탄하는 척한다. 그러면서 이번엔 중앙은행에서 돈을 찍어 쓴다. 그냥 지폐 인쇄기를 돌리기가 민망하면 정부 채권을 중앙은행에 맡기고 복지 예산을 확보한다. 무작정 돈을 찍어 쓰던 짐바브웨에서는 얼마 전 물가가 2억%까지 올라갔다. 그래도 나라가 지도에서 사라지는 일은 일어나지 않는다. 그리스는 나랏빚을 감추려고 회계 장부를 두 번이나 조작했다는 핀잔을 들었다. 워낙 빚투성이어서 국가 채권마저 팔리지 않아 이웃의 멸시를 받았다. 복지국가의 모범이라는 스웨덴이나 덴마크도 과잉 복지로 국가부도를 겪었다가 살아났다.

증세에 앞서 할 일은 기존 예산 개혁

●●● 우리나라 국민의 조세(租稅) 부담률은 2007년 21%에서 2008년 20.7%, 2009년 19.7%로 속속 떨어졌다. 갈수록 세금을 덜 걷고 있다는 얘기다. 언젠가는 증세를 해야 하는 필수코스로 들어가야 할 것이다. 국가 경제위기에 대비하려면 재정 수입을 늘려 최후의 방파제를 확보해야 한다. 이 때문에 국가 지도자는 증세를 금기 단어로 묻어 둬서는 안 되고, 언제든지 꺼내 쓸 준비를 하고 있어야 한다. 하지만 증세에 앞서 해야 할 작업은 기존 예산을 개혁하는 일이다. 새 정권이 들어서면 과거에 예산 편성을 해봤던 경험자들과 지금의 예산 편성 실무자들이 특별팀을 만들어 2014년도 예산부터 적용할 새로운 예산 편성 지침을 작성해야 한다. 그 기본 지침에 따라 기존 예산 구조조정 작업을 시작해야 한다. 이익단체나 국회의원들로부터 반발이 거셀 것이다. 건국 이래 정부 예산으로 명맥을 유지하며 기득권을 누려온 세력들의 반대 기세에 눌려 예산 구조조정 자체가 좌절될지도 모른다. 기존의 예산은 기득권세력이 '저건 내가 쓸 돈이다'며 자기 몫을 확보하고 있는 돈이다. 이들 기득권세력의 반발을 이겨내지 못하면 중도에 산산조각이 날 것이다. 60년 이상 해오던 대로 가겠다고 고집하면 경제를 다음 단계

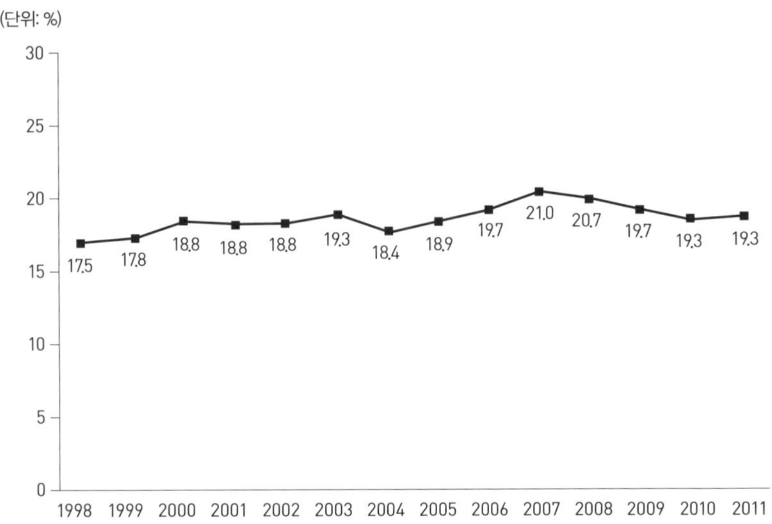

로 도약시키겠다는 희망도 버려야 한다.

2012년 총선을 치를 때만 해도 박근혜 새누리당 후보는 "복지, 의무 지출을 제외한 재량 지출에 대해 일괄적으로 10%를 축소하고, SOC투자*에서 추가로 10% 축소하는 등의 세출 구조조정이 가능하다고 본다"고 했다. 그러나 대선 때는 기존 예산을 손보겠다는 발언을 그다지

*** SOC투자**

정부 또는 공공단체 공급자가 제공하는 설비나 서비스 관련 시설 류의 총칭이다. SCO투자의 장점은 제조업 생산 효율성 증대, 경제성장에 직접 기여, 국민 생활 편리성 증대 등이고, 단점은 공급 위주 투자정책, 도로·철도·항만·공항 간 칸막이 사업, 안전사고 예방 노력 미흡, 재정지출 비효율과 통제수단 미비 등이다.

하지 않았다. 복지정책에 들어가는 비용을 조달하기 위한 증세는 가장 나중에 할 것이라고만 했다. 증세하겠다는 말로 유권자들의 입맛이 떨어지는 것을 걱정했던 것 같다. 정치 지도자들은 복지 재원을 마련하는 과정에서 반드시 정부 예산 개혁에 눈을 돌려야 한다. 기업에서는 5~10% 예산 삭감이 늘 벌어지는 일이건만 정부만은 이를 혹독하게 실행한 적이 없다. 안보 등 필수적인 예산 지출을 빼더라도 10% 절감을 실행한다면 복지로 돌릴 만한 15~20조 원은 손에 쥘 수 있을 것이다. 이쪽 잔디를 떼어내 저쪽으로 옮겨 심는 식의 예산 개혁은 의미가 없다. 300조 원이 넘는 예산의 세부 항목을 일일이 뜯어고치겠다는 각오가 있어야 한다.

'국제'나 '세계'라는 단어가 들어가는 이벤트 예산부터 싹둑 잘라내야 한다. 우리나라는 월드컵·올림픽·엑스포·세계육상대회 등 해보지 못한 대형 국제 이벤트가 없다. 선진국으로 가는 대열의 후발주자로서 우리만큼 국제 이벤트를 많이 유치한 나라는 한 곳도 없다. 도마다 돌아가며 아시안 게임을 유치하고 유니버시아드 대회를 노린다. 이런 대형 대회를 치르기 벅차면 조그만 환경 관련 국제행사를 열고, 건강도시 관련 국제회의까지 서울에서 진행한다. 정치인들은 국제행사, 국제회의로 국력을 과시하려는 생각을 버릴 때가 됐다. 겉치레 국제 이벤트는 행사비용만 낭비하는 것이 아니라, 그 행사를 핑계로 급하지도 않은 철도와 고속도로 공사를 전개하며 조 단위 예산을 투입하는 일이 많다.

중앙정부 예산으로 민간 협회나 민간 단체에 지원하는 보조금도 삭감해야 한다. 소비자운동도 정부 예산으로 하고, 환경캠페인, 안보결

의대회도 정부가 보조금을 댄다. 관을 옹호하는 시민단체나 비판하는 시민단체가 모두 정부 예산에 의존하는 나라가 한국이다. 비정부기구(NGO, Non-Government Organization)란 원래 정부 보조금에 기대지 않고 시민의 자발적인 기부금으로 활동하는 시민운동 조직이다. 그러나 한국에선 정권이 바뀔 때마다 정부 예산을 받아가는 시민단체의 이름이 바뀔 뿐, 대부분은 정부 예산으로 굴러가고 있다. 사실상 관변단체들이면서 NGO 간판으로 이름값을 올리는 사이비 시민운동단체가 대부분이다. 언론에 자주 등장하는 유명 시민단체 중 정부 돈을 단 한 푼도 받지 않고 순수한 시민, 회원들의 모금만으로 움직이는 곳은 거의 없다고 보면 된다.

시민단체뿐 아니다. 부처마다 산하 단체와 협회를 수십~수백 개 거느리며 습관적으로 예산을 지출하고 있다. 보조금을 제공하는 대가로 퇴직 공무원들이 낙하산으로 배치된다. 이들이 '목·금 연찬회'를 핑계로 현직 공무원들을 경주나 제주도 관광지에서 접대하는 관행이 굳어졌다. 과연 정부 존립에 필수적인 협회나 단체에 보조금을 주고 있는지 하나하나 따져봐야 한다. 지난 60년 이상 굳어진 이런 예산은 마치 공짜 돈처럼 인식되어 있다.

공무원 조직도 다시 들여다봐야 한다. 정부 내에는 한국 경제가 농업과 경공업이 주력 산업이던 시대의 조직들이 간판만 바꾼 채 그대로 살아있다. 교사·경찰 등 시장에서 얼마든지 구할 수 있는 직업인을 정부 예산을 써가며 계속 양성해내야 하는지도 의문이다. 과거에는 "공무원 월급이 몇 푼 된다고……"라는 문구가 입에 익숙한 숙어(熟語)처럼 사용됐지만, 지금은 젊은이들 취업 희망 순위에서 10년 이상 1위를 고수하고 있다. 정년 보장에다 연봉, 자녀 교육수당, 은퇴 후 연금 등 각종 복지 혜택까지 우리 사회에서 특권적인 지위를 누리고 있다.

기존의 예산 지출 항목을 전면 개편한 후에는 매년 30조 원에 달하는 세금 감면 및 비과세를 축소해야 한다. 정부가 세금을 감면해주고 비과세 특혜를 주는 사례를 정리해놓은 서류를 보면 두꺼운 책 한 권 분량이다. 이런저런 이유와 명분으로 세금을 내지 않거나 탕감받는 세력이 많다는 증거다. 이것을 3분지 1만 정리해도 10조 원이나 만들어진다. 전국에 최신형 보육원을 대거 공급하는 등 큼직한 복지정책 하나를 거뜬히 해치울 수 있는 금액이다. 이렇게 복지 재원을 마련할 길이 얼마든지 있는 나라에서 복지가 급하다고 순서를 뛰어넘어 증세를 먼저 하겠다면 국민의 조세 저항은 간단치 않을 것이다. 한국을 복지국가로 변신시키겠다는 지도자는 기득권세력과의 전쟁을 통해서 복지 국가로 가는 첫걸음을 내디뎌야 할 것이다.

25

낙오자 집단의 부채,
탕감해줄 수밖에 없다

●●●● 일본인들에게 '히노구루마(火車)'는 죄지은 사람이 지옥으로
갈 때 타는 운명의 불 수레다. 1990년대 초 일본 경제가 최고조에서 무
너져 내리기 시작하던 무렵『화차』라는 추리소설이 일본에서 베스트셀
러가 됐다. 빚더미에 찌들어 사는 다중(多重)채무자를 그린 유명 추리소
설 작가의 작품이다.『화차』는 2011년 일본 원작을 토대로 국내에서 영
화로 만들어졌다. '가계부채 1000조 원'이 한국판 화차가 탄생한 경제
적 배경이다. 여자 주인공은 이 시대의 맨 밑바닥을 훑으며 살아왔다.
그녀는 자신의 신분을 속이고 살아온 사실이 애인에게 밝혀지자, "나 사람 아니야, 나 쓰레기야"라고 외친다. 자기가 사랑했던 남자, 자기를 사랑했던 남자를 향해서.

보유하고 있는 부동산을 팔고 정기예금과 적금·보험을 몽땅 다 깨도 대출금을 갚지 못하는 가구가 10만 명이 넘는다는 통계가 있다. 집을 팔아도 은행 대출금을 다 못 갚는 가구가 19만에 달한다는 조사도 있었다. 신용카드를 긁어 쓰고 제날짜에 막지 못하는 사람은 48만 명이고, 임대아파트의 임대료를 미루고 있는 집은 12만이다. 금융회사 세 곳 이상에서 대출금을 갖다 쓴 다중채무자는 316만 명이다. 이들은 절대로 금융회사 전산망 안에 숫자로 갇혀 있는 존재가 아니다. 이들이 세상으로 나와 집단화하고 행동하기 시작했다. 한번 올라타면 내릴 수 없다는 저주의 화차에서 내려보겠다고 뭉치고 있다. 이들을 돕는 사람들이 '빚을 갚고 싶은 사람들(빚갚사)'이라는 조직을 출범시키더니 2012년 9월에는 "갚고 싶어도 못 갚는 건 내 책임이 아니다"라고 선언했다. 자기들끼리 〈화차〉 영화를 함께 보며 단합하는 자리가 만들어지고, 전문가들은 이들을 구제해야 할 논리를 정리한 책(제윤경·이헌욱)과 빚의 굴레에서 벗어나는 법을 조언하는 책(백정선·김의수)을 발간했다.

개인채무자들이 조직화하는 것은 이들이 집단을 이룰 만큼 부채에 짓눌린 인구가 많아진 데다, 혼자 힘으로는 해결할 수 없을 정도로 부채의 무게도 버거워졌기 때문이다. 같은 고통에 시달리는 환자들끼리 모여 탈출구를 찾아보자며 무리를 짓고 있는 셈이다.

정부나 금융회사 입장에서는 개인채무자 집단이 형성된다는 소식이 반가울 턱은 없다. 빚 갚을 생각은 안 하고 발부터 뻗으려는 심보가 얄

미울 것이다. 금융회사들이 '약탈적' 대출 마케팅을 펼치는 바람에 빚이 늘었다고 책임을 은행에 미루는 주장에도 욕설이 튀어나올 만큼 반감을 느낄 것이다. 어르신네들은 요즘 젊은이들이 대출금을 갚기 위해 안간힘을 쓰지 않는다고 분개할지도 모른다.

경제정책의 핵심 과제가 된 개인채무 문제

●●●● 그러나 2013년 출범하는 정권은 개인채무 문제를 경제정책의 핵심 과제로 다루지 않으면 안 될 시점에 도달했다. 10여 년 사이 가계부채는 두 배 이상 증가했고, 저축률은 최하위로 떨어졌다. 부채의 바위 덩어리를 머리에 얹고 사는 가구가 전체의 6할이 넘다 보니 노후를 걱정하며 씀씀이가 줄어들고 있다. 불경기에 휘말리면 모두 지갑을 한꺼번에 닫는 바람에 소비지출이 위축돼 경기 후퇴 속도가 과거보다 빨라졌다. 개인부채가 경제의 큰 흐름에 뒷다리를 걸며 성장 가도의 장애물로 등장하고 말았다.

1997년 외환위기 직후엔 기업부채가 골칫거리였다. 그때 기업부채를 처리하느라 고생했던 금융회사들은 그 후 15년 동안 기업에 자금을 공급하는 역할을 뒤로 미룬 채 월급쟁이와 영세 자영업자를 상대로 대출 마케팅을 본격화했다. 주택을 담보로 대출금을 내주고 신용카드를 대량 발급해 빚을 쓰라고 세일즈하는 전략을 밀어붙였던 것이다. 은행들이 집중 공략하는 고객층을 바꾸자 고도성장기에는 은행 대출이라고는 구경도 못하던 개인 고객들이 은행 창구로 몰려갔다. 만나기 어렵던

대출 담당 은행원이 미소로 맞아주는데 한 번 놀라고, 친필 사인 몇 번
으로 수천만 원에서 많게는 수억 원을 그 즉시 통장에 입금해주는 데
또 한 번 놀랐다. 그렇게 금융회사 영업과 빚 무서운 줄 모르는 채무자
들의 손뼉이 잘 맞아떨어진 출산물이 바로 가계부채 1000조 원이다. 이
렇게 어마어마한 부채가 쌓이는 걸 보면서도 정부는 약발이 먹힐만한
대책을 세우지 않았다. 개인대출이 급증하면 주택대출금리를 대폭 인
상하고, 각 금융회사에게 대출 마케팅을 자제시키는 제동장치를 더 강
력하게 강구했어야 했다.

　금융회사들 마케팅에 피해를 본 사람들은 개인만 있는 것도 아니다.
2008년 금융위기 때 많은 중소기업이 '키코(KIKO)'*라는 외환 파생상
품으로 큰 피해를 당했다. 당시 줄잡아 738개 중소기업이 3조 2000여
억 원의 피해를 입었고, 40여 개 회사가 폐업했다. 첨단기술로 성장한
유망 기업이 아깝게 무너졌는가 하면, 건실한 경영으로 대를 이어온 전
통기업도 금융상품 하나 잘못 골랐다가 주저앉았다. 키코라는 상품을
놓고 검찰이 줄곧 수사했으나 대체로 은행 쪽에 무혐의 처분이 내려졌
다. 법원에서도 여러 번 재판했으나 은행에 큰 책임이 없다는 결론이 내
려졌다. 은행의 무혐의 판정은 어디까지나 법률적으로 그렇다는 것이

＊ 키코(KIKO)

환율이 일정한 범위 안에서 변동할 경우, 미리 약정한 환율에 약정 금액을 팔 수 있도록 한 파생금융
상품. 녹인 녹아웃(Knock-In, Knock-Out)의 영문 첫 글자에서 따온 말로서 환율 변동에 따른 위험
을 피하기 위한 환헤지 상품이다. 약정 환율과 변동의 상한(Knock-In) 및 하한(Knock-Out)을 정해
놓고 환율이 일정한 구간 안에서 변동한다면 약정 환율을 적용받는 대신, 하한 이하로 떨어지면 계
약을 무효로 하고, 상한 이상으로 올라가면 약정액의 1~2배를 약정 환율에 매도하는 방식이다.

다. 키코는 환율이 급변하면 기업이 큰 손해를 보는 상품이다. 환율이
안정되는 줄 알고 위험한 상품을 팔았던 은행 측에 도의적 책임까지 없
다는 뜻은 아니었다. 정부 당국자들은 키코 상품을 팔았던 은행을 '사
기꾼'으로 몰아붙였다. 그런 상품에 속아 넘어간 기업들도 책임져야 했
지만, 은행들이 외환수수료 수입을 늘리려고 키코 상품을 마케팅하는
바람에 적지 않은 중소기업들이 도산했다.

정책 실패와 은행의 마케팅이 가계부채 키웠다

●●● 가계부채나 키코파동에서 빠지지 않고 드러나는 것이 정부
당국의 정책 실패와 은행의 과잉 마케팅이다. 키코 상품으로 중소기업
들이 날벼락을 맞은 이유는 급격한 환율 변화 때문이었다. 이명박 정권
은 들어서자마자 고환율정책을 밀어붙였고, 금융위기까지 겹쳐 환율
이 40~50%까지 치솟았다. 은행이나 중소기업들은 환율이 그렇게까지
치솟을 줄은 상상도 못했을 것이다. 위험한 상품을 매매한 당사자들은
알고 보면 그들이 정부를 믿었던 것이 죄였다.

저축은행정책의 실패로 4만 명이 넘는 피해자를 양산한 것도 정책
실패가 크게 작용했다. 애당초 정부가 부실 저축은행을 꼼꼼히 감독했
더라면 피해자는 줄었을 것이다. 엉터리 저축은행을 일찌감치 정리하
자고 했을 때 서둘러 칼질했더라면 울부짖는 소리를 더 줄일 수 있었을
것이다. 이명박 정권은 G20 정상회담이 눈앞에 닥쳤을 때 '큰 잔칫상을
앞에 두고 재수 없게 재 뿌리지 말라'며 부실 저축은행 처리를 덮었다가

피해를 키웠다. 저축은행정책은 10여 년간 실패의 연속이었다. 믿고 큰 돈을 맡길 만한 곳이라며 '은행' 간판을 붙여준 결정도 정부가 했고, 부동산 개발 사업에 거액을 대출해주는 길도 정부가 터줬다. 저축은행업계에 부실 쓰레기가 부풀 대로 부풀어 곧 터질라치면 '덮어두라'는 지시가 위에서 떨어지고, 그때마다 정부는 1조 7000억 원짜리, 3조 8000억 원짜리의 구조조정기금이라는 황금 포장지로 저축은행의 '산사태' 조짐을 감췄다. 잔디를 잘못 깎으면 집값 떨어진다는 논리로 잡초가 1m까지 자라도록 내버려두는 정책 실패를 반복했다. 정부의 정책 실패와 대주주·경영진의 어처구니없는 경영 실패를 틀어막는 데 국민 세금과 같은 돈은 계속 투입될 전망이다.

하지만 이자 몇 푼 더 받겠다고 5000만 원 한도를 초과해 예금했던 피해자들을 구제하는 데는 한 푼도 쓸 수 없다는 것이 정부가 내세운 법과 원칙이다. 정부의 경제정책 책임자들은 피해자 집단 구제 문제에 "국민 성금 외에는 특별한 대책이 없다"고 얄밉게 나왔다. 저축은행 예금자의 손해는 예금자 스스로가 100% 책임지라는 말이다. 칼 같은 원칙이고 법에 딱 맞는 행정이다. 그렇다면 정책 당국자의 실패, 감독 책임자의 실패에 수십조 원이 넘는 공적 자금을 쓰라고 누가 '성금'을 거둬준 적이 있던가. 부도덕한 경영과 정책 실패의 구멍은 세금으로 메우며 계산서가 국민에게 돌려지고, 예금자의 실패는 본인에게 돌려지는 것이 이 나라의 원칙이고 법이란 말인가.

정부는 또 고환율정책으로 키코 상품을 매매한 기업들에 피해를 줬다고 사과한 적이 없다. 오히려 기업에 고스란히 피해를 떠넘기며 "은행과 협의해 알아서 살아남으라"는 원칙을 고수해왔다. 정부 책임은 없다는 발뺌이다. 정부는 정책자금을 넉넉하게 조성해 고환율로 인한 피해 기업들을 더 적극적으로 구제하지 않았다. 책임 회피에만 몰두한 나머지 환율 결정도, 그 피해 구제도 모두 정부의 기본 역할이라는 것을 잊은 것이다.

정부와 은행들이 개인부채 상환은 채무자가 자기 책임 아래 마무리해야 한다고 정색해봤자 해결되지 않는다. 모럴 해저드(도덕적 해이)를 들먹이며 버릇 잘못 들인다고 한탄한들 문제가 덮이는 것도 아니다. 채무자 수만 명이 집단으로 몰려다니며 대출 상환을 거부하고 길거리에 드러누우면 어차피 뒷수습 책임은 정부와 금융회사들에 떨어질 것이다. IMF위기 이후 은행과 재벌·저축은행들의 부채를 처리하는 데 국민세금을 250조 원 이상 썼다. 1993년부터 국내 농업시장을 개방하기 시작한 이래 농민 부채를 탕감해주고, 농업을 지원하는 데도 200조 원이 넘는 예산을 지출했다. 샐러리맨·자영업자들만 불붙은 '부채 마차'를 타고 지옥으로 들어가라는 법은 없다.

물론 다중채무자들이나 저축은행 피해자 중에도 상당한 자산가가 있고, 억울한 처지를 과장해 말하는 사람도 있다. 탕감을 기대하고 일부러 은행 빚을 키우는 얌체도 적지 않을 것이다. 하지만 정부가 정책을 펼 때는 이런 소수의 얌체를 걱정해 더 많은 피해자가 없도록 해야 한다. 정부는 저축은행 피해자 중 70세 이상의 퇴직자, 청소부, 파출부 등 부실 저축은행에 맡겨두었던 예금액이 전 재산인 피해자들만을 바라봐야 한다. 은행 대출금을 꼬박꼬박 갚아가고 싶어도 도저히 혼자 힘으로 안되는 선량한 대출자들의 마음을 헤아려야 한다. 미꾸라지처럼 물을 흐리는 소수 집단 때문에 빚더미에서 헤어나 재기하고 싶어 하는 낙오자들을 구제해주지 못하겠다고 발을 뻗고 단호하게 선을 그어버리면 우리 사회는 어느새 낙오자와 탈락자로 꽉 채워질 것이다. 당사자들도 일정 부분 책임을 져야겠지만 매정한 '법과 원칙'만이 유일한 정답이 아니라는 걸 정부는 알아야 한다. 정책 실패에 조금이나마 속죄하는 길은 빚더미에 눌려 사는 계층을 상대로 선별적으로 부채를 탕감해주고, 저축은행 피해자들이나 키코 피해 기업들에게 선별적으로 보상해주는 수밖에 없다. 제도 변화, 정책 변경으로 발생한 피해를 모두 개인들에게 뒤집어쓰라고 하는 것은 정말 공정하지 못한 짓이다.

26

포퓰리즘을
왜 나쁘다고만 말하는가

●●● 강 건너 저쪽 편에 재벌과 거대 은행이 서 있다. 이쪽에는 노동자, 농민들이 웅성거린다. 저쪽에는 권력을 쥔 사람들이 가세하고 이쪽에는 못 배우고 천대받는 민초(民草)들이 몰려든다. 서로 상대를 비방하고 성토하는 함성이 솟구치고 때로는 총알까지 튄다. 이런 19세기 말 미국 사회의 풍경은 요즘의 한국과 많은 것이 겹친다. 선진국으로 한번 가 보겠다는 국가적 야심과 국민 열망이 닮았고, 사회가 두 편으로 갈라져 충돌하는 장면도 비슷하다.

그 당시 인기 있는 단어가 '포퓰리즘'이었다. 인민당(People's Party) 당원들은 '포퓰리스트(Populist)'로 통했다. 어원을 따지고 보면 피플(인민)이나 포풀(사람들)이나 똑같은 뜻을 가진 단어다. 미국의 당시 기득권자들은 경멸하는 단어로 썼지만, 정작 포퓰리스트들은 그 별명에 자부심을 가졌다. 인민당은 한때는 미국에서 주지사 10명, 상·하원 의원 45명을 배출하는 기세를 올렸다. 당은 이합집산을 거듭했으나 민주주의란 바로 인민이, 인민을 위해, 인민이 원하는 일을 해야 한다고 믿었다.

그런 미국과 비교해 한국에서 포퓰리즘을 '인기편승주의', '대중영합주의'로 딱지 붙이는 것은 편견이 심한 해석이다. 복지 구상이 나올라치면 주저 없이 '무책임한 포퓰리즘', '포퓰리즘식 나눠 먹기'라고 비난하는 지식인이 적지 않다. 언론으로부터 유권자의 표를 매수하는 행위로 공격당하기도 한다. 우리 지식인들은 대중의 입맛에 맞추는 정치행위를 비판해야 머릿속에 역사와 철학이 가득 찬 인물이고 그래야 나라의 장래를 걱정하는 지사(志士)가 된 듯 뻐긴다. 그러나 포퓰리즘은 본디 나쁜 말이 아니다. 민주주의를 하는 나라에서 대중(大衆)의 뜻을 받들고 다수 의견을 존중하는 일처럼 중요한 것은 없다. 여러 사람의 의견을 정책에 반영하려는 의지가 없는 정치인이 선거에 나와서는 안 되고 권력을 잡으려 해서도 안 된다. 민주국가에서는 포퓰리즘을 정치적 에너지 자원으로 생각해야 옳다.

미국의 포퓰리스트들은 1888년 미시시피에서 처음 전국 모임을 가졌을 때부터 재벌을 욕하고 은행가를 매도했다. "엘리트 계층을 타도해야 한다"는 발언도 이어졌다. 링컨 대통령이 노예제도를 폐지한 직후여서 대중의 요구는 거칠 게 없었다. 재벌·은행·엘리트 먹물 계층에 대한 반감이 극심한 오늘의 한국보다 훨씬 심했다. 미국의 당시 지배층도 처음에는 이들 패배자 집단을 "나라 장래를 걱정하지 않는다"고 깔보거나 "징얼대지 말라"며 경멸했다. 자기들이 하면 친(親)서민이고, 저쪽이 하면 포퓰리즘이라는 논리도 기득권세력의 단골 논법이었다. 그러나 미국의 지배계층과 기득권 집단은 세월이 가면서 그들의 분노와 주장을 하나둘씩 기존 정치권이 흡수해갔다. 미국 포퓰리스트 정당은 결국 18년 만에 몰락했다. 그들이 유태인과 가톨릭을 적대시하는 데까지 극단으로 흘러갔던 때문이기도 했지만, 그보다는 기존의 정치권이 불만 계층의 분노를 정치적 에너지로 변환시키는 데 성공한 덕분이었다.

포퓰리스트 정치세력이 등장하기 전까지만 해도 미국 정치권은 상원의원을 담배 연기 자욱한 밀실에서 지명했다. 정치권 내부 세력 간의 거래에 따라 하향식으로 모든 결정이 이루어졌다. 당원이나 유권자들의 의사는 국회에 반영되지 않았던 측면에서 오늘의 한국 국회와 다를 게 없었다.

그러던 것이 포퓰리스트 정당의 출현 이후 상원의원을 대부분 유권자의 직접투표로 선출했다. 민주당과 공화당이 대선이 있는 해에는 새해부터 전국 각 주를 돌며 대통령 후보를 공개경선 방식으로 뽑기 시작했다. 낙하산식 공천도 뚜렷하게 줄었다. 포퓰리스트들의 주장대로 철도 재벌·석유 재벌을 서서히 해체해갔다. 기업 간 담합을 금지하는 공정거래법이 만들어진 것도 그들이 워낙 거세게 재벌개혁을 주장했기 때문이었다. 복지를 실행하기 위해 미국 역사상 처음으로 소득세와 상속세를 신설한 것도 바로 포퓰리즘의 부산물이었다. 대부분이 포퓰리스트당의 공약이었던 것을 손질해서 제도를 바꾸고 법을 만들었다.

미국에서나 한국에서나 포퓰리스트 정치인은 나름대로 다른 정치인과 차별되는 특징을 갖고 있다. 우선 적을 분명히 설정한다. 공격 대상을 한두 군데로 집중시키며 극단적인 표현으로 그들을 공격하면서 지지자들을 결집시키는 데 능숙하다. 재벌과 거대 은행을 '흡혈귀'라고 명명하고 '파멸시키겠다'고 공언하는 식이다. 기존 정당과 재벌을 해체하겠다는 약속도 내놓는다. 기득권세력 중 약점이 노출된 대상을 골라 집중 포화를 쏟아 붓는다. 여기에 대중들은 열광하고 선거 때는 표를 몰아준다. 공격 대상과 분명한 전선을 긋고, 전쟁에서 이기면 서서히 표적물을 요리하기 시작하는 게 포퓰리스트 정치인의 특징이다.

다국적 금융회사 JP모건의 역사를 정리한 책에 재미있는 일화가 나온다. 미국 최강의 금융 왕국을 건설했던 피어폰트 모건(Morgan)은 시어도어 루스벨트 대통령이 퇴임 후 아프리카로 사파리 여행을 떠난다는 얘기를 들었다. 모건은 즉각 "대통령을 처음 만나는 사자가 자기 몫을 제대로 해주기를 바란다"고 퍼부었다. 사자의 먹잇감이 되라고 악담을 퍼부은 것이다. 시어도어 루스벨트와 모건은 사이가 좋지 않았다. 대통령 선거전 때 모건은 당시로서는 큰돈인 15만 달러나 선거자금으로 헌납했으나, 시어도어 루스벨트 대통령은 '거대한 부(富)의 해악'을 공박하며 재벌개혁을 밀어붙였다. 그는 쇼맨십이 강했다. 재벌들을 백악관 만찬에 초대해놓고선 기자들이 보는 앞에서 손가락질하며 "우리가 하는 일을 방해한다면 내 뒤를 이을 사람이 결국 당신네를 파멸시킬 것"이라고 협박했다. 있는 자에 대한 포퓰리스트들의 반감에 한껏 영합했다. 인민당의 인물과 정강·정책을 대거 흡수해 대통령에 당선됐던 처지라서 재벌개혁을 강력하게 밀어붙이지 않을 수 없었다. 물론 당대에는 서민 형편이 좋아지거나 빈부 격차가 축소되지는 않았고 있는 계층의 반발만 높아갔다.

그러나 포퓰리즘정책이 훗날 빛을 발휘하기 시작한 것은 프랭클린 루스벨트 대통령 시절이었다. 두 루스벨트는 문어발 재벌이나 독점 자본에는 비판적이었고, 있는 자들에 대한 대중의 분노를 자극해 선거전에서 표를 모았다. 재벌을 견제하려고 정부 권한을 강화한 철학도 엇비슷했다. 그래서 뉴욕 상류층 출신인 이들에게 '계급의 배신자'라는 딱지가 붙여졌다. 그러면서도 뒤로는 부자들로부터 선거자금을 조달해 쓰기는 마찬가지였다. 선거자금 기준으로 재자면 두 대통령 모두 전형적인 포퓰리스트 정치인이었다.

'가진 자 때리기'와 '못 가진 자 살리기'의 차이

●●● 하지만 두 루스벨트 대통령의 스타일은 완연하게 달랐다. 시어도어는 예고 없이 재벌을 반독점법 위반 혐의로 기소해 애를 먹이곤 했던 반면, 프랭클린 루스벨트는 포드 가문에 92%에 달하는 엄청난 상속세를 물릴 때도 공개적으로 국회에서 토론하고 법을 만드는 과정을 거쳤다. 프랭클린 시대에 만든 적지 않은 과격한 경제민주화 법안들이 나중에 위헌 판결을 받았다. 다만 유권자의 뜻을 반영하고 의회의 합의 과정을 거쳤다는 점에서 시어도어 루스벨트 시절과는 달라졌다고

할 수 있다. 프랭클린 루스벨트는 재벌과 은행을 때리기만 했던 시어도어와는 달리 뉴딜정책으로 낙오자 계층에 일자리를 만들어주고, 복지 혜택을 제공하는 쪽이었다. 그러자 대공황의 처참한 쓰레기 더미 속에서 중산층이 서서히 형성되기 시작했다. 미국 민주당의 정강·정책도 제 모습을 갖추었다. 포퓰리스트당의 인물과 정책을 그대로 채용하지 않았지만 많은 것을 민주당의 정책으로 받아들였다. 프랭클린은 '가진 자 때리기'보다는 '못 가진 자 살리기'에 더 역점을 두었다.

루스벨트의 뉴딜정책에 대한 평가는 시대에 따라 엇갈리고 당파에 따라 다르다. 이념에 따라 다른 성적이 매겨지기도 한다. 하지만 경제 살리기로서 뉴딜정책에 대한 미국 경제학계의 학점은 매우 짠 편이다. 그중에서도 돈줄을 풀었다가 돌연 조이는 식으로 통화정책을 엉망진창 운용한 것이 가장 큰 실책이었다는 비판이 지배적이다. 레이건 대통령 같은 정치인은 테네시 강 개발 계획(TVA)도 실패했다고 정면 공격해 3류 배우에서 정치인으로 변신하게 된 계기를 잡았다. 뉴딜정책의 실패를 지지세력 결집의 불쏘시개로 삼았던 셈이다. 결국 10년이 넘는 장기 경기침체에서 미국을 살려낸 일등 공신은 뉴딜정책보다는 전쟁(2차 대전)이었다는 게 다수 경제학자의 평가다. 뉴딜정책이 아니라 전쟁 덕에 제조업이 대호황을 누리는 계기를 잡았다고 평가하는 것이다.

그렇지만 지금도 많은 미국인은 프랭클린을 링컨, 케네디와 함께 가장 훌륭한 대통령으로 꼽고 있다. 한국 정치인 중에도 그의 뉴딜정책을 가장 바람직한 경제회복 모델로 설정하는 사람이 있다. 그 이유는 대형 토목공사로 실업자들에게 일자리를 제공한 것, 빈민층에 배식권(푸드

스템프)을 뿌린 것, 노동권을 넓게 보장한 것 등 뉴딜 프로젝트의 상징적인 정책들이 경제회생 효과보다는 정치적 효과를 더 많이 가져왔기 때문이다. 국민의 불만과 불평을 정책에 하나둘씩 반영함으로써 국민의 분노를 누그러뜨리면서 국민을 통합하고, 정치가 그런 국민 통합의 기능을 하고 있다는 것을 보여주었다고 볼 수 있다. 뉴딜은 미국이 일등 국가로 가는 과정에서 시도했던 경제회생의 몸부림이자, 사회 개혁까지 포함한 국가 개조 프로젝트였다. 그때까지만 해도 유럽의 신참내기 경쟁 상대였던 나라가 대공황을 계기로 국가 운영의 틀을 완전히 바꿨다고 할 수 있다. 프랭클린 루스벨트는 국민 통합의 출발점이자 중심지로서의 역할을 훌륭하게 수행했던 것이다.

프랭클린 루스벨트 대통령이 벽난로 옆에서 친근한 어조로 대중과 대담하고, 라디오라는 당시의 신종 매체를 잘 이용했던 것은 사실이다. 그가 얼마나 서민들과 소통을 잘했는지는 GE를 세계 최고의 기업으로 키운 잭 웰치(Welch) 전 회장의 자서전에서 짐작할 수 있다. 웰치는 자서전에서 아홉 살 때 본 어머니 얘기를 꺼냈다.

"어머니는 주방의 다리미판 앞에 서서 아버지 셔츠를 다림질하고 있었다. 어머니의 눈에서 눈물이 흘러내렸다. '맙소사, 루스벨트 대통령이 세상을 떠났다는구나.' 나는 어안이 벙벙해졌다. 대통령의 죽음에 어머니가 그토록 상심하는 이유를 알 수 없었기 때문이다."

웰치는 18년 후 케네디가 암살되었을 때에야 비로소 어머니의 심정을 조금 이해할 수 있었다고 고백했다. 프랭클린 루스벨트가 지금도 국민 통합의 상징으로 남아있는 것은 경제적 업적도 있지만 그보다는 밑바닥 서민들의 아픈 곳을 만져주는 데 능숙했던 덕분이었다.

한국은 포퓰리스트 정당이 나오기에 충분한 상황

●●●● 지금 한국은 포퓰리즘이 왕성할 수밖에 없는 토양을 갖추었다. 재벌은 갈수록 커지고 이자·배당 수입으로 수백억 원씩 소득을 올리는 슈퍼 부자들이 속속 탄생했다. 120년 전 미국에서 석유재벌과 철도재벌이 부(富)를 독차지했던 때를 연상시킨다. 비정규직 근로자가 800만 명을 넘어선 지 오래고, 소득보다 지출이 많은 적자 가구가 530만, 대출금 갚느라 허덕이는 하우스 푸어가 157만 가구, 실질적인 청년 실업자가 120만 명, 신용카드 발급이 정지된 신용불량자가 100만 명이다. 과거에는 은행 거래가 끊겨 몰락하면 개인 책임으로 돌릴 수 있었다. "도대체 어떻게 살았길래"라고 책망하며 혼자 힘으로 위험에서 탈출하라는 압박이 사회적으로 강했다. 하지만 그런 낙오자들이 이제는 수백만 명 단위로 집단화하고 말았다. '우리'와 '그들'을 가르는 경계선도 분명해졌다. 한국에서도 포퓰리즘이 횡횡하고, 포퓰리스트 정당이 나오기에 충분한 배경을 갖춘 셈이다.

미국에 비하면 한국의 포퓰리즘 다툼은 아무것도 아니다. 재벌을 때리고 재벌 총수를 비판할지언정 해체를 주장하는 정치인은 극소수이고, 기존 정당을 다 뒤엎겠다고 나선 정치세력도 미미하다. 안철수 바람이 거셌다곤 해도 미국 포퓰리스트들의 돌풍에 비하면 아무것도 아니었다. 그저 무상 복지를 둘러싼 어정쩡한 포퓰리즘 논쟁만이 들끓고 있다. 이렇듯 어정쩡하기 때문에 수백만 명씩 거대 집단을 형성한 낙오자세력들에 대한 시원한 처방도 나오지 않는 듯하다.

우리 정치인들도 프랭클린 루스벨트를 배우겠다면서 뉴딜정책이라면 후버 댐 건설공사나 테네시 강 개발 계획을 들먹이기 십상이다. 4대 강 사업 같은 대형 토목공사나 과시적인 투자 사업을 벌이면서 걸핏하면 '뉴딜'이라는 호화 포장지를 덧씌우곤 한다. 이명박 대통령도 뉴딜정책을 들먹였었고, 성장률 7%, 주가 3000포인트를 화려하게 세일즈했다가 결국 부도를 냈다. 우리 정치권은 뉴딜을 앞세워 경제위기 때는 '큰 정부'가 좋은 해법이라며 예산 지출을 늘리고 정부 조직을 확대하는 데만 골몰한다. 우리 정치인들은 원조 뉴딜의 간판만 달랑 빌려올 뿐 그 뒤에 담긴 국민 통합의 방법이나 국가 개조의 큰 그림을 보지 못한다.

거슬러 올라가면 노무현 전 대통령이야말로 포퓰리스트 정치인으로서 재능을 많이 갖춘 인물이었다. 대중적인 인기가 있었고, 서울 강남 사람들이나 가진 자 계층에 대한 적대감을 분명하게 표출해 지지자 집단을 뭉치게 만들었다. 하지만 그가 대통령을 맡고 있던 시절 도심 주택가 골목에 대형 할인점이 대거 들어서 주변 구멍가게들이 쑥대밭으로 변하는 '이마트 쓰나미 현상'이 자리 잡았다. 소수의 재벌이 홀로 승자가 되고, 나머지는 패잔병이 되는 게임의 병폐가 심각해졌는데도 그는 그것을 보지 못했다. 소득 격차뿐만 아니라 자산 격차, 학력 격차, 직장 격차 등 많은 분야에서 생긴 격차는 노무현 정부 때 더 뚜렷해졌다. 평범한 한국인이라면 퇴임 대통령이 사자의 먹잇감이 되기를 기도하기보다는 그의 사망 소식에 눈물이 핑 도는 순간을 간직하고 싶을 것이다.

특정 집단을 적대시하는 나쁜 포퓰리스트보다는 서민들의 상처를 달래주는 좋은 포퓰리스트 정치인을 만나고 싶을 것이다. 어쩌면 우리는 좋은 뜻의 포퓰리즘을 정치적 밑천 삼아 나라를 바꿔보겠다는 진짜 포퓰리스트를 학수고대하고 있는지 모른다. 한국에 포퓰리즘의 시대는 왔는데 진정한 포퓰리스트는 아직 나오지 않았다.

27

공기업
'사장 공모' 사기극 그만두라

●●●● **정권이** 바뀔 때마다 가장 민감하게 인맥이 변하는 곳이 정부와 공기업이다. 과거 정권이 임명한 사람들은 보따리를 싸고, 새 정권을 따라온 얼굴들이 새로 등장한다.

이명박 정권 때도 출범 이후 몇 달 새 공기업 사장과 감사를 대부분 새로 지명했다. 이명박 정부에서 취임 직후 4개월 사이에 임명된 금융 공기업 최고경영자 아홉 명과 감사 여섯 명의 출신 지역을 살펴보니 영남 출신이 11명으로 73%를 차지했다. 이런 싹쓸이 인사는 임명권자가 지명한 경우도 있지만, 대부분 형식적으로는 공모 절차를 거친다. 공개

모집을 통해 널리 인재를 구하는 형식을 밟아 임명한다곤 하지만 알고 보면 대부분 정권이 내정한 인사들로 결정된다.

한때 신용카드 업계가 좋은 구경거리를 선물했다. 카드회사 경영인 출신을 협회장(여신금융협회)에 뽑으려던 중 느닷없이 경제관료 출신이 공모 후보에 끼어들었다. 동업자끼리 웃으며 박수로 끝날 듯하던 것이 1차 투표–결선 투표로 이어지며 날카롭게 대립했고, 뻔한 결과로 관료 출신이 내려왔다. 어디서 그를 보냈는지, 누가 팔을 비틀었는지 카드업계에서는 다 안다. 이런 인사 과정을 거쳐 영남 출신, 서울시 출신, 소망교회 인맥, 고려대 출신들이 낙하산으로 줄줄이 투하되다 보니 '고소영' 인사라는 말까지 나돌았던 것이다.

위선이 판치는 공기업 인사

●●● ● 그동안 협회장, 공기업 사장, 국책연구원 원장, 금융회사 회장 등 공개모집이라는 인사치고 자격이 탱탱한 인물끼리 벌이는 진짜 경쟁은 거의 없었다. 들여다보면 낙점 후 'CEO 공모' 절차를 밟는 위선이 판친다. 어쩌다 진검 승부로 흥행몰이하는 듯 보이는 공모도 가짜 쇼였음이 나중에 드러나곤 한다. 민간 기업 출신 어느 공기업 사장은 솔직했다. "어느 날 고위 인사가 공기업을 맡을 생각이 없느냐고 묻더군요. 갈피를 못 잡고 망설일 때 헤드헌팅회사에서 다그치는 전화가 왔어요. 서류를 준비해달라고." 이미 내정됐으니 서류를 꼭 내달라는 전갈까지 붙어왔다. 헤드헌팅회사를 통해 영입하는 모양새만 갖추었다는 얘기다.

그러고도 정부 각 부처와 공기업들은 사장과 감사 등을 공모하려면 먼저 후보 추천위원회를 만들고 수십 명의 기다란 리스트를 작성해 다시 복수 후보로 압축하는 척하며 먼 길을 돌아간다. '윗분의 의중'대로 낙점하면서도 공모극에는 모략, 야합, 그리고 언론 플레이까지 가미되곤 한다. 모든 절차가 끝나고 나서는 "어렵게 인재를 모셨다"고 거짓 포장하거나 "투표로 공정하게 끝냈다"고 시치미를 뚝 뗀다.

공기업 사장과 연구원장 공모 때 정부는 아예 후보 추천위원회부터 입맛에 맞는 인물로 지명해버리는 수법을 쓴다. 후보 자격을 심사하는 위원회 좌석에 공무원을 반절 이상 지명하기도 한다. 어쩌다 돌출 후보가 추천되는 사고가 발생하면 없던 일로 뭉개버린다. 코트라 사장 공모 때는 정부가 코트라에서 올린 추천 후보 전원을 퇴짜 놓았고, 다 결판났던 수협 은행장은 농림부가 총출동해 강제로 뒤집었다.

낙점 인물에게 버거운 상대가 경합을 벌일라치면 투표 방법, 채점 방식을 바꿔 경쟁자를 차버린다. 어느 과학계 국책 연구원 원장 선정 때도 유력 인사를 떨어뜨리려고 후보 추천위원회 투표 방식을 돌연 바꿔 말이 많았다.

사실 외국인 주주가 더 많은 KT, 포스코 같은 순수 민간 기업과 민간 단체 경영진 인사에까지 정부가 개입한다. 국제적으로 창피하기 짝이 없는 짓이다. KB 금융지주회사는 사외이사 일곱 명 명단까지 금융감독원에서 전화로 통보받기도 했다. 이 회사에 정부 지분은 단 한 주(株)도 없다. 포스코에서도 비슷한 일이 벌어졌다. 2009년 초 이구택 전 포스코 회장이 임기를 채우지 못한 채 물러났고, 후임 회장을 선임하는 과정에서 정권 실세들이 노골적으로 개입해 자기들 마음대로 판을 짰다. 실세로 꼽혔던 박영준 전 지식경제부 차관이 회장 후보들을 한 사람씩 개별 면담하고 후임을 지명하다시피 했다. 대통령 형님 지역구 출신으로 포스코에 납품하는 중소기업 대표가 포스코 회장 후보 면담 자리에 배석한 사실이 나중에 밝혀지기도 했다.

이런 음모와 공작의 총본산이 어디고, 또 누가 핵심 인물인지 한자리 노리는 후보라면 100% 잘 안다. 청와대와 감독기관은 '거른다'는 명분 아래 출신 검증, 재산 검증, 평판 검증, 사생활 검증을 해가며 '법 밖의 권력'을 휘두른다. 깜깜한 밀실에 자기들끼리 모여 미운 놈 걸러내고 내 사람 올리는 과정이 바로 청와대 인물 검증이다.

어느 정권인들 이런 권력을 휘두르지 않은 적은 없지만, 공기업 경영진 공모 과정을 청와대가 총괄하는 체제는 노무현 정권이 만들었다. 인재를 공모하겠다는 법을 만들어 놓고서 뒤에서 입맛에 맞는 인물에게 한 자리씩 돌리며 단맛을 즐겼다.

이명박 정권에서 달라진 것은 없고, 청와대가 더 치열하게 자리를 챙겼다. 누군가가 눈치 없이 공모 경쟁에 나서면 검찰·금융감독원을 동원해 '신분 조회'를 더 깐깐하게 해대는 통에 지레 포기해버리는 사람이 늘었다. 트릿한 인물이 뜨면 자진 사퇴라는 이름으로 해고 통보를 해버린다는 소문이 쫙 퍼졌다. 공기업의 경영인 공모에는 대부분 라스베이거스의 마술보다 더 짜릿한 눈속임과 술수가 작동한다. 한쪽이 자발적인 탄성과 박수를 받는 반면 다른 쪽은 야유와 손가락질을 받는 점이 다르기는 하지만.

낙하산 사장은 자리를 보전하기 위해 노조에 끌려간다

●●●● 권력의 줄을 타고 낙하산으로 임명된 공기업 사장들은 대개 노조의 반발과 부딪친다. 취임 반대, 낙하산 인사 거부를 외치는 노조와 타협하지 않으면 취임식이 늦어지고 사장 임명장을 받고서도 회사에 들어가지 못해 길거리에서 체통을 구기는 일도 발생한다. 그래서 낙하산으로 내려간 외부 인사들은 노조와 이면 합의를 하게 된다. 이면 합의로 월급과 수당, 복지 혜택을 편법으로 올려주는 것이다.

공기업 CEO나 상임감사 공모는 청와대 윗분의 낙점 인사를 허울 좋게 포장하는 사기성 가장행렬이다. 들러리 후보까지 세워가며 정지 작업하느라 허비하는 에너지를 지켜보기가 고통스럽다. 이러니 "능력 없는 멍청이보다 더 멍청한 X은 줄 없는 멍청이"라는 불평의 확성기 음량은 좀체 가라앉지 않는다. 이럴 바에야 대통령·장관이 공기업 사장이나 감사를 한 명 찍어 임명하는 것이 투명하고 솔직하다. 그래야 잘 골랐다는 칭찬을 듣거나 잘못 고른 책임을 질 것이 아닌가.

28

젊은이들이 공무원 시험에 **올인하는** 건 망국의 징조다

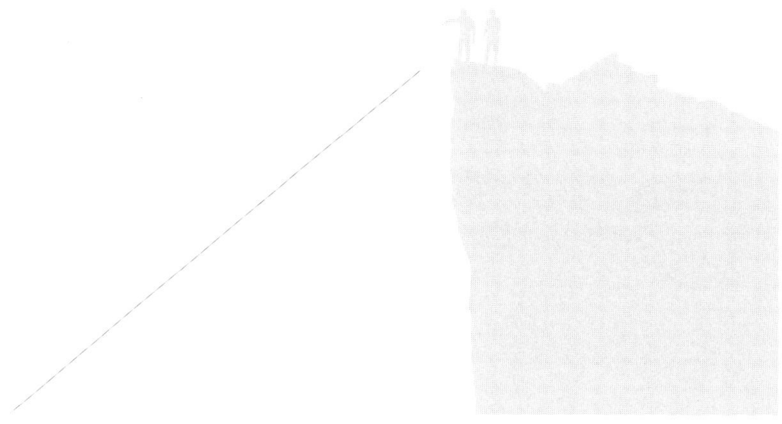

●●●● 자본주의 경제에서 돈을 쓰는 방식은 네 가지다. 우선 내 돈을 남을 위해 쓰는 방식이 있다. 기부·헌금이나 증여다. 내 돈을 나를 위해 쓰는 선택은 투자·저축이나 소비를 말한다. 남의 돈을 남을 위해 쓰는 것은 금융 중개나 예산 집행 같은 공공행위다. 마지막으로 남의 돈을 나를 위해 쓰는 방식이 있다. 이는 횡령·사기 등 범죄다. 경제가 복잡해지고 기묘한 기법의 돈거래가 늘었다고 하지만 돈 쓰는 길은 단순하다. 내 돈과 남의 돈을 구별할 줄 알면 90점짜리 인간쯤 된다. 돈의 주인을 알고서 '누구를 위해 쓰느냐'까지 또렷이 분별한다면 만점짜리

다. 초호화 관청 건물, 초대형 교회 빌딩 논란에서 돈의 주인과 사용처를 구별하지 못하는 부류가 한국 사회에 많아졌음을 본다.

공무원은 남의 돈을 쓰는 직업인

●●● 공무원은 남의 돈, 즉 국민의 세금을 쓰는 직업인이다. 대통령이든, 안양시장이든, 독도경비대든 자기 돈 쓰면서 자선활동하는 직업은 아니다. 그런데도 남의 돈 수천억 원을 펑펑 헛되게 쓰면서 죄책감을 느끼지 않는다면 정상이 아니다. 그런 부류일수록 욕심을 버리고 마치 자기 아닌 남, 즉 국민을 위한 듯 포장하는 재주가 있다. 호화판 청사를 짓는 시장·구청장이 한결같이 "주민 편의를 위해"라고 둘러대지 않는가. 마치 자기 돈을 다른 사람을 위해 적선하는 것처럼 말한다. 선거용이 아니면 과시욕을 채우는 용도로 돈의 원주인에게 배신행위를 하고서도 흡사 이타적(利他的) 결단을 내린 양 우기는 꼴이 가증스럽다.

이들은 남이 자기를 위해 세금을 내준다는, 돈의 원초적인 출발점조차 무시한다. 인간은 신앙을 통해 위안과 평화를 얻지만 남의 돈을 쓴다는 점에서는 공무원과 종교인이 별반 다를 게 없다. 헌금을 하나님이나 부처님의 것으로 아무리 포장하더라도 원래 주인이 목사 돈, 스님 돈은 아니다. 감명 깊은 강론 같은 건전한 근로 행위로 벌어들인 소득이라고, 인생 상담을 해주고서 받은 심리 컨설팅 수입이라고, 때로는 사업이 번창하도록 교회 인맥을 연결해 주고서 받은 중개 수수료라고, 그래서 내 개인 돈이라고 착각할 수 있다. 그렇더라도 그 돈은 종교 법인의 재산일 뿐, 스님·목사의 개인 돈이 될 수 없다. 교회 돈, 사찰 돈을 함부로 꺼내 쓰면 회사 돈으로 몰래 샌프란시스코에 호화 저택을 구입한 어느 재벌 3세와 전혀 다를 게 없다. 교회를 2세에게 세습해주는 원로 목사를 향해 쓰디쓴 입맛을 다시는 이유도 남의 돈으로 쌓아 올린 탑을 자기 핏줄에게 상속하는 데 대한 반발이다.

가장 이타적이어야 할 직업인이 가장 이기적인 행동을 하는 나라는 경제적으로 성장하지 못한다. 그런 나라는 선진국이 되어도 곧 추락한다. 경제성장의 역사를 연구하는 학자들은 스페인의 몰락에서 종교 과잉이 국가 발전을 가로막았던 사례를 발견했다. 로마 교황을 다섯 명이나 배출한 스페인 교회의 파워는 16~17세기 이교도와의 전쟁을 피하지 않을 만큼 막강했다. 신앙의 이름으로 유대인을 대량 학살했고, 종교재판, 화형, 국외 추방이 끊이지 않았다. 당시 스페인에서는 명예와 경제력을 동시에 거머쥔 성직자야말로 젊은 엘리트가 가장 선망하는 직업이었다. 아메리카 신대륙을 개척하고 중남미 식민지에서 엄청난 돈을 벌었지만, 위험 속에서 국부를 벌어들인 개척자보다 성직자가 우대받는 풍조가 고속 성장하던 강대국을 몰락시키고 말았다. 유럽 역사상 해가 지지 않는 국가 제1호는 끝내 무적함대를 잃고 패권국 자리를 모험가·기술자·발명가가 우대받던 영국에 넘겼다. 정치인은 물론, 공무원·성직자·시민운동가는 부(富)를 창출하는 직업이 아니다. 남이 벌어 온 돈을 강제 징수하거나 헌납받아 쓰는 자리다. 온갖 궂은일로 번 돈을 옆구리에서 쉽게 빼내 쓰는 직업인이 큰소리치고 상층부를 장악하는 나라는 경제 대국의 길로 가서는 안 된다. 종교 대국, 행정 대국이 되는 편이 훨씬 낫다.

한국의 최고 인재가 모인다는 서울대에서 인재들이 골몰하는 분야는 공무원시험이다. 경영학과 학생들도 공무원시험에 몰리고, 아니면 회계사시험이나 로스쿨 진학, 또는 미국 유학을 노린다. 국내 기업에 들어가 활약하겠다는 인원도 별로 없다. 하물며 벤처기업을 창업하겠다는 학생은 극소수다. 최고 인재들이 부가가치를 창출해내고 일자리를 만들어내겠다는 야심을 갖지도 않을뿐더러, 설혹 드물게 그런 야심이 있는 학생도 공개적으로 말하지 못하는 풍토다. 대다수가 남이 벌어놓은 돈을 쓰는 직업을 선호한다. 자기 스스로 미지의 시장을 개척하겠다는 모험심은 찾아보기 어렵다. 남들이 못 보는 사업을 일으켜 세상을 놀라게 해보겠다는 꿈도 거기서는 만날 수 없다.

청년 창업은 실패해도 원점으로 돌아가면 그만이다

●●●● 가장 우수한 젊은이들이 시장 개척, 신기술 개발에 몸을 던지지 않고 공무원시험에나 골몰하는 사회가 부자 나라가 된 사례는 없다. 영악한 두뇌로 다른 사람이 채워놓은 금고 속의 금괴 귀퉁이를 덥석 잘라 챙겨 먹는 기교만 발달할 뿐이다. 남의 돈을 자기를 위해 쓰는 약탈자 직업이 호황이면 나라의 경제성장은 죽어간다. 한국 젊은이들의 공무원시험 열풍은 죽어가는 경제의 대표적인 증상이다.

미국에서는 우수한 젊은이들이 창업에 나선다. 학창 시절부터 돈을 버는 투자에 뛰어든다. 마이크로소프트를 창업한 빌 게이츠는 하버드

대학 학생일 때 창업을 선언했다. 게이츠의 어머니는 아들의 장래를 걱정한 나머지 사망한 남편의 친구인 하버드대 총장에게 아들의 모험을 말려달라고 부탁했다. 그러나 게이츠에게 하버드 졸업장을 받으라고 설득하던 총장은 결국 설득을 포기하고 게이츠에게 백지어음을 건넸다. 게이츠의 열정적이고 확신에 가득 찬 창업 구상을 듣고서는 투자금을 보태기로 한 것이다. 창업자를 키우는 풍토와 금융−세제상의 제도가 한국과 미국이 너무 다르긴 하다. 하지만 그보다 더 큰 차이점은 실패를 두려워하지 않고 자기 회사를 출범시키는 미국 청년들의 공격적인 자세와 안전한 직장에만 매달리는 한국 청년들의 소극적인 태도다. 명문대 졸업장보다는 스스로 큰돈을 벌겠다는 자세야말로 한국의 젊은이들에게 가장 부족한 것이다.

영국의 버진항공사그룹을 키워낸 리처드 브랜슨 회장은 청년 시절의 벤처정신을 이렇게 표현했다. "회사를 일으키기에 가장 좋은 나이는 '어릴수록'이다. 젊은이는 아무것도 손에 쥐지 않았기 때문에 잃을 것도 없지 않은가. 실패해도 원점으로 돌아가면 그만이다. 헤어져야 할 애인조차 없는 나이에 창업하면 더 좋지 않겠는가."

29

나라 먹여 살릴 신기술은 초등학교에서 나온다

●●●● "일류대학 전자공학과를 나온 신입사원에게 전기회로를 설계해보라고 해봤어요. 기대했던 대로 멋지게 마무리해 오더군요. 이번에는 재료를 주면서 실제로 만들어보라고 했더니, 두 손 들고 말아요. 고장 난 회로를 주면서 고쳐보라고 해도 소식이 없어요." 자동차회사 임원들이라면 자주 입에 올리는 실화다. 신세대 엔지니어들은 노트 필기에 강하다. 컴퓨터 작업에도 뛰어나다. 하지만 실제 조립에는 약하다. 과거나 지금이나 국내 공과대학에서 대학생들이 직접 만들어보는 일은 드물다. 두뇌 속에서, 가상 현실 속에서는 자주 만들어 보지만, 손

으로 만지며 하는 실습은 드물기 때문이다.

젊은 엔지니어들의 자질을 둘러싼 책임 논쟁은 그만둘 때가 됐다. 왜냐하면 대학과 정부, 기업이 서로 책임을 미뤄봐야 생산성 있는 결론이 나오지 않기 때문이다. 한국의 경우, 이제 생산 현장에서 쓸모 있는 엔지니어를 양성하려면 출발점을 초등학교로 잡아야 한다. 이유는 간단하다. 역사상 기술대국으로 등장했던 모든 나라가 어렸을 때부터 손에 기술을 익혀주는 교육 과정을 설정했다. 어린애 손에 무슨 기술이냐고 반문할지 모른다. 하지만 어렵게 생각할 필요가 없다.

직접 체험하는 교육이 기술력의 바탕이 된다

●●● 독일 유치원 중에는 남자아이에게 뜨개질을 가르치는 곳이 적지 않다. 뜨개질은 헌 스웨터를 고치는 이득도 있다. 그러나 이것이 다가 아니다. 역사적인 배경을 거슬러 올라가면 손놀림을 정확하고 빠르게 해주려는 교육적 목적에서 장려해왔다. 일본에서도 어린아이들에게 종이접기를 자주 시킨다. 간절한 소원을 빌 때는 종이학 1000마리를 만든다. 유치원 시절부터 조막손으로 신기할 정도의 세밀한 종이작품을 만들어내는 모습이 감탄스러울 때가 많다.

미국은 140여 년 전부터 체계적으로 기술 교과 과정을 설정해온 국가다. 재미있는 것은 당시 미국이 기술교육에 관한 한 가장 좋은 모델로 점 찍은 나라가 러시아였다는 점이다. 잠시 1876년 미국 필라델피아에서 열린 만국박람회(엑스포)로 거슬러 올라가보자. 미국 독립 100주년을 기념하는 엑스포였다. 러시아는 공작품들을 전시했고, 이것을 메사추세츠 공과대학(MIT) 총장 런클이 시찰했다. 런클은 러시아 공작품들에 감탄한 나머지 러시아 기술교육 제도를 모방하기로 결심했다. 당시 러시아식 기술교육은 다름 아닌 뭐든 손으로 직접 만들어보는 교육이었다. 이후 미국의 초등학교 기술교육은 점토 공작, 종이 공작, 후판지 공작, 칼 공작 같은 손동작을 수반하는 쪽으로 바뀌었다.

물론 초등학교 교육 과정만 바꿔서 고급 기술자를 양성하겠다면 과욕이다. 과학박물관과 공장 시찰 메뉴도 바꿔보면 좋겠다. 독일의 뮌헨 과학박물관이나 미국의 스미소니언 박물관, 시카고 박물관 등 어디를 가봐도 손으로 조작해보는 코스가 반드시 마련돼 있다. 손으로 만지면 과학 현상과 기술현상이 일어나 어린이들에게 기술과 과학의 열매를 보여주는 식이다.

일본의 어린이 관련 센터에도 손으로 만져보는 체험 장치들이 즐비하다. 소위 두 터치 박물관(do touch museum)이다. 국내 과학관에는 스위치를 만지면 스피커에서 설명이 나오거나 스크린에 동영상이 뜨는 장치는 많지만, 스위치를 눌러 비행기가 공중을 날고 바람 속에서 배가 흔들리는 곳은 희귀하다. 박물관도 그렇지만 공장 견학 코스도 가는 곳마다 단조롭다. 대기업 공장들을 둘러보면 견학자 코스에 따라 마이크 설명을 들으며 정해진 시간 내에 생산 현장을 죽 둘러보는 것으로 끝나곤 한다.

예를 들어 자동차공장이라면 어린이들이 공장을 찾아왔을 때 모형 장난감으로 자동차 레이스를 해보라고 할 수도 있고, 철강공장이라면 굵직한 철근을 잘라보게 해줄 수도 있을 것이다. 어린이들이 피부로 직접 체험하고 손으로 조작해보는 일이야말로 몇 시간에 걸쳐 설명하는 것보다 생생할 수밖에 없다.

아이들이 가장 좋아하는 제트 코스터(청룡열차)도 아이들이 기술에 흥미를 갖도록 활용할 수 있다. 제트 코스터는 철골과 레일을 적절하게 혼합한 놀이기구 같지만, 실은 인간의 인내력에 도전하는 기술 복합체다. 제트 코스터를 탈 때 느끼는 스릴과 아찔함은 빠른 속도가 가져다준다. 제트 코스터의 속도는 45° 각도를 돌아갈 때 빨라야 시속 75㎞를 넘기가 어렵다. 하지만 제트 코스터 위에서는 체중 70㎏짜리 인간이 순간적으로 시속 350㎞로 달려가는 아찔한 묘미를 맛보게 설계되어 있다. 최근에는 스릴감을 더해주려고 순전히 나무로 만든 제트 코스터도 등장했다. 그렇더라도 제트 코스터는 아이들이 한 번 탄 후 다시 타고 싶지 않다는 거부 반응을 일으키면 실패다. 초고속의 스피드 감각을 느끼면서도 다시 타고 싶은 욕구가 생기도록 설계하는 것이 제트 코스터 엔지니어들의 숙제다. 놀이공원에서 제트 코스터를 타려고 기다리는 아이들에게 기다리는 시간 동안 이런 과학적 원리를 설명하면 지루하지 않을 것이다. 즉석 실험을 통해 속도를 느끼고 각도를 느끼는 체험을 할 수 있도록 꾸미면 그처럼 좋은 체험이 없을 것이다.

이론보다 현장 기술을 중시하는 독일과 일본

●●● 제조업의 현장 기술은 여전히 독일과 일본이 세계 최고 수준

이다. 두 나라 모두 이론보다는 현장 기술을 중시하는 전통을 갖고 있다. 일본 자동차 업계의 말석에서 미운 오리 새끼처럼 성장한 혼다자동차가 기술만큼은 도요타보다 앞선다는 평가를 받을 때까지 회사 내에는 박사가 단 3명뿐이었다. 그것도 창업자 혼다 소이치로가 미국 대학에서 받은 명예박사 학위가 한 개, 나머지 두 개는 이미 현역에서 은퇴한 기술자의 것이었다. 창업자 혼다는 학창 시절 책 속의 기술이라는 것이 정비공장에서 스스로 터득한 것보다 형편없다는 점을 알고, 정식 교육과정을 휴지 버리듯 내동댕이쳤던 인물이다. 자동차 엔진 기술을 개발하는 데 미쳤던 혼다는 공장에서 대졸 출신 엔지니어들을 공작 기구로 두들겨 패는 폭행도 했다. "교과서에서 배운 것은 몽땅 잊어버려야 해." 이 말 뒤에는 "대학에서는 뭘 가르치는 거야"라는 넋두리가 항상 붙었다. 대졸자 폭행이 혼다의 기술 정신이라고 분석한 경영학자는 아무도 없지만, 현장 기술이 최고라고 믿는 혼다 기술자들의 출발점은 바로 여기다. 어릴 때부터 뭔가를 만들고 한번 부순 다음 다시 고치기를 좋아했던 기술자들이 박사 학위를 가진 엘리트보다 낫다고 믿었던 것이다.

일본 기술자 세계는 제조업 현장에서 온통 기름을 묻혀가며 신기술을 창조해내는 사람들이 지배하고 있다. 이 때문에 엘리트 코스에서 공부한 공학도들도 공장에서 직장 입사 첫날을 시작한다. 초음파 모터를 발명한 사시다 도시이쿠도 그랬다. 그는 일본의 명문 도쿄대에서 물리학을 전공했다. 졸업 후 잠시 대학 조교 생활을 거쳐 그가 취직한 곳은 영세 공구점이었다. 그가 소형 공장을 택한 데는 이유가 있었다. 대형 공장 속의 숨 막힐 듯한 공기를 들여 마시지 않아서 홀가분했고, 대학 연구실에서는 만져보기 힘든 공작기계를 직접 마음껏 가동해볼 수 있어 좋았다. 그가 현장 실습을 끝내고 자기 공장을 설립한 것은 그보다 몇 년 뒤였다. 그는 유리와 수정, 반도체 웨이퍼 같은 상품의 표면을 매끄럽고 정밀하게 가공하는 공작기계를 만들었다. 사시다가 1980년대 초 일본음향학회에서 초음파 모터를 발명했다고 발표했을 때 그의 논문에 관심을 두는 사람은 없었다. 전류와 자석의 원리에 따라 모터가 돌아간다고 믿었던 기술자들의 귀에 초음파에 의해 모터가 돌아간다는 얘기는 헛소리처럼 들렸던 것이다.

그로부터 6년 후 이번엔 마쓰시타 전기가 초음파 모터를 개발했다고 발표하자 언론을 포함한 많은 일본인이 "그러면 그렇지, 역시 마쓰시타가 해냈어"라고 믿었다. 인류 역사에서 모터 기술은 100년 전 독일의 지멘스가 처음 개발했다. 그 모터기술의 개념을 마쓰시타가 바꾸었다고 야단이었다. 초음파 모터는 카메라의 자동초점렌즈, 소형 프린터, 로봇 등 성깔이 예민한 첨단기기에 채용됐다. 그러나 종업원 5명의 시골 공장 사장이 발명해놓은 오리지널 기술에 마쓰시타가 약간 손을 댄 것에 불과했다.

어릴 적부터 기술에 흥미를 가지면 회사에 들어가서도 좀체 그 꿈을 버리지 않는다. 일본 기술자들은 개인적으로 관심 있는 기술을 개발하려고 본업과 다른 실험에도 도전한다. 일본 기술계의 은어 중에 '밀조주(密造酒)'라는 말이 있다. 몰래 술을 빚어 팔듯 혼자 공장 구석에서 실험해보는 것을 말한다. 일종의 언더그라운드(지하)실험실이다. 화학섬유회사 도레이가 만들어낸 안경닦이 극세(極細) 섬유도 밀조주의 일종이다. 도레이 기술자들은 이 신종 섬유 개발이 회사 내에서 책임 연구 테마로 선정되지 않자 한 푼의 지원금도 받지 못한 채 한밤중과 주말에 실험을 거듭했다. 몇몇 연구원들이 공부 모임을 따로 만들어 운영했다. 이들은 "한눈팔지 말고 맡은 일이나 제대로 하라"는 상사의 경고를 듣지 않기 위해 주변의 눈치를 살펴야 했다. 결국 지름 2µ(1µ은 1000분의 1㎜)의 슈퍼 극세 섬유는 물이 흐르는 원리를 응용하면 된다는 결론을 얻었다. 그제서야 비로소 그들은 연구소장에게 보고했다. 도레이는 언더그라운드 기술자들의 작품에 토레시라는 브랜드를 붙였고, 토레시는 지금 세계 어디서나 보편화된 훌륭한 안경렌즈닦이가 됐다.

지금은 붕괴 과정에 있는 소니가 한창 오디오·비디오 제품에서 세계 최고의 신기술을 개발하던 무렵 오가 노리오(大賀典雄)라는 바리톤 가수 한 명을 스카우트했다. 그는 바리톤 성악 가수로 베를린필하모닉의 지휘자 카라얀과는 임종을 지켜볼 정도로 친분이 두터웠다. 그는 대학 시절 소니에서 만든 테이프 레코더의 음악적 성능을 비평했고, 그의 감각을 눈여겨보던 소니의 창업자 모리타 아키오가 그를 스카웃했다. 29세 때 소니에 입사한 그에게 처음 맡겨진 업무는 제조담당 부장이었다. 베를린 예술대학을 수석 졸업한 그에게는 따분할 것 같았으나, 그는 기술자들과 어울리며 "이렇게 잡음이 많아서야 되겠습니까", "오디오광들은 스위치를 싫어해요", "세트가 이렇게 크면 누가 들고 다니나요"라며 어릴 때부터 키워온 음악적인 감성으로 잔소리를 쏟아냈다. 그는 오디오 제품들이 소비자의 귀와 눈, 오감에 끼치는 영향을 감지하고 새로운 기술의 개발을 재촉하는 일을 맡았다. 오가 노리오는 나중에 소니그룹의 사장을 거쳐 회장까지 지냈으나 출발점은 소년 시절의 음악 공부였고, 그를 키운 음악이 공장 현장에서 신기술로 이어졌던 셈이다.

자기가 창업한 그룹을 월급쟁이 기술자들에게 물려준 혼다는 후계 경영자들에게 "책을 읽지 말라"고 했다. "책 속에는 과거만이 가뜩 들어 있을 뿐, 기술자들의 궁금증을 풀어줄 해답은 없다"는 게 그의 지론이었다. 국내에는 수많은 과학고와 공대가 있고, 해마다 박사급 고급 기술자가 쏟아지고 있지만, 우리 산업은 전자, 자동차, 조선 등 몇 개 업종을 빼면 세계적인 기술을 개발해낸 분야가 없다. 기술 대국의 주도권은 영국과 독일을 거쳐 미국, 일본으로 지구 위를 서서히 돌고 있다. 때로는 선진 기술을 모방하거나 훔칠 수도 있지만, 최종 승부는 우리가 독자 개발한 기술이 결정짓는다. 한국이 독자 기술을 창조하려면 조기에 기술교육을 시작하는 것 외에 다른 길은 없다.

PART 5

늙은 경제, **박정희 경제와 결별**해야 새 길 보인다

> 한국 경제가 벼랑 끝을 벗어나 성장의 길로 가기 위해서는 박정희 시대의 낡은 경제를 벗어나야 한다. 먼저 낮은 출산과 고령화로 인구 구조가 바뀌고 있는 지금, 주택 공급을 늘리는 방향으로 집중된 주택정책을 손보아야 한다. 부동산에 대한 맹신과 개발 지상주의 사고도 버려야 한다. 부동산시장이 들썩거리는 기적이 일어나기를 기대하지 말고 부동산 가격 폭락 사태를 막는 데 역량을 집중해야 한다.
>
> 우리 경제는 제조업에 의존하고, 수출 기업에 의존하고, 대기업에 의존하는 3가지 의존증에서 탈출해야 한다. 제조업과 함께 서비스업종의 성장을 위해 파격적인 정책을 추진할 때가 되었다. 장기불황에 들어갈 조짐을 읽었다면 우리는 일본의 실패를 거듭하지 말아야 한다.

30

'표준 인생' 정책의 종말

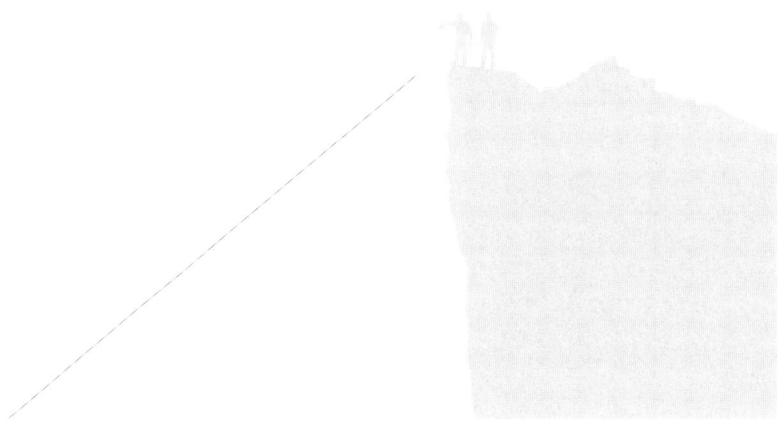

●●●● 1인 가구가 네 집 중에 한 집꼴이다. 2010년 통계청의 센서스 조사로 1인 가구는 415만 가구, 2인 가구는 422만 가구다. 전체 가구 중 거의 절반(48.1%)이 2인 이하 미니 가정이다. 판잣집, 비닐하우스, 찜질방, 고시원, 움막에서 이 눈치 저 눈치 보며 사는 가구도 전국에 25만이다. 2035년에는 34.3%가 혼자 살게 되고, 2인 가구는 34%로 추정되고 있다. 20년 후쯤엔 아파트에서 10가구 중 7가구가 2인 이하 상태에서 단출하게 생활하고 있을 것이라는 예측이다.

이런 불길한 통계를 한두 번 들은 것도 아니건만 "슬슬 홀로 외롭게

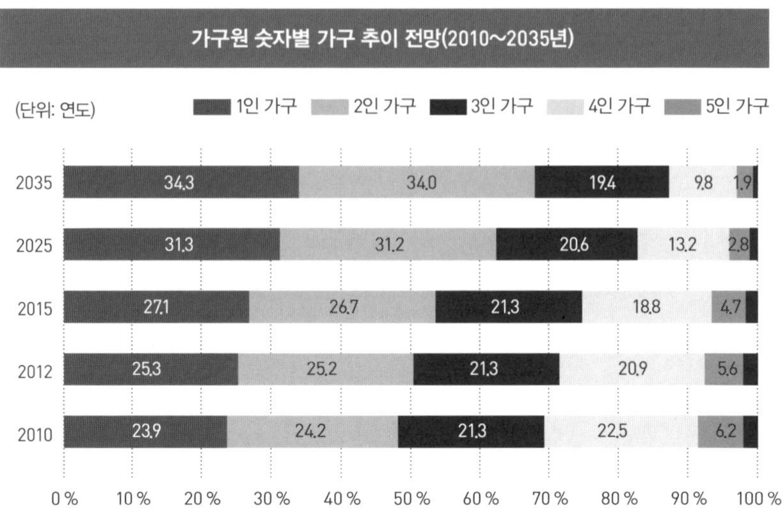

사는 법을 터득해야 하는가"하며 저절로 중얼거리게 된다. 1인 가구와 함께 늘어나는 것은 '무인(無人) 가구'다. 아무도 살지 않는 빈집도 늘어날 것이다. 우리 농촌에서는 20년 전부터 빈집이 늘더니 벌써 40만 채가 넘는다.

우리보다 고령화가 먼저 진행된 일본에서는 13%가 빈집이다. 도쿄 주변의 위성도시 중에는 40~50%가 빈집 상태로 버려진 곳도 있다. 일본 지방자치단체들의 골칫거리 중 하나가 빈집 처리다. 청소년들의 범행 장소가 되고, 때로는 원인 모를 화재가 발생해 근처 주민을 괴롭힌다. 일본 지자체 중에는 빈집 상태로 몇 년 이상 그대로 있으면 지자체가 철거하거나 다른 용도로 쓸 수 있도록 하는 조례를 만든 곳이 적지 않다. 재산권 침해 논란이 있지만, 집주인이 집을 비운 후 몇 년 동안 아무 연락이 안 되는 경우엔 도리가 없다. 자기 집을 비워둔 채 아예 도시 요양원에 들어가 사는 노인들이 많다보니 빈집을 어떻게 처리하려 해도 어쩔 수 없는 일이 자주 벌어진다. 노인 인구가 증가하면 이런 현상이 한국에서도 곧 일어난다. 지금은 생각할 수 없는 일들을 20년 후엔 우리 주변에서 쉽게 보게 될 것이다.

낮은 출산율과 고령화로 변화하는 가구 구성

●●● 우리나라 출산율과 고령화 추세를 보면 20년쯤 뒤에는 서울 시내에도 빈집이 등장할 게 뻔하다. 빈집 때문에 황량한 농촌 마을의 풍경이 슬슬 도시에서도 펼쳐질 것이다. 누구나 텅 빈 이웃집들 사이에서 홀로 살아가는 하루를 상상해봐야 할 듯하다. 가족 해체를 들먹이고 고독사를 걱정하며 신세타령에 빠져 있을 때가 아니다. 그러기에는 가구 구성의 틀이 빠른 속도로 변해버렸다. 부모 형제와 그 자손들이 무리를 이루며 살던 대가족의 풍경은 잔주름투성이의 흑백 사진에서나 볼 수 있다. 부부와 아들·딸로 구성된 4인 표준형 가구도 점점 줄어들고 있다.

1인 가구, 2인 가구 급증과 함께 한국의 표준 가정이 줄어들면서 가장 큰 충격을 받은 곳은 바로 주택시장이다. 신도시 아파트 분양이 되지 않고, 뉴타운이 실패하게 된 것도 이런 표준 가구의 변화를 읽지 못했기 때문이다. 정부의 내 집 마련 정책도 표준 가구의 붕괴와 함께 무너져 내리고 있다. 최근 5년 동안 아파트값이 두드러지게 하락하고, 전·월세파동이 빈번하게 발생했다. 재개발·재건축을 둘러싼 갈등도 끊이지 않았다. 이는 정부 당국자와 정치인들이 지난 50여 년 동안 '1가구 1주택' 정책*을 기조로 하는 내 집 마련의 꿈을 너무 키워놓은 데서 시작됐다. 정치인들은 선거 때마다 주택 한 채를 선물하겠다는 투의 약속을 빠뜨리지 않았고, 정부는 아파트 대량 공급정책을 밀어붙였다. 경기부양책으로 아파트값을 부추기고 이곳저곳에 신도시를 지었다. 국민은 남부럽지 않게 내 집에서 살고 싶은 꿈에 빠져들었다. 열심히 일하면 내 손으로 장만한 내 집, 우리 가족만의 오붓한 내 집을 챙길 수 있던 시절이 있었다. 정사원으로 취직해 결혼하면 마이홈을 장만하고, 가장은 돈을 벌고 부인은 육아와 자녀교육을 맡아 역할 분담이 이루어졌다. 우리 중산층은 그렇게 부피를 더해갔다.

1가구 1주택 내 집 마련 정책은 이런 가족주의를 기반으로 고성장시대에 실행됐다. 부부와 자녀 한두 명이 오순도순 살아가는 '표준 가족'을 전제로 삼았다. 가장은 회사에 들어가 승진을 거듭하며 장기 근무하는 것을 상식으로 생각했다. 주택자금을 대출받아도 원리금을 갚을 만한 소득은 확보되었다. 그렇게 꾸준히 가다 보면 아파트값이 올라 대출금 이자와 원리금 상환 부담을 몽땅 털 수도 있었다.

그러나 2000년대 들어서 모든 것이 변하고 말았다. 비정규직은 정사원만큼 많아졌다. 그들은 은행 대출금 이자를 제때 내지 못해 고통스

러워한다. 대출금을 얹어 마이홈의 꿈을 실현했다가 원리금을 갚느라 생활에 허덕이는 하우스 푸어가 108만 가구에 달한다는 통계도 나왔다. 1가구 1주택 정책의 전제 조건인 '표준 가족'의 틀이 완전히 붕괴한 셈이다. 내 집 마련 정책을 지탱해오던 기둥들이 무너진 시대에 정부는 옛날 정책을 그대로 밀고 가다가 뉴타운, 휴먼타운, 미니 신도시 등이 줄줄이 부실화해 버렸다. 조각조각 갈라진 암반 위에 초고층 빌딩을 올리려 했기 때문이다.

'표준 가족' 붕괴에 맞춰 주택정책 변해야

●●● 우리는 지난 10년 동안 무턱대고 주택 공급을 늘린다고 좋은 게 아니라는 것을 실감했다. 30~40대 젊은 세대 중 상당수가 오히려 내 집 마련의 꿈을 성취한 순간 대출금 부담에 찌드는 쓴맛을 보고 있다. 반값 아파트로 홍보하던 보금자리주택**이 바로 옆 아파트 단지의 값을 하락시킨다는 민원도 적지 않다. 우리나라의 주택 보급률은 2002년 처음 100%를 넘어섰다. 주택이 태부족이었던 시절은 가고 바야흐로 주택 잉여 국면이다. 자기 집 소유율은 61% 수준이라지만 전·월세라도 들어가 살 집은 어딘가에 있다는 얘기다.

정치인이나 정부가 내 집 마련 정책을 포기하겠다고 공표할 순 없을

** 보금자리주택
정부가 무주택 서민을 위하여 공공 부문을 통하여 직접 공급하는 주택이다.

것이다. 하지만 지금부터는 내 집 마련의 강박관념에서 벗어나 임대주택 쪽으로 주택정책의 중심축을 옮길 때가 왔다. 남의 집에서 싼값에 살 수 있는 임대 우대정책을 펴야 한다. 지금까지는 아파트 청약신청 자격도 온전한 가정을 구성한 가구에 우선권이 제공됐다. 미혼 사원에게는 사원주택 분양 때 신청 자격조차 주지 않는 회사가 적지 않았다. 나 홀로 가구, 독신생활자, 한 부모 가구가 다수가 돼버린 현실에서 '비(非)표준 가구'를 차별하면 빈곤층이 급증하는 결과를 빚는다. 분양자격부터 시작해 대출금 지원과 임대아파트 입주권 분양에서 차별을 두어서는 안 된다. 기업이 사원들에게 값싼 임대주택을 지어주면 세금 감면 혜택을 줘야 한다. '편안한 주거'는 인간이 갈망하는 가장 본능적인 복지 중 하나다. 정부는 손에 잡히지 않는 내 집의 꿈을 무작정 키워주기보다는 남의 집에서라도 발 뻗고 잘 수 있는 집을 싸게 공급하는 정책을 수립해야 한다.

표준 인생을 전제로 만들어진 건 주택정책만은 아니다. 50여 년 동안 '부모+자녀'로 조합된 4인 가족을 전제로 만들었던 제도들이 대부분 고스란히 남아 있다. 예를 들면 월급쟁이들 세금을 덜어주는 소득세 공제정책은 20세 미만의 자녀를 가진 가구에 많은 혜택이 돌아간다. 여기에 배우자 공제 혜택도 덧붙여진다. 결혼과 출산을 인생의 필수 코스로 여기는 정책이다.

이렇게 결혼과 출산을 장려하려는 뜻은 좋다. 하지만 문제는 자녀가 없거나 결혼을 하지 않으면 표준형의 틀에서 벗어난다는 이유로 불이익을 감수해야 하는 현실이다. 이혼 여성들이 견뎌내야 할 것은 이혼

녀라는 주변의 야릇한 시선만이 아니다. 이혼 합의서에 도장을 찍는 그 순간부터 각종 정책적 배려 대상에서 제외된다. 그래서 중년의 이혼 여성들은 빈곤층으로 추락할 확률이 가장 높다.

스스로 독신주의를 고집하는 젊은이들이나 결혼하기에는 벌이가 너무 빠듯해 결혼을 포기한 청춘들도 따돌림당하기는 마찬가지다. 이들도 값싼 임대주택 분양 신청 자격조차 박탈당한다. '비(非)표준'이라는 신분 때문에 차별을 감수해야 한다. 비(非)표준 세대들이 표준 세대에게 제공되는 혜택을 받지 못하는 세월이 길었던 것이 중산층의 몰락을 몰고 온 주범 중 하나라는 것을 알아야 한다.

우리 사회의 가구 구조는 이미 과거의 틀이 깨진 마당에 정책은 과거의 틀 속에 그대로 잠겨 있다. '비표준'으로 차별받던 집단이 새로운 표준으로 등장한 현실을 정치권과 정부 당국이 부정해온 것이다. 모든 남녀가 반드시 결혼하고, 반드시 자녀를 갖고, 반드시 내 집을 소유할 것이라는 인생 설계를 전제로 만든 정책과 제도는 이제 더 이상 끌고 갈 수 없는 막다른 골목에 도달했다. 한국은 표준 인생, 표준 가정의 모델을 완전히 바꾸지 않으면 안 되는 전환점을 돌고 있다.

31

부동산,
거꾸로 읽다 빠져 죽는 사람들

●●●● 세계 금융위기를 촉발시킨 리먼브라더스가 팔았던 것은 금융
상품만은 아니었다. 한때 캘리포니아에 여의도 2.5배 규모의 리조트형
신도시 프로젝트를 내놨다. 골프장·콘도를 건설한다며 4조 원 안팎을
투입했지만 입지가 나빠 분양이 안 됐다. 금융위기가 닥치기도 전에 공
사는 중단됐고 꿈의 신도시는 폐허로 남았다. 리먼이 지구 상에 소유한
빌딩은 20여만 동(棟)에 달했다. 모두 빚내서 쇼핑했다. 회사가 와르르
무너지기 전에 한 사원이 계산해봤다. 빚을 다 갚으려면 276년 후의 창
립기념일을 5주일 앞둔 날까지 줄곧 이익을 내야 했다. 부동산 쇼핑 대

금을 완불하려면 어림잡아 '300년 전쟁'을 각오해야 했다. 죽은 후 빚을 갚는 데 몇 백 년을 더 보내야 한다는 두려움 때문에 사원들에게 회사 도산은 차라리 희소식이었을 것이다. 자기 밑천 없이 남의 돈으로 날뛰었던 것이 리먼 몰락의 첫 번째 원인으로 꼽힌다.

그런 리먼을 닮고 싶어 하는 회사가 한국에는 적지 않다. 빚더미 무대에서 축제 판을 벌이는 파멸의 바이러스에 감염된 듯하다. 부동산 쇼핑벽(癖)에 관한 한 토지주택공사(LH)가 리먼 못지않다. 이명박 정권 시절 임대주택 100만 호 구상에 앞장섰다가 회사가 멍들었다. 파주에 신도시를 만든다고 땅을 마구 사들이더니 1조 3000억 원을 더 얹어 지급하는 선심을 썼다. 이 공기업이 전국을 돌며 마구잡이로 사인한 부동산 개발 계획은 다음 정권의 골칫거리가 될 게 확실하다. LH 사장은 한때 국회 목욕탕 앞에서 의원들에게 90°로 절했다. 그런 모습을 보며 "저렇게 열심히 일하는 공기업 사장이 있다니……"라고 평가해주는 사람도 있었다. 그건 착각이었다. 하릴없이 공짜로 허리를 굽히겠는가, 수십조 원에 달하는 빚더미를 털려면 어떤 과정을 거치든 국민 호주머니를 털 수밖에 없다. 공기업이 부도에 몰리면 세금으로 메워줄 수밖에 없다.

부동산 신앙에 빠져 있던 기업과 정부

●●● 삼성물산과 코레일도 '부동산에 묻어두면 언젠가 큰돈 된다'는 리먼식 부동산 신앙에 빠졌던 대표선수다. 두 회사는 서울 용산 역세권을 개발한다면서 5조 8000억 원이 적정하다는 땅을 8조 원에 사고

팔았다. 값을 40% 얹으면서 그 이상 오를 것이라고 계산했을 뿐, 40% 폭락할 리스크는 상상해보지 않았다. 31조 원을 들여 용산역 일대를 개발하면 연간 1억 3000만 명 이상 들락거릴 것이라고 했다. 5000만 동포가 매년 두세 번쯤 꼭 찾아가줘야 성공할 프로젝트다. 2024년쯤 인구가 감소할 나라에서 온 국민이 디즈니랜드 가듯 들뜬 기분으로 꼬박꼬박 용산 역세권을 찾아가줄 것이라고 믿었던 모양이다. 발밑에 지뢰가 깔린 줄 모르고 캘리포니아의 신기루만 좇아 달려갔던 리먼과 똑같은 발상이다.

이명박 정권 때 정부가 부동산 부양책을 16차례 내놨다는 보도가 있었다. 큰 대책만 10차례 발표했다는 보도도 있었다. 그만큼 부동산 경기를 띄우려고 했다는 얘기다. 하지만 아무리 대책을 발표해도 시장 반응은 없었다. 인터넷 사이트에 '급매물'이라고 다급한 엄살을 떨다 못해 '올 확장(베란다 확장 공사를 마쳤다는 뜻)' '올 수리(보수 공사를 끝냈다는 뜻)' 같은 보너스를 덧붙여도 좀체 팔리지 않았다. 중개업소가 "우선 둘러보고 값은 나중에 상의하자"며 가격 협상에 융통성을 보였건만 찾아오는 고객은 한산했다. "부동산이 이럴 줄 누가 알았겠습니까?" 부채 더미에 눌려 공무원들 수당을 깎은 지방자치단체의 시장들은 종종 동의를 기대하는 듯 사정을 설명하려고 한다. 부동산값이 떨어져 거대 개발 프로젝트가 무산되는 바람에 빚이 쌓였다는 것이다. 재정을 파탄 나게 한 원흉은 부동산이지 공무원이 무슨 죄냐는 말투다. 하지만 부동산값 하락은 1997년 1차 외환위기 이후 줄기차게 밀려드는 거대한 파도였다. 그걸 부정하고 물결을 거꾸로 읽다가 익사하는 사람들이 쏟아졌다.

저축은행 대주주들이야말로 부동산을 믿었다가 무너졌다. 2008년 금융위기를 탓하기도 하지만 거대 부동산 프로젝트는 그전부터 실속 없는 사업이 되고 있었다. 서울과 경기도에서 뉴타운 사업도 연달아 취소됐다. 신도시나 공단을 조성해 한바탕 잔치를 벌이려던 시장과 군수는 빚더미를 남긴 채 속속 감방에 가고 있다. 최근 몇 년 사이 구속된 지방자치단체의 장(長) 중 다수가 건설업자가 준 뇌물에 걸렸다. 부동산 경기가 좋을 때는 개발 이익에 흥청망청 취해 뇌물 거래를 덮을 수 있었지만, 분양 실적이 나쁘면 누군가 핑곗거리를 찾기 시작하면서 검은돈의 유통 과정이 노출된다. 수도권의 어느 전직 시장은 구치소에서 "부동산만 이러질 않았어도 내가 여기 있지 않을 것"이라고 넋두리했다. '부동산 종교'를 추종하던 독실한 신도가 믿었던 성직자에게 사기를 당한 듯 불평을 늘어놓는다.

노무현 정권 시절 '버블 세븐' 지역*은 정치적으로 부유층 공격의 소재가 됐다. 노 정권은 부동산값이 오르는 지역을 때리며 그들의 호주머니를 털기로 작심했다. 그곳의 부동산 거래를 여러 가지 규제의 사슬로 묶고 세금 폭탄을 집중 투하했다. 그러나 버블 세븐이라는 단어가 말하듯 그것은 극히 일부 지역에서 나타난 국지적인 투기 증상이었다. 노무현 정부가 기업도시·혁신도시를 만들겠다며 지방에 풀어제낀 토지 매수자금이 몇 곳으로 집중 투자됐기 때문에 발생한 일시적인 과열 증

2006년 정부가 부동산 가격에 거품이 많이 끼었다고 지목한 7개 지역. 이들 지역은 집값 급등의 핵심으로 불렸다. 2006년 버블세븐 지역으로는 '강남', '서초', '송파', '양천', '분당', '평촌', '용인'이 꼽혔다.

상이었다. 정부는 좁은 공간에서 터진 단기성 투기 증상을 전국적이고 장기적인 추세로 착각했다. 대응이 과격했던 것도 착시와 오판이 빚어 낸 결과였다.

정부나 지방자치단체뿐만 아니라, 재벌 그룹이 부동산 신앙에 빠져 그룹 전체를 망치는 것을 보면 동정심조차 생기지 않는다. LIG그룹도 재벌 모양새를 갖춘답시고 건설회사를 인수했다. '100% 분양 완료'를 자랑하던 경기도 용인·김포에 대단위 아파트 단지 설계도를 그릴 때만 해도 꿈에 부풀었을 것이다. 유독 이 회사가 운이 나빴던 것은 아니다. 경영진이 무능했던 탓도 아니다. "수도권 인기 지역에 LIG 브랜드까지 붙였는데 설마 미분양이라니……"라고 했겠지만, 용인에서 미분양이 남았고 김포 사업은 중단됐다. 효성그룹과 웅진그룹도 건설회사를 인 수했다가 똑같은 좌절을 맛봤다. 그들은 부동산 불황의 기나긴 터널을 보지 못했다. 모두가 몇 분만 참고 달리면 부동산 불황의 터널 끝이 보 이고 환한 세상이 펼쳐질 것이라고 믿었다.

경제성장 없이 부동산 시장은 부활하기 힘들다

●●● 과거에는 부동산시장을 점치는 족집게 전문가가 시장에서 나 왔다. 그러나 지금은 노벨상을 탔거나 탈 만한 경제학자들이 부동산 시 장을 연구한다. 부동산이 금융위기의 출발점이 되고 저금리가 부동산 버블을 몰고 오는 일이 어느 나라에서나 늘 발생하기 때문이다. 경제학 도의 필독 원론서를 써낸 하버드대 맨큐(Mankiw) 교수도 그중 한 사람

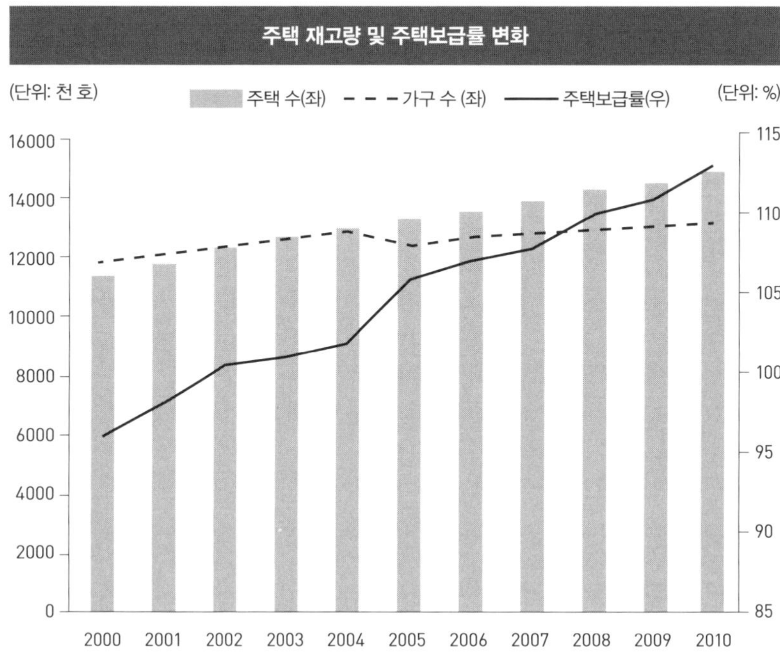

이다. 그는 생산연령인구(15~64세) 감소가 주택값 하락에 큰 영향을 줄 것이라고 벌써 예측했었다. 그 후 미국 집값이 줄곧 올라 맨큐는 물정 모르는 학자로 조롱받았다. 하지만 베이비 붐 세대*의 은퇴와 함께 금융위기를 겪으면서 길게 보면 인구 구조 변화가 주택 가격에 미치는 파

*** 베이비 붐 세대**

한국전쟁 전후에 태어난 사람을 뜻하며, 나라에 따라 연령대가 다르다. 한국의 경우 1955년에서 1964년 사이에 태어난 약 700만여 명이 해당된다. 미국은 1946년부터 1964년까지 태어난 7200만 명이, 일본은 1947년부터 1949년까지 출생한 806만 명이 베이비 붐 세대에 속한다.

장이 간단치 않음을 알게 됐다.

국내 부동산시장의 불안이 장기간 지속되는 이유는 기본적으로 경제성장 속도가 추락했고 저금리 국면이 계속되기 때문이다. 게다가 몇 년 새 베이비 붐 세대 710여만 명의 은퇴가 본격화하고 있다. 생산인구는 2016년 전후로 꼭지점을 찍고 줄곧 내리막길을 달려가도록 되어 있다. 3~4년 후 벌어질 일이다. 일본에서도 1995년 생산인구 감소가 시작되기 4~5년 전부터 부동산 값이 폭락했다. 부동산시장에 손님이 줄어든 이유가 이것만은 아니다. 우리는 더 심각하다. 20~30대 중 실질적인 비정규직 근로자가 40% 이상이 될 것으로 추정된다. 이 계층은 월수입 120만~130만 원으로 끼니를 때우고 아이 키우기조차 힘든 판이므로 내 집 마련을 꿈꾸기란 불가능하다. 주택 보유 의욕이 충만한 투자층은 갈수록 줄어든다고 보면 된다. 부동산시장의 개미투자자 집단이랄 수 있는 30~40대 신흥 고객층이 무너졌다. 시장을 떠받치던 아랫도리가 무너진 판에 뉴타운이든 신도시든 100% 분양 성공은 이룰 수 없는 환상이 되고 말았다.

저축은행 몰락, 뉴타운 좌절, 건설업체들의 줄도산, 지방 재정 파산의 바탕에는 부동산시장의 침체가 깔려있다. 앞으로 우리 부동산시장에서 한판 축제가 벌어진다면 그건 좁은 지역에서 잠시 나타나는 단막극에 머물 것이다. 부동산투자로 한몫 잡기란 여름밤 대도시에서 보는 별빛처럼 듬성듬성 깜박거리다 사라지는 수준일 것이다. 경제가 7% 이상 성장하고 인구가 급증하지 않는 한 전국의 부동산시장이 들썩거리는 기적일랑 기대하지 말아야 한다. 목 좋은 부동산이나 투자자금이 확실하게 확보된 개발 사업이 아닌 한 부동산 가격이 붐을 이루는 일은 정말 드물게 일어날 것이다.

이 때문에 앞으로 정부의 부동산정책은 가격 폭락 사태를 막는 데 집중해야 한다. 부동산값이 폭락하면 지금 저축은행에 머물고 있는 불길은 증권·보험회사를 거쳐 곧장 은행으로 튈 것이다. 1000조 원에 달하는 가계부채가 모든 금융회사의 부실을 재촉하면 금융위기로 번질 것이 뻔하다.

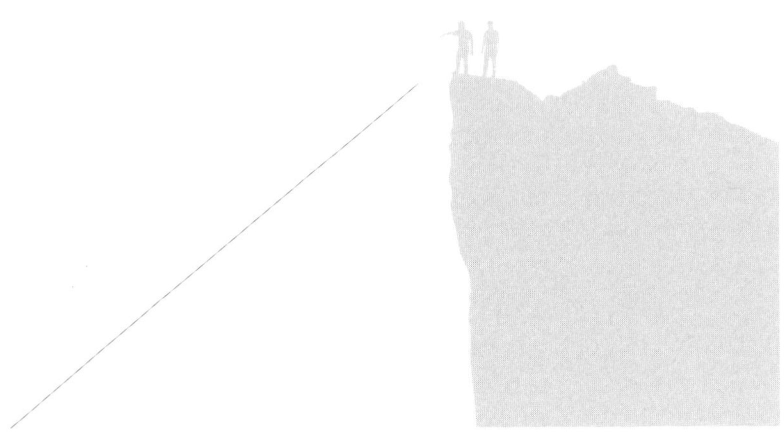

32
제조업만 붙들고 있다가는 **일본** 꼴 난다

●●●● "이 영화는 모든 것이 이탈리아 로마에서 촬영되고 녹음되었습니다." 오드리 헵번과 그레고리 펙이 나오는 고전명화 〈로마의 휴일〉에 맨 처음 등장하는 자막이다. 영화 타이틀로 볼 때 현지 로케이션이 당연하다고 여기겠지만 이런 자막이 나온 데는 사연이 있다. 〈로마의 휴일〉은 미국 정부의 원조자금으로 만든 영화다. 미국은 2차 세계대전 후 유럽 경제의 부흥을 위해 달러를 찍어 원조금을 주었고(마셜플랜), 유럽으로 나간 달러는 유럽 내에서 쓰거나 미국 상품을 수입할 때만 사용하도록 못을 박았다. '유로달러'는 이렇게 탄생했다. 영화제작사 파라마

운트는 미국이 유럽에 보낸 달러 중 재입국이 금지된 원조금으로 현지 로케를 했던 것이다.

나라경제를 지탱하는 성장 산업이 탄생하는 과정을 보면 정부의 조그만 정책 변화가 훗날 엄청난 효과를 내곤 한다. 할리우드 영화처럼 한국 반도체·전자산업도 그런 성공 노선을 밟았다. 일본 주간지《닛케이 비즈니스》(2011년 2월 28일자)'가 분석한 자료를 보면 삼성전자가 2000년부터 2009년까지 10년간 한국 정부로부터 감면받은 세금 액수는 7000억 엔(9조 8000억 원가량)이었다. 이 잡지는 일본 경쟁회사들이 반도체공장 네 개를 지을 금액을 면제받았다고 했다. 그러면서 "세제 혜택이 삼성전자를 지탱한다"고 분석했다. 삼성의 노력도 대단했지만 세금 감면이라는 '관군(官軍)'의 함포사격 덕분에 일본을 눌렀다는 논리다. 이걸 딱 잘라 부인할 수는 없다. 우리나라는 기업의 설비투자나 연구개발에 들어간 비용에는 어느 나라보다 대범하게 세금 감면 혜택을 주고 있다. 일본 기업들이 시샘할 만큼 다채로운 감면 메뉴가 제조업에는 갖춰져 있다.

세금뿐 아니라 전기요금도 탕감해주고 있다. 2010년 한해만 보더라도 현대제철이 796억 원, 포스코가 636억 원, LG디스플레이가 451억 원씩 전기료를 할인받았다. 제조업들이 챙겨가는 전기료 할인율은 연간 11% 선이다. 한전은 자기네 경영수지는 엉망이면서도 글로벌 회사로 성장한 대기업에까지 원가를 밑도는 값에 전기를 공급해준다. "제조업과 수출만이 살 길이다" "대기업을 키워야 한다"가 국가 생존전략의 제1장 제1절에 등장하던 시절의 경제정책이 그대로 이어지고 있다.

영화 〈로마의 휴일〉이 뜨던 1950년대 초반은 미국에 TV가 등장, 할리우드 영화가 위협받던 시절이었다. 정부 지원 덕분에 미국 영화계는 대형 스크린용 영화를 내놓으며 혁명적 변화를 일으키는 데 성공했다. 하지만 할리우드 영화가 세계를 장악하면서 미국 정부는 혜택을 줄여나갔다.

수출 제조업 외에 효자 업종 더 만들어야 한다

●●● 한국 경제가 지금 내려야 할 결단 중 하나가 바로 이것이다. 그동안의 제조업과 수출 기업에 제공하던 혜택을 줄이고 새로운 성장 산업으로 그 혜택을 옮겨야 할 시기가 왔다. 제조업과 수출 기업이 살아야 경제가 성장한다는 편식 체질부터 버려야 한다.

수출 제조업이 일자리를 만들어내는 효자 업종이라는 생각은 과거에는 맞았으나 지금 와서는 틀린 말이 됐다. 10억 원을 투자했을 때 전기·전자업종에서는 5.2명의 일자리가 나온다(2009년 고용유발 통계). 자동차업종은 8.6명의 일자리를 만들어내고 전력업은 3명, 정유업은 고작 1명에 불과하다. 지난 50년간 누구나 취직하고 싶어 하던 업종에서는 일자리가 거의 늘지 않았다. 반면에 똑같은 10억 원을 투입했을 때 교육·보건업에서는 무려 18.5명에게 제공할 일자리가 나오고, 호텔숙박업은 16.5명, 도산매 유통업은 16.1명씩 일자리를 만들어낸다. 통계로 보면 전자회사에 주던 10억 원의 세금 혜택을 회수해 그 혜택을 병원으로 돌리면 세 배 넘는 일자리가 생겨날 수 있다는 계산이다.

히트곡 한 편을 만들기 위해 수십 번의 실패를 거듭하는 K-팝 제작 회사에도 똑같은 논리를 적용할 수 있다. 스마트폰 개발 실험에는 넉넉한 세금 감면을 해주면서 싸이의 히트곡 '강남스타일'이 전 세계 팬들을 달궈놓을 때 과연 얼마나 세금 혜택을 주었는가. 스마트폰이 달러 벌이 상품으로 성공할 때까지 온갖 혜택을 제공했던 것처럼 K-팝 같은 한류 상품에도 그렇게 사전 투자를 감행할 생각은 없는 것인가.

정부도 서비스업종에는 별다른 지원 혜택을 제공하지 않지만, 회사나 월급쟁이들도 스스로 생산성을 높이는 일에 관심이 없다. 특히 우리나라 화이트칼라 계층의 생산성은 무척 낮다. 회사는 생산직에 대해서는 그토록 생산성을 올리라고 압박하면서도 화이트칼라에 대해서는 대범하게 넘긴다.

"점심때 자리를 비우지 마라." 한국인 사원이 글로벌 회사의 미국 본부에 입사한 후 한 달 만에 들은 경고다. 점심시간 내내 보이지 않으면 다른 회사 면접을 보러 간 것으로 해석한다고 했다. 사원들은 집에서 가져온 샌드위치를 혼자 먹거나, 햄버거나 피자를 단체로 주문해 간단히 때웠다. 이 회사에선 거래처를 접대해도 참석자 숫자와 식사 메뉴가 다 적힌 영수증을 회사에 제출해야 했다. 총액만 인쇄된 영수증은 무효다. 팀장의 사전 허락은 필수 절차이고, 접대 식사에서 와인 한 잔 값은 회사가 내주지만 두 번째 잔부터는 자기 지갑에서 지불해야 했다.

선진국의 글로벌 회사들이 화이트칼라 사원을 다루는 방식은 우리와는 딴판이다. 출근하자마자 신문을 펴들거나 커피를 마시며 엊저녁 술자리의 뒷얘기를 주고받는 풍경은 볼 수 없다. 사무직 사원들은

15분, 30분, 또는 1시간 단위로 자기가 하고 있는 일을 일기 쓰듯 매일 기록해야 한다. 거기에 "3시, 주말 캠핑 협의에 아내와 8분간 통화"라고 적을 수는 없는 노릇이다.

저들은 화이트칼라의 업무 긴장도를 높이려고 과학을 동원한다. 뉴욕의 어느 거대 은행은 한때 사무실 온도를 17°로 유지했다. 온도가 높으면 사원이 나른해져 일 처리가 늦어진다는 보고서를 믿고 한겨울에도 싸늘한 온도에 맞췄다. 미국 증권회사 중에는 실내 공조장치를 이용해 사무실에 산소를 공급하는 곳도 있다. 경영자 입장에선 산소량이 많은 사무실에서는 사원의 순간적인 판단력이 훨씬 좋아진다는 연구 결과를 따르지 않을 수 없을 것이다.

화이트칼라의 생산성을 높여야 한다

●●● 외국인이 한국 회사에 들어와 놀라는 것 중 하나가 사무직 사원들이 일하는 모습이다. 우리는 잡담과 사적인 통화는 기본권처럼 보장받는다. 업무 시간 중에도 사무실 컴퓨터로 온라인 게임을 즐기고 주식 거래를 할 수 있다. 달성해야 할 성과나 목표가 팀 단위로 설정돼 있고 사원 개개인에게 할당되지 않아 책임 의식이 약하다. 회의 전에 회의 자료를 돌리는 일은 드물고, 자료를 미리 주어도 읽어 보지 않고 회의에 참석하는 부원이 많다. 과장, 부장이 어떤 방향으로 결론을 낼지 윗분의 입놀림에 촉각을 곤두세울 뿐 자기 나름의 의견을 내지 않는다.

어느 외국인 사원이 요즘 세계적인 회사가 됐다고 뽐내는 한국 기업

한국과 OECD 국가의 생산성 수준 및 증가율

	생산성 수준 (달러 / 시간)	생산성 증가율 (%)
한국	28.3	6.4
미국	60.3	0.3
일본	39.8	4.1
독일	55.3	1.6
OECD 평균	44.1	1.5

자료 : OECD

에서 3년간 일하다 떠났다. 그는 3년 내내 풀 수 없었던 의문을 던졌다. "아침 미팅은 업무와 직접 관련 없는 잡담이 절반쯤 섞인 대화로 1시간을 보냅니다. 미팅 후엔 점심·저녁 약속을 잡는다고 여기저기 통화를 합니다. 점심때는 우르르 몰려나가고 1시간 이상 식사하면서 술을 마십니다. 오후가 되면 출출하다며 집에 가고, 저녁에는 모든 부원이 모여 법인카드로 회식을 합니다. 이런 회사가 어떻게 세계 최고 제품을 만들어내는 겁니까?" 그가 제기하는 의문이 바로 한국 경제가 안고 있는 골칫거리다. 우리나라 블루칼라층의 생산성은 끊임없이 상승해왔던 반면, 화이트칼라층의 생산성은 그다지 나아진 게 없다.

블루칼라가 많은 제조업종의 생산성(부가가치 기준)은 2008년 이후 3년 새 16.6% 상승했다. 하지만 대다수가 화이트칼라이고, 고임금을 받는 금융·보험업의 생산성은 3년 동안 100%에서 96.1%로 하락했다. 교육서비스업은 90%로, 과학·기술서비스업은 87.9%까지 추락했다.

회사 이익을 늘리고 국부를 키우는 데 훨씬 기여한 쪽은 블루칼라들이고, 머리를 굴리며 컴퓨터 자판이나 두들기는 사무직은 큰 도움이 못된다는 것을 짐작할 수 있다. 사무직이 기여한 몫을 깡그리 무시할 수는 없지만, 그 공헌도는 기술자와 생산직 사원들이 공정을 개선해 원가 절감에 기여한 것에 비해 한참 낮다고 봐야 한다.

독일 경제가 건강한 이유 중 하나는 블루칼라 계층이 튼튼하기 때문이다. 독일 회사들의 생산직 사원 숫자는 대개 사무직보다 다섯 배 안팎으로 많고, 회사 상층부 경영진도 생산직 출신이 점유하고 있다. 반면 우리나라 기업의 생산직 사원 숫자는 사무직보다 두 배 많은 정도다. 하얀 와이셔츠 집단이 상위에서 파란 작업복 부대를 지배하는 구조라는 뜻이다. 공장 라인에서 불량률을 0.1%포인트 낮추는 일을 맡는 쪽보다는 에어컨 잘 돌고 비서가 커피를 갖다주는 본사 빌딩에서 '눈치 10단'으로 사는 편이 출세의 지름길이다.

우리나라 취업자 숫자는 총 2424만 명이고, 그중 화이트칼라는 1000만 명으로 추정된다. 한국은 지금까지 블루칼라가 애써준 덕분에 국민소득 2만 달러 국가로 올라설 수 있었다. 우리 경제가 다시 성장 궤도에 올라서려면 화이트칼라들의 꽁무니에 불을 댕기지 않으면 안 된다.

인류 경제의 성장은 그동안 제조업, 블루칼라를 중심으로 이루어졌다. 지구 상에서 창조적 신기술이 가장 많이 등장했던 시기는 1873년 무렵이라고 한다. 자동차·전기가 발명되던 산업혁명의 한 중간 지점이다. 인류의 기술 혁신은 400여 년간 계속 발전하다가 그때 꼭지점을 찍은 후로는 주춤했다. 지금은 르네상스 시대인 15세기 수준까지 신기술 개발 속도가 추락했다는 보고서도 나왔다. 엔지니어들이 아무리 많은 특허를 출원한들 잔기술이 늘어날 뿐이다. 기차·비행기를 뛰어넘는 이동수단이나 종이처럼 가벼운 철강을 만들 큰 기술은 나오지 못하고 있다. 기술의 장벽 앞에서 세계 경제의 성장마저 시들해졌고 한국도 바로 그런 벽을 실감하고 있다.

우리 경제는 제조업에 의존하고, 수출 기업에 의존하고, 대기업에 의존하는 세 가지 의존증에서 탈출해야 한다. 제조업과 함께 서비스업종의 성장을 위해 파격적인 정책을 추진할 때가 왔다. 이제는 관광·의료·노후복지·건강·교육·문화산업을 업신여기고 깔보던 틀을 깨야 한다. 미국 정부가 〈로마의 휴일〉 제작을 지원했던 것처럼 소녀시대와 카라, 싸이가 새로운 인기 댄스를 개발하고, 여행사가 산뜻한 여행 코스를 발굴하는 데 왜 정부가 연구개발비를 지원하지 못한다는 말인가. 가장 우수한 인재를 뽑아 의과대학에서 교육시키면서 왜 우리 의료산업은 수출 효자 산업으로 성장하지 못하는 것일까? 공장 근로자들의 생산성을 면밀하게 따지면서 왜 화이트칼라 사원들의 생산성은 그토록 엄밀하게 측정하지 않는 것일까?

한국 경제가 50여 년 동안 수출 제조업을 중심으로 성장해왔다면 앞으로 50년은 서비스업종을 키워 경제성장을 이루는 또 하나의 날개를 달아야 한다. 금융위기 이후 미국의 젊은이들이 600만 명이나 외국에서 직장을 구했다고 한다. 대부분이 화이트칼라다. 우리 젊은이들도 국내에서만 직장을 찾지 말고 외국에서 좋은 직장을 구할 수 있도록 교육 체제를 바꿔야 한다. 특히 대학에서 국제적으로 통용될 인재를 생산해내는 교육 시스템이 절실하다고 할 수 있다.

33

기업이
농업혁명 일으켜야

●●● 밝은 형광등과 에어컨, 책꽂이처럼 만들어진 16층짜리 선반, 이쪽과 저쪽을 가로지르는 굵은 파이프, 하얀 장화와 유니폼, 마스크, 비닐모자로 무장한 종업원……. 여느 식품공장 같지만, 실은 일본에서 급속도로 늘고 있는 채소공장의 풍경이다. 상추, 토마토, 시금치를 1년 내내 대량 생산하는 채소공장이 일본에서 100여 곳이 넘었다. 채소는 밭에서 생산된다는 인류사회의 인식을 바꿔놓았다. 채소공장은 농민이 비닐하우스를 늘려 번듯한 공장 형태로 개조하는 식은 아니다. 미쓰비시케미칼이나 중견 식품업체들이 투자의 주역이다. 그 동안 채산

이 맞지 않아 투자를 주저했으나, 채소 키우는 데 필수적인 조명, 공조(空調), 이산화탄소(CO_2) 공급, 영양분 공급용 액체 등의 생산비용이 신기술 개발 덕분에 크게 낮아졌다. 한 번 지어놓은 공장에서 채소 종류를 바꿔가며 1년 내내 대량 생산을 하겠다는 포부다. 일본은 남극 기지에도 소형 채소공장을 만들어 혹독한 추위 속에서 신선한 채소를 자체 생산해 먹는 유일한 나라다. 일본 정부는 해마다 수백억 엔을 채소공장 설립에 지원한다. 그 보조금을 받아가는 것은 농민이 아니라 기업이다. 농민에게 주면 연기처럼 사라질 돈을 기업에 주면 신기술 개발, 비용절감 비법 축적에 요긴하게 쓰이기 때문이다. 미쓰비시케미칼의 채소공장에선 밭에서 쓰는 물의 10분의 1만으로 12모작을 해낸다.

채소공장은 2~3년 시차를 두고 한국에도 등장했다. 한국에선 '식물공장'이라고 부르지만, 아직은 걸음마 단계다. 여섯 개 안팎의 식물공장이 한국에서 가동 중이다. 국내 식물공장은 상추 등 엽채류를 주로 재배하고, 미나리와 비슷한 '아이스 플랜트(ice plant)'를 재배하는 공장도 있다. 아이스 플랜트는 씹으면 아삭아삭하고 소금처럼 짭조름한 맛이 나는 특수 작물로 고급 호텔의 레스토랑에서 쓰는 식재료다. 식물공장은 초기 투자비가 많이 들기 때문에 아이스 플랜트 같은 수익성이 높은 식물을 재배하는 것이 손해를 피하는 길이다. 상추 같은 채소는 시장가격이 낮아 한국에서는 아직 투자비를 회수하는 데 어려움을 겪고 있다는 얘기다. 농민들이 겁 없이 투자하기에는 이르고, 비닐하우스에서 키우는 채소보다 비쌀 수밖에 없다고 한다.

이 때문에 일본처럼 기업들이 투자하는 길을 찾아야 한다. 채소공장은 반도체공장처럼 철저한 공장 관리를 한다. 무균복을 입고 몇 단계 살균과 소독을 거친 뒤 재배실에 들어가야 한다. 공장 내 온도 조절부터, 조명 조절, 물 공급, 공기 조절 등 모든 것은 과학적으로 정확하게 하고 있다. 1년 내내 수확이 가능한 데다 인력도 많이 필요 없는 장점이 있다. 날씨나 기후 영향을 받지 않기 때문에 균일한 품질, 균일한 가격으로 제품을 공급할 수 있다. 한마디로 채소공장은 생산 공정을 관리하고 인력 배치나 기술 개발 등 모든 것이 제조업공장과 다를 게 없다. 식품 관련 대기업들이 자본력을 앞세워 투자하고, 공장의 생산성을 관리해야만 수지가 맞는다.

기업이 주도해야 성공할 수 있는 농업혁명

●●●● 채소공장이 채소 종류별로 성공하면 채소 공급은 안정되고, 가격도 안정될 것이다. 전국의 시금치공장에서 매일 일정량을 생산해 출하하면 가격도 일정한 수준을 유지하기 쉬울 것이다. 농산물 때문에 물가파동을 겪어온 주부들에게는 반가운 소식이 아닐 수 없다. 공장에서 과학적으로 채소를 기르기 때문에 농약 걱정을 덜 해도 된다. 이런 농산물혁명은 기업 참여를 통해 상당 부분 해결할 수 있다. 채소라면 무조건 농민들이 생산해야 한다는 식으로 농업을 농민들의 전유물로만 생각하면 농산물 공급혁명이나 농산물 가격혁명은 일어날 수 없다.

물론 대기업이 농산물까지 장악하면 농민들의 생계가 걱정되지 않을 수 없다. 기업의 채소공장에는 농민들을 주주로 참여시켜 이익을 내면 함께 배당금을 챙기도록 보장하고, 농민들을 채소공장의 종업원으로 채용하면 될 것이다. 기업과 농민들이 공존하는 길을 모색하면 얼마든지 타협할 방안을 찾을 수 있다.

농업 분야에 대기업, 그것도 글로벌 다국적 기업들이 속속 뛰어드는 것은 세계적인 조류다. 다국적 기업 몬산토나 듀폰은 더 이상 화학회사가 아니라 농업회사로 변신 중이다. 화약공장으로 시작해 화학섬유로 큰돈을 벌었던 듀폰은 인류 최초로 발명했던 나일론·스판덱스 같은 섬유 사업을 2004년 매각했다. 아스피린과 제초제로 전 세계를 휩쓸던 몬산토는 그보다 훨씬 앞선 1990년대 화학 부문을 팔아버렸다. 몬산토의 매출 중 거의 절반이 옥수수·콩·면화 종자 판매에서 나오고 있고, 듀폰도 이익 중 80%를 농업·식량 사업부에서 올리고 있다. 글로벌 기업들이 농업에 투자하는 이유는 미래의 돈벌이가 식량 사업에 있다고 보기 때문이다. 전 세계 인구는 급증하고 곡물 생산량은 2025년까지 두 배로 늘지 않으면 안 된다는 예측이다. 특히 인구 규모가 거대한 인도·중국의 중산층이 크게 늘어나면서 곡물 가격은 오를 수밖에 없다고 전문가들은 말한다. 르네상스와 산업혁명의 시대를 되돌아보면 지구 상의 중산층이 급증할 때마다 식량파동이 반복됐었다. 2007~2008년에 겪은 곡물파동은 서막에 불과했던 셈이다.

농업혁명은 식량 확보 문제와 직결

●●●● 우리가 식량 문제에 심각할 수밖에 없는 이유는 단지 인간으로

서 생존 문제가 걸려 있기 때문만은 아니다. 한국은 세계 곡물시장에서 물량을 확보하거나 값을 조정하는 데 어떤 발언권도 없다. 오히려 70% 이상을 수입에 매달려야 하는 처지다. 금융을 월스트리트에 의존하고, 석유를 중동 국가에 매달리듯 식량도 스스로 해결하지 못한 채 외국에 손을 벌려야 한다. 이런 막다른 골목길에서 탈출하는 방안을 찾아야 한다. 정부는 한때 외국에 초대형 식량생산기지를 만들겠다고 했다. 하지만 정부 주도의 해외 식량기지 구상은 대개 현지 땅값만 올려놓은 채 실패했거나, 사전 조사 부족으로 진도를 나가지 못하고 있다. 농민들끼리 만든 기업형 영농법인을 키우겠다는 계획이 성공 스토리를 몇 개 만들어내기는 했다. 하지만 소수의 조합원이 생계를 꾸리는 수준의 조그만 성공이었을 뿐, '저렇게 하면 국가적인 식량 고민이 해결되겠다'는 수준에는 까마득하게 미치지 못하고 있다.

미국·일본에서 시도하는 방식은 한국과는 정반대다. 미국·일본은 농민에게 농업회사를 만들고 이익을 내는 경영 노하우를 터득하라고 하지 않는다. 기업이 농업에 뛰어들어 돈을 벌도록 해주며 식량 문제를 해결하고 있다. 일본의 웬만한 백화점 지하슈퍼에 가면 알 에프 원(RF1)이라는 고급 채소 코너가 있다. 록필드(Rockfield)라는 식품회사가 운영한다. 이 회사는 2001년 도요타자동차에서 임원을 영입하여 채소 생산부터 유통 과정을 도요타 방식(JIT)으로 완전히 바꾸었다. 자동차를 조립한 후 고객에게 넘길 때까지 밟는 과정을 농산물 생산부터 소비자 장바구니에 넣기까지 그대로 도입한 것이다. 그 결과 채소에서 많이 나오는 쓰레기는 줄어들었고, 유통 과정에서 신선도는 최고 수준으로 유지하고 있다. 기업이 제조업 경영 방식으로 농산물 유통·판매를 개혁할 수 있다는 모범을 보였다. 우리는 '농업은 농민의 것'이라는 전제 아래 농민에게 기업가 정신을 심어주겠다는 접근법으로 2000년대 들어서만 수십조 원을 허비했다. 농촌, 농민이라면 그저 도와줘야 한다는 원초적인 정서로는 국가적인 식량 문제를 해결할 수 없다. 앞으로는 농민보다는 대형 식품회사나 유통회사에 보조금과 연구개발비를 더 지원하며 근본적인 식량 대책을 마련해야 한다. 농민들 생계 문제는 별도 대책으로 해결하면 될 것이다.

34

'20년 일본 불황'
뒤따라가지 않으려면

●●●● 일본 반도체회사 엘피다가 무너졌다. 히타치와 NEC·미쓰비시 전기의 반도체 부문을 합병해 발족했던 회사가 12년 만에 몰락한 것이다. 엘피다를 10년간 이끌었던 사카모토 유키오 사장은 유독 "타도 삼성"을 자주 입에 올렸다. 2009년 일본 정부로부터 공적 자금 300억 엔을 지원받을 때 '삼성 타도' 논리가 제대로 먹혀들었다. 한때는 대만 반도체 업계와 연합함대를 편성하려고 했고, 미국 마이크론 테크놀로지와도 손을 잡으려 했다. 하지만 침울한 장송곡은 삼성이 아니라 엘피다에서 먼저 울려 퍼졌다.

1980년대 말부터 1990년대 사이 일본은 세계 반도체시장(D램 기준)의 70~80%를 장악했었다. 하지만 2012년의 시장점유율은 10% 안팎이다. 1995년 세계시장을 통째로 지배하던 액정 디스플레이는 10년 만에 10% 선까지 떨어졌다. 일본산 내비게이션·TV·태양전지 셀은 더 빠른 속도로 시장을 잃고 있다. 샤프는 액정화면 분야에서 선두주자였다. 동영상 카메라와 PC 분야에서 수많은 세계 특허를 보유하고 있다. 그런 샤프가 임금을 삭감하더니 대량 감원을 실시했다. 최근 10년 사이 일본 제조업의 많은 것이 변했다. '소니은행'이라고 불리며 이익금을 주체하지 못하던 소니그룹이 연달아 적자 성적표를 내더니 파나소닉도 "핵폭탄에나 무너질 것"이라던 판매망을 으스대다 급속 후진 페달을 밟고 있다. '경영의 신'으로 존경받던 파나소닉의 창업자는 지하에서 경영을 잘못 가르친 자신을 탓할까? 아니면 경영을 잘못 배운 후배 경영인들을 탓할까?

엘피다의 경영진은 정부를 탓했다. 엔고 환율이 급소를 쳤다는 것이다. "최근 4년 동안 엔화는 줄곧 오르고 원화는 떨어져 한국산과 일본산 반도체 간에 70% 가격 차이가 났다." 반도체 기술 개발 경쟁에서 70% 가격 차이는 100m 달리기를 20m 뒤에서 출발하는 것과 같다고 비유했다. 샤프는 높은 세금을 들먹였다. 일본의 법인세는 40% 선이지만 한국의 경우 각종 감면 혜택까지 감안하면 실질 법인세가 15% 안팎에 불과하다고 툴툴거렸다. "한국에선 세금으로 수천억 원씩 들어가는 공장을 지어주는 셈이다. 한국 기업은 국민이 깔아준 라인에서 제품만 생산하면 된다."

일본 경영인들은 한국보다 훨씬 비싼 전기료를 불평하고, 국정의 최고 책임자인 총리가 외국 마케팅에 나서지 않는 것을 탓하기도 한다. 인허가 도장을 찍는 데 굼뜬 관료도 비판한다. 궁지에 몰리니 불만의 메뉴는 해마다 늘어간다. 일본 기업들이 처한 어려움은 '5중고(重苦)'에서 '6중고'로 늘더니, '8중고'까지 등장했고, 최근엔 'n중고'라는 단어가 탄생했다. 화살이 무능한 정치권을 거쳐 관료 집단을 향해 쏟아지더니, 어느새 방향을 돌려 내부의 적을 찾기 시작한 듯하다. 쪼들리는 형편에 내분을 겪는 회사가 늘고 있다.

일본 제조업은 한 세기 넘도록 미국과 유럽을 따라잡는 공정을 성공시켰다. 철강·조선업은 유럽에서, TV·반도체는 미국에서 발명된 것을 가져왔다. 자동차·전기·인터넷을 처음 선보인 나라도 일본이 아니다. 일본은 남이 개발해 놓은 것을 조금 싸고 조금 좋게 바꿔 남보다 조금 빠르게 팔았을 뿐이다. 한 가지 더 보태면 일본인이 남들보다 부지런히 일했다는 점일 것이다. 그러나 남의 특허를 비틀어 베끼는 모방 기술이나 남의 발명품을 보완하는 개량 기술의 한계는 여기까지다. 뒤따라가는 전략만으로 나라경제를 100년 이상 끌고 가기란 힘에 부친다는 것을 일본이 보여주고 있다. '기술 혁신의 담벼락'에 부닥쳐 성장의 엔진이 식어가는 증상이 뚜렷해진 것이다. 이런 일본을 보며 한국산 상품 몇 개의 축배가 해마다 찾아오는 추석 잔치처럼 이어질 것으로 착각해선 안 된다. 따라잡기의 선구자 일본을 베끼며 따라잡으려고 골몰했던 나라가 지난 50년의 한국 아닌가. 일본 제조업 성장의 굴절을 보며 '기술의 벽'을 뛰어넘는 전략을 찾는 것이 우리 경제의 등대를 밝히는 길이다.

장기 불황을 막을 수 있는 것은 과감한 거시경제정책

●●● 그러나 우리가 일본에 막힌 기술 장벽을 뛰어넘는다고 해서 장기 불황을 막을 수 있는 것은 아니다. 기술보다 중요한 것은 거시경제정책이다. 일본은 1980년대 말 사상 최고조의 호황을 즐긴 후 경제정책의 방향을 잃어버렸다. 엔화가 강세를 보이면 "언제 엔화 강세로 경제가 무너진 적이 있느냐"는 말로 위로하며 장래를 낙관했다. 또 "성장전략은 더 이상 필요 없다", "내수를 키우면 호황은 지속될 것이다"며 국가경제를 어떻게 끌고 갈지 크게 고민하지 않았다. 20년 불황의 시작을 어둡게 보는 견해는 찾을 수 없었다. 이런 상황 인식은 결국 정치권과 경제관료들이 어정쩡한 단기 불황대책을 추진하는 선에서 머물게 했다. 세제와 금융을 근본적으로 개혁하고, 사회 전반에서 성장시대와는 전혀 다른 실험을 해보려는 의지가 나타나지 않았다. 저금리와 금융완화로 돈을 풀기만 했을 뿐 돌지 않는 돈을 강제로라도 돌리는 방안을 실행하지 않았다. 그런 틈바구니에서 엔화는 자꾸 상승해 수출 기업들의 목을 조르게 됐고, 전자·철강·조선 등 제조업들이 타격을 입었다.

일본이 얼마나 안일하게 불황에 대처했는가는 요즘의 유럽을 보면 비교가 된다. 장기 불황에 빠져 있는 유럽에선 두 가지 실험이 눈길을 끈다. 영국은 중앙은행 총재에 캐나다 사람을 영입했고, 덴마크는 저금리정책을 뛰어넘어 마이너스금리제도를 실행하고 있다. 마크 카니(Carney) 잉글랜드은행 신임 총재는 318년 영국 중앙은행 역사에서 첫 외국인 수장(首長)이다. 그가 영국 옥스퍼드대학을 졸업했고 부인이 영국인이라는 것은 점심식사 자리의 잡담거리에 불과하다. 캐나다는 2000년대 10년 동안 선진국 중에서 가장 모범적이고 성공적인 금융정책을 펼쳤다. 중앙은행의 감시가 워낙 철저해 대형 은행 중 사고를 치고 구제금융을 달라고 손을 내민 곳이 없다. 2008년 금융 쇼크에도 어느 나라보다 조용했다. 캐나다 경제는 다른 나라들이 모두 허우적거리기 시작한 지 3년이 지나서야 성장률이 하락했다. 그 뒤에는 카니 캐나다 중앙은행 총재가 있었다. 영국은 장기 불황을 돌파하려고 중앙은행 총재는 자국인이어야 한다는 선입관을 버렸지만, 일본은 그런 모험을 할 생각조차 하지 않았다.

덴마크 중앙은행의 과감한 실험도 관찰해볼 만하다. 덴마크는 2012년 7월부터 기준금리를 마이너스 0.2%로 낮췄다. 마이너스금리는 일반 은행 예금자에게는 적용하지 않았다. 은행들이 중앙은행에 돈(준비예금)을 맡길 때는 보관료를 내도록 했다. 정부가 은행들에 여유 자금이 넘치면 묵혀두지 말고 대출금으로 풀라고 압박한 것이다. 더 무서운 불황을 막으려고 그동안 중앙은행이 하지 않았던 비상정책을 선택한 셈이다. 일본도 2012년 말 총선거 때가 되어서야 마이너스금리 도입 논쟁이 뜨겁게 달아올랐다. 아베 자민당 총재가 집권하면 지폐 인쇄기를 쌩쌩 돌리고 마이너스금리로 가겠다고 선언했다. 엔고(高)가 20년 불황을 조장했다고 보고 돈을 찍어내 엔화 가치를 낮추겠다는 접근법이었다. 일본은 앞으로 덴마크의 마이너스금리가 과연 성공하는지 꼼꼼하게 살필 것이다.

일본의 경제정책이 실패한 뒤에는 항상 무기력한 정치가 있었다. 나라가 위기에 빠져드는 것을 보면서 '결정을 안 하는 정치', '결단을 못 내리는 정치'는 제 역할을 하지 못했다. 일본의 정치권은 지난 20년간 해마다 총리가 바뀐다는 말을 들을 만큼 정신없이 지도층을 교체해왔다. 그동안 고이즈미 총리 시절 3년 동안 반짝 경기를 맛보았을 뿐이다. 총리의 잦은 교체로 경제계는 정치에 대한 기대를 접었고, 그토록 밀접하던 정치권과 경제계가 분리되기 시작했다. 게다가 관료 집단이 고집스럽게 과거의 권위와 특혜를 누리다가 국민의 원망을 샀다. 정치인들은 관료 집단을 비방해 표를 모으는 수단으로 삼기 시작하는 현상까지 나타났다. 재무성과 통산성 관료들을 우러러보던 시각은 어느새 싹 사라져버렸다. 일본 경제를 이끌어오던 정치와 기업, 관료 집단이 제각각 자기 길로 갈라서며 분화해버린 셈이다. 이런 상황에서 번듯한 경제정책을 합의 보기도 어려웠고, 기껏 합의한 정책도 그 힘을 마음껏 쓰지 못했다. 역대 총리마다 잃어버린 5년을 끝내겠다고 큰소리치거나 잃어버린 10년을 종식시키겠다고 했다. 지금은 잃어버린 20년을 통탄하고 있지만, 국가경제를 이끌어갈 정치권과 경제계, 행정부가 국가 진로에 대해 합의하지 못한 상태에서는 그 어떤 대책도 약발이 먹힐 리가 없다.

장기 불황의 조짐이 보인다면 바로 일본의 실패를 연구해야

●●● 우리나라가 2013년 이후 경제 불황이 장기 침체로 갈 조짐은 뚜렷해졌다. 어쩌면 이명박 정부 5년이 장기 불황의 출발점이었는지도 모른다. 그동안 성장을 지탱해오던 생산연령인구가 2015년을 전후로

줄기 시작한다. 총인구 숫자는 2030년까지 늘어난다 해도 일하며 돈 버는 인구는 곧 줄어들기 시작해서 앞으로 30년 동안 700만 명 가까이 줄어들 것으로 예상된다. 인구가 고령화하고 출산율이 낮아지는 현상은 일본의 20년 전보다 훨씬 속도가 빠르고 심각하다. 고령화가 일본 경제의 회복을 결정적으로 발목 잡았던 것이 한국에 바야흐로 닥쳐왔다. 한국인의 자산이 7할 이상 묻혀 있는 부동산시장은 이미 침체 파도 속에 휘말려 들어갔다. 50여 년 간 개인들이 축적해온 부(富)의 70%가 경제활동에 쓰이지 못한 채 썩어갈 것이라는 뜻이다. 불황이 장기 국면으로 갈 조짐은 여러 곳에서, 그것도 동시에 나타났다.

장기 불황에 들어갈 조짐을 읽었다면 우리는 일본의 실패를 반복하지 말아야 한다. 지금부터라도 범국가적인 연구팀을 만들어 일본의 실패를 연구하고, 일본 경제가 빠졌던 함정을 피하는 길을 찾아야 한다. 이 연구팀은 거물급 경제 전문가를 단장으로 영입하고, 최우수 학자와 현장 전문가 등 국내 최고 인재를 모아야 한다. 이 연구팀은 연구보고서를 내는 데 그치지 말고 정치권과 국민을 향해 우리가 무엇을 고쳐야 하는지를 포함해서 국가의 발전 방향을 제시하는 역할까지 맡아야 할 것이다. 이름은 '국가발전전략위원회'라도 좋고, '대한민국 2030년 청사진'이라고 해도 좋다. 장기 전략을 연구해 국가적인 합의를 이룰 수만 있다면 국가 지도자들이 과감히 도전해 볼 만한 일이다.

선진국들은 2008년 이후 장기 불황과의 전쟁에서 새로 개발한 무기를 총동원하고 있다. 중앙은행이 돈을 마음껏 풀고 정부가 재정지출을 늘리는 것만으로는 안 된다는 것을 알았기 때문이다. 경제학자들이 내놓는 신종 무기도 과거와 달라졌다. 1930년대 대공황 때 돈이 돌지 않자 어느 경제학자가 지폐에 유통기간을 표시할 것을 제안했다. "본 지폐는 2012년 12월 31일 이후 지폐로서 효력을 잃게 됩니다." 그러면 열심히 돈을 쓸 것이라는 아이디어였다. 지금은 기업들이 여유자금을 은행에 오래 맡겨두면 예금금리를 주지 말고 반대로 보관 수수료나 세금을 징수하자는 논의가 한창이다. 몇몇 국내 기업도 수조 원, 수십 조원씩 이익 잉여금을 쌓아두고 있다.

국가가 주식을 발행하는 첨단 무기도 새롭다. '㈜대한민국'이 주식을 발행해 조달한 돈을 경기 부양을 위한 군자금으로 쓰자는 발상이다. 노벨상을 받을 만한 경제학자들이 미국처럼 국가가 더 이상 채권을 발행하기 힘든 나라에 권하는 불황 타개책이다. 이들은 "기업은 투자 자금 확보를 위해 채권과 주식을 모두 발행하는데, 국가는 채권(국채)으로만 재정자금을 조달해야 한다는 법이 어디 있는가"라고 반문한다. '주식회사 아메리카'의 주식을 매입한 주주들에게는 성장률 같은 것을 기준으로 매년 배당금을 지급하면 된다는 논리다.

국가 지도자는 국가경제가 장기 불황으로 가고 있다는 판단이 서면 영국·덴마크처럼 모든 선입관을 버리고 파격적인 결정을 내려야 한다. 무엇보다 먼저 정치권과 재계, 관료 집단, 노동계가 한 방향으로 한국 경제를 끌고 갈 수 있는 분위기를 조성해야 한다. 고령화 저출산 문제에도 과감한 투자를 결정해야 한다. 거시경제정책 수단도 효험이 있다고 판정받은 것들은 모두 실험해봐야 한다. 나라가 온통 장기 불황에 끌려가지 않도록 신종 정책 무기를 총동원해 모두 써야만 한다.

35

'원'화를
천덕꾸러기 통화로 취급하지 말라

●●● 2010년 일본 경제산업성이 공개한 자료가 있다. 삼성전자와 경쟁사인 샤프의 법인세 부담을 비교했더니 삼성전자의 실질적인 세금 부담률은 10.5%, 샤프가 36.4%(2008년 결산 기준)다. 샤프가 연간 1500억 엔의 법인세를 더 냈고, 이 돈은 가메야마(龜山) 제2공장 투자액보다 많다. 이 보고서는 일본의 법인세 부담이 무거워 한국과 경쟁에서 밀린다고 강조했다. 세금 1500억 엔을 덜 낸 만큼 한국 정부가 삼성전자에 공장 하나를 지어준 꼴이라는 설명이다. 삼성전자의 신기록 행진이 멈출 줄 모른다. 분기마다 '사상 최대', '사상 최고'가 떠들썩하고 해마다 영업

이익만 수십조원에 이른다. 단일 회사 돈벌이로 우리 민족이 사상 처음 구경하는 금액이다. 결단력 있는 기술개발투자, 짜임새 있는 조직 관리, 고급 인재 영입 등 삼성전자의 강점을 깎아내릴 필요는 없다. 글로벌 기업으로 성장한 토양을 스스로 키워온 노력은 칭찬받아 마땅하다. 다만 삼성전자를 키워온 또 하나의 자양분이 환율이라는 점은 인정해야 할 것이다. 이명박 정권의 고환율정책에서 가장 큰 이익을 얻은 회사가 바로 삼성전자와 현대자동차다.

이명박 정부가 출범하던 2008년 2월 25일 환율은 1달러당 949원이었다. 5년 집권기간 동안 환율은 평균 30% 안팎 오른 상태를 유지했다. 환율 상승으로 꼭 이익이 늘어난다는 보장은 없지만 매출의 9할 가량을 외국에서 올리는 삼성전자의 경우 이익은 환율 따라 늘어난다. 같은 기간 엔-달러 환율은 20% 안팎 떨어졌다. 우리나라 수출 기업들은 일본 경쟁사에 비해 얼추 50% 안팎의 가격경쟁력이 생겼다고 할 수 있다. 무너지지 않는 요새를 구축한 듯하던 일본 경쟁사들이 퍽퍽 쓰러진 것도 무리가 아니다. 그러나 고환율정책으로 원화 가치를 떨어뜨린 것이 반드시 좋다고만 볼 수 없다. 수출 대기업들에는 최고 호재일지 몰라도 수입업체나 내수 기업들은 피해자가 되어야 한다.

나라의 경제력이 응축된 것이 그 나라의 돈

●●● 한 나라의 경제력을 측정하는 통계는 여럿이다. 국가신용등급은 빚을 갚을 능력을 측정하는 도구이고, 국내총생산(GDP)은 국가 경

제의 덩치를 재는 지표다. 하지만 어떤 나라의 경제력이 가장 옹골지게 응축된 곳은 그 나라의 돈이다. 경제가 건강하면 통화에 힘이 실리고, 경제가 무너지면 통화도 함께 사라진다. 40여 년 전 캄보디아의 돈은 하루아침에 휴지가 됐다. 경제가 처참한 지경에 몰리자 새 정권이 들어선 후 기존의 국가 화폐를 무효화했기 때문이다. 캄보디아 사람들은 옛 지폐를 이어 붙여 쇼핑백이나 지갑으로 재활용했다. 에콰도르는 2000년 1월 재무부 건물 앞 광장에서 자기 나라 화폐를 불태우는 세레모니를 가졌다. 미국 달러를 에콰도르의 공식 화폐로 선포한 직후였다. 햄버거도 달러로 팔기 시작했고 은행 예금도 달러로 받았다. 하지만 "미국의 식민지가 될 수 없다"고 울부짖는 데모는 없었다. 국회에서 몸싸움도 없었다. 반복되는 인플레, 금융위기, 외환위기에 진저리쳤던 에콰도르 국민은 자기네 지폐가 연기 속으로 사라지는 화형식에 통쾌한 듯 박수를 쳤다.

우리 원화가 캄보디아·에콰도르의 화폐처럼 몰락할 것이라고 보는 사람은 아무도 없을 것이다. 한국은 G20 멤버이고, 국가신용등급도 A급이다. 전 세계 반도체시장을 휩쓸고 세계 최강의 조선회사도 거느리고 있다. 이런 나라의 멀쩡한 통화가 어느 날 돌연사하거나 화형식을 당한다는 게 상상할 수 있는 일인가.

원화가 한두 번의 조작 실수로 컴퓨터 속의 비밀 파일이 사라지듯 급사할 리가 없다고 믿는다면 우리는 다른 의문을 던져봐야 한다. 무역 규모 세계 8위, 경제 규모 세계 13위 국가의 화폐가 왜 외국에서는 도통 통하지 않는 것일까? 왜 '10억 원'이라고 인쇄된 원화 채권이 도쿄나 런던에서는 팔리지 않고 서울에서만 팔리는 것일까? 왜 뉴욕의 주요 은행에선 5만 원권 현찰 뭉치를 들고 가도 달러로 바꿔주지 않는 것일까? 우리가 연변 조선족 마을의 식당과 방콕의 한국인 단골 골프장에서 우리 지폐를 받는 것에 감격할 때는 지났다. 어쩌다 외국여행 중 한국 돈으로 계산이 끝나는 걸로 '조국의 힘'을 느끼며 주먹을 불끈 쥐어보기도 쑥스럽다. 국제금융시장에서 아무런 존재 가치를 발휘하지 못하는 게 원화이기 때문이다.

사담 후세인은 미국과 싸우며 원유 수출 대금을 유로화로 받으라고 명령했다. 하지만 그가 마지막으로 숨어들어 간 지하 굴에서 체포됐을 때는 75만 달러의 현찰 뭉치가 함께 나왔다. 미국을 그토록 증오했던 후세인마저 생사가 갈리는 궁지에서는 달러만을 비상금으로 쓸 수 있다고 믿었던 것이다. 2012년 가을엔 독도를 둘러싼 분쟁 여파가 통화 마찰로 번졌다. 일본은 한국이 통화 스와프 협정을 연장해달라고 무릎을 꿇어야 통화동맹이 이어질 것이라고 했다. 그들은 한국의 급소 어느 곳을 찔러야 피눈물을 흘릴지 '눈물샘'을 잘 알고 있다. 엔화는 세계 어디서든 달러나 유로화로 바꿀 수 있는 돈이지만, 원화 채권이나 한국산 금융상품은 후세인의 달러 뭉치 같은 비상용이 되기는커녕 위기 조짐만 보이면 가장 먼저 내던져야 할 돌이라는 것을 꿰뚫고 있다.

일본은 4년 전에도 우리가 2000억 달러가 넘는 외환보유액을 갖고서도 쩔쩔매는 꼴을 바로 옆에서 보았다. 2012년 말 현재 우리가 3200억 달러가 넘는 보유 외환을 자랑하지만, 그중엔 미국 주택금융공사에 볼모로 잡혀 있는 게 얼마라는 것, 급할 때 현금으로 동원할 수 있는 금액이 얼마 되지 않는다는 것을 간파하고 있다. 한국은행 총재는 일본과 독도 마찰이 진행되던 무렵 중국에 "양국 간 통화 스와프를 상설화하자"고 제안했다. 통화동맹*을 영구화하자며 머리를 조아린 것이다. 이명박 정부는 자존심을 접고 일본에 허리를 굽히기보다는 덤터기를 다음 정권에 떠넘기고 튀었다. 고환율정책으로 원화가 갈수록 천덕꾸러기 통화로 신분이 강등되는 줄도 모르고 자동차·반도체 수출만이 최고라고 여겼다. 나라경제가 이만큼 컸으면 국가 지도자는 원화를 금덩어리처럼 튼튼한 화폐로 만들어보려는 시도를 해야 한다.

＊ 통화동맹
다수 국가가 일정의 통화(通貨)를 공통의 법정통화로 할 것에 합의하고(화폐동맹, currency union) 통화금융정책에 대해서도 어떠한 협력관계를 수립한 것이다.

36

달러 패권시대
저물기를 기다리지 말라

●●●● 2008년 금융위기가 터지자 달러 패권시대의 종말을 알리는 발언이 잇달아 터졌다. 월스트리트의 머니파워(금융력)를 깔보는 여론이 지구 위를 한바탕 휩쓸고 지나갔다. 그럴 수밖에 없는 이유가 있었다. 주가 하락, 달러 하락, 경기 하강이 겹친 음침한 분위기에서 미국의 거대 금융회사들이 중동, 싱가포르, 중국, 일본에서 구제금융을 받아 갔다. 큰손 투자자인 조지 소로스도 달러시대의 종막을 예언했다. 당시 메릴린치라는 미국 은행에 20억 달러를 출자했던 한국도 '달러 깔보기' 대열에 합류했다. 국내 어느 경제연구소는 달러화가 지배하던 독점시

대가 저물어가고, 달러와 유로화, 엔화, 위안화가 발언권을 나눠 갖는 과점시대가 온다고 예측했다.

미국 경제 쇠퇴론이나 달러 패권시대 종말론은 금융위기가 닥칠 때면 언제나 떠올랐다 사라졌다. 1980년대 후반 블랙 먼데이(월요일의 주가 폭락)를 겪을 때도 그랬고, 1990년대 초반에는 거대한 무역 적자에 놀라 미국이 곧 망할 것처럼 많은 경제학자가 비관했다. 1990년대 후반 아시아 외환위기에 이어 러시아가 외채 상환을 중단해버렸을 때나, 2000년대 들어서 IT 버블이 붕괴되고 9·11 테러가 발생했을 때도 어김없이 미국 경제 붕괴설이 그럴듯하게 나돌았다.

그러나 미국의 머니파워는 금융위기 때 더 큰 힘을 보여줬다. 미국은 다른 나라 돈을 위기 돌파용으로 낚아 쓰는 데 천재적이었다. 1980년대에는 엄청난 흑자를 내던 일본과 손잡았다. 한 통계를 보면 1983~1989년 사이 미국의 국제수지 적자액 중 41%를 일본의 외환보유고가 메워줬다. 일본은 미국 정부가 발행한 채권을 가장 많이 사주었고, 한때 페블비치 골프장과 록펠러 센터 빌딩까지 사주었다가 되팔기도 했다.

2000년대 들어서는 중국이 미국에 돈을 대주는 역할을 시작하더니 곧이어 아시아-중동 국가들이 미국에 달러를 맡겼다. 미국 입장에서 보면 파트너만 바뀌었을 뿐, 남의 돈을 가져다 금융위기를 넘기는 전략은 변하지 않은 셈이다. 지금도 무역 흑자로 달러를 비축한 국가들이 하나 둘 낚여 들어가는 것을 보면 미국의 금융파워가 쉽게 침몰할 조짐은 없다.

전 세계를 휘젓고 다니는 '달러'

●●● 미국은 무엇보다도 돈의 흐름을 길목에서 장악하고 있다. 씨티은행부터 헤지펀드에 이르기까지 글로벌 금융 네트워크를 미국처럼 튼튼하게 보유한 나라는 지구 상에 존재하지 않는다. 서브프라임 사태*이후 미국 경제와 달러화에 조그만 상처가 생겼지만, 치명적이랄 수는 없을 것이다.

미국은 지구 상의 달러를 마음껏 주무르는 데 그치지 않고, 자기 힘만으로 일어설 도구까지 갖고 있다. 달러를 인쇄하는 파워다. 세계 어디서나 통하는 달러를 갖고 있다. 지금도 미국 중앙은행은 최저금리 상태에서 돈을 찍어내는 금융완화정책을 고수하고 있다. 2014년까지 이런 정책을 끌고 가겠다더니, 계속 그 시기를 연장하고 있다. 심지어 2012년 12월에는 실업률이 7%에서 6.5%로 낮아질 때까지 제로금리정

*** 서브프라임 사태**

비우량 주택 담보 대출. 신용도가 일정 기준 이하인 저소득층을 상대로 한 미국의 주택 담보 대출을 말한다. 모기지 서브프라임이라고도 한다. 미국의 주택 담보 대출은 프라임(prime), 알트-A(Alternative A), 서브프라임의 3등급으로 구분된다. 이 가운데 서브프라임 등급은 부실 위험이 있기 때문에 프라임 등급보다 대출금리가 2~4% 정도 높은 게 일반적이다. 2000년대 들어 유동성 과잉과 저금리로 부동산 가격이 급등하자, 이에 편승한 모기지론(mortgage loan) 업체 간의 과당 경쟁으로 미국 주택 담보 대출시장에서 서브프라임 등급이 차지하는 비중이 2002년 말 3.4%에서 2006년 말에는 13.7%로 급상승했다. 그러나 급상승하던 집값이 하락세로 돌아서고 2004년 이후 FRB(미국 연방준비제도이사회)가 정책 목표금리를 17차례에 걸쳐 1.0%에서 5.25%로 대폭 올리자 이자 부담이 커진 저소득층이 원리금을 제때 갚지 못하게 되었다. 이로 인해 서브프라임의 연체율이 20%로 급상승, 2007년 4월 미국 제2의 서브프라임 모기지론회사인 뉴 센트리 파이낸셜(New Century Financial)의 파산 신청을 시작으로 이른바 '서브프라임 모기지론 사태'가 일어났다.

책과 금융완화정책*을 밀고 가겠다고 발표했다. 경기 회복이 되고 실업자가 줄어드는 것을 확인하는 순간까지 달러 인쇄공장을 돌리겠다는 선언이다. 미국의 금융완화정책으로 전 세계 환율전쟁은 지속되고 있으나, 미국 정책에 반대해 전면전을 벌일 힘을 가진 나라는 없다. 많은 나라가 미국의 정책에 그저 불만을 터뜨리며 자기 나라 환율을 조정하는 대응 방안을 찾느라 부산할 뿐이다.

미국은 1971년에도 무역 적자가 쌓여 달러 가치가 하락하는 책임을 독일·일본에 떠넘겼다. 달러 무죄론을 앞세워 미국은 당시 주요 국가와 환율을 강압적으로 조정했다. 그 후 2년 만에 1차 오일쇼크**가 발생했다. 석웃값 폭등에 온 세계가 침체에 빠졌지만, 달러를 살포했던 미국이 "내 탓이오"라는 반성문을 쓴 적은 없다. 미국이 경제 전쟁의 와중에서 상대방에게 오물을 먼저 끼얹고 보는 전략은 그때나 지금이나 똑같다. 리먼 쇼크로 벼랑 끝에 몰릴 때만 해도 미국은 주요 20개 국가와 손잡고 함께 고난을 넘기려는 동지 의식을 강하게 표시했다. 하지만 미국 주도의 국제공조는 어느새 금이 가고 G20 정상회담에 대한 관심도 싸늘하게 식어가고 있다. 들어갈 때는 같은 문으로 어깨동무하고서 갔으나 나올 때는 미국부터 다른 문으로 탈출해 뿔뿔이 흩어지는 꼴이다.

*** 금융완화정책**
중앙은행이 지급준비율 인하, 재할인율 인하, 공개시장 매입 조작 등을 통해 유동성을 공급하는 정책이다.

**** 1차 오일 쇼크**
1973년 10월 6일 발발한 제4차 중동전쟁이 10월 17일부터 석유전쟁으로 비화한 사건이다.

1985년 플라자 합의 때도 그랬다. 5대 경제 강국끼리 뭉쳐 위기를 이겨내자는 합의가 미국 주도로 뉴욕에서 이루어졌다. 경제정책을 서로 감시하는 체제까지 만들었다. 미국은 계속 달러를 찍어내 미국의 경기 부양에 몰두했다. 미국의 압력에 진저리를 내던 독일은 어깨동무에서 빠져나가 독자 노선을 걸었다. 2년 후 가을 어느 월요일(Black Monday) 전 세계 주가는 폭락했다. 미국은 금융위기가 올 때마다 달러를 찍어 '헬리콥터로 살포'하는 방식으로 위기를 넘겨 왔기 때문에 어디 가나 달러가 넘치는 지경이다. 전 세계 모든 나라의 경제활동 결과를 합친 액수(명목 GDP)보다 3.2배나 많은 금융 자산이 지구 위를 휘젓고 다닌다는 통계도 있다.

특히 최근 10여 년 동안 금융 자산이 폭발한 속도는 100년 사이 인류가 처음 경험하고 있다. 지구 위의 모든 나라는 역사상 경험하지 못했던 상황이다. 돈이 요즘처럼 헤프고, 주요 국가의 이자율이 이처럼 동시에 낮았던 시대는 인류 역사상 없었다. 지폐에 붙은 가격표가 가장 싼 시대에 우리는 살고 있다.

저금리시대는 언제나 대폭발을 유발했고 패권의 교체를 낳았다. 이탈리아 제노바를 비롯한 주요 도시 국가의 금리가 0% 쪽으로 다가갔던 시기는 1611년부터 10여 년간의 일이었다. 결국 버블이 붕괴했고 유럽 경제의 주도권은 17세기 후반기부터 네덜란드로 넘어갔다. 네덜란드도 18세기 후반 초저금리시대를 겪은 후 영국에 패권을 넘겼고, 다시 1세기가 지나 영국이 미국에 밀리기 전에도 저금리시대를 통과했다. 저금리정책이란 슈퍼마켓 입구에 쌓인 티슈처럼 돈이 할인 판매되는 '화폐 바겐세일'과 다를 게 없다. 한국이 고환율을 지키는 정책이나 미국이 달러를 찍어내는 정책도 화폐 바겐세일이다. 많은 나라가 동시에 화폐 바겐세일 경쟁을 벌인 끝에 지금은 두려움과 공포에 떨고 있다. 달러패권의 교체 시기를 10년 후일까, 20년 후일까, 30년 후일까 하고 점치는 예언들이 나올 수밖에 없다.

쉽게 몰락하지 않을 달러패권

●●● 하지만 달러패권의 종말론이 등장할 때마다 확인된 사실은 "달러를 왕의 자리에서 끌어내리기는 너무 힘들다"는 것이었다. 달러를 대신해줄 통화부터 마땅치 않다. 벌써 유로화도 힘을 잃지 않았는가. 영국 파운드화나 일본 엔, 스위스 프랑도 전 세계가 공통으로 쓰기엔 기초적인 유통망조차 갖춰지지 않았다.

미국 경제의 추락을 보면서 월스트리트가 황무지로 변해버릴 듯 미국을 조롱하는 전문가가 적지 않았다. 미국형 금융 자본주의에 "카지노 경제의 종말"이라고 마음껏 경멸하는 보도가 이어졌다. "그럴 줄 알았다"며 주택 버블 붕괴를 미리 알아차리지 못한 그들을 한껏 비웃는 족집게 도사도 많았다. 그러나 미국이라는 거대한 코끼리가 한쪽 발을 절름거리는 꼴을 보고 곧 무덤으로 떨어질 것이라고 속단할 일이 아니다. 다시 일어설 체력이 남아 있기 때문이다. 오히려 육중한 코끼리가 잠시 쓰러질 때 아예 깔려 죽을 수 있는 존재가 한국이라는 점을 잊어서는 안 된다.

한국은 1985년 플라자 합의 이후 달러 하락, 저금리, 유가 하락 같은 국제적인 자금 흐름의 변화에 잘 올라탔었다. 덕분에 당시 3년여 동안 큰 호황을 누렸다. 반면에 1995년 로버트 루빈 미국 재무부 장관 취임 후 시작된 '강한 달러-고금리' 시대에는 대세를 잘못 판단해 2년 후 온 나라가 처참한 1차 외환위기를 겪었다. 2000년대 들어서도 국제적인 머니게임에 제대로 대응했다고 보기는 어렵다. 인도, 중국, 브라질을 비롯한 전 세계가 폭발적인 호황을 누렸으나, 한국은 4~5% 성장에 머물렀다. 그러다 이명박 정권 때는 다시 2차 외환위기를 겪었다. 미국 주도로 국제 금융시장이 출렁일 때면 우리는 언제나 거대한 쓰나미에 온 나라가 출렁거렸다.

세계시장을 지배하는 통화는 대부분 전쟁을 거쳐 패권 교체가 이루어졌다. 인류 패권통화의 수도가 로마에서 마드리드를 거쳐 런던, 뉴욕으로 옮겨갈 때마다 큰 전쟁이 필연적으로 발발했다. 달러가 아무리 허약해졌다고는 해도 미국의 국력이 중국이나 다른 도전국가에 큰 타격을 받기까지는 버틸 수 있을 것이다. 괜스레 달러패권 종말론에 휘둘려 나라경제를 망칠까 두렵다.

37

'경제 대통령'치고
경제 아는 대통령 없다

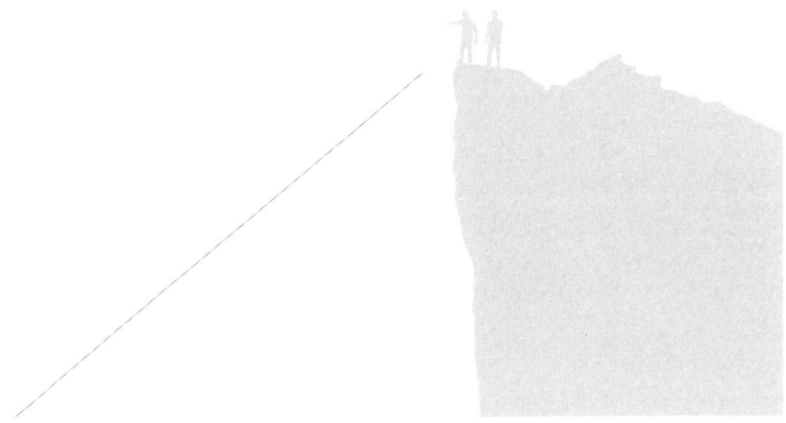

●●●● **일본** 도쿄의 세미나 자리에 노인들이 많아진 것은 벌써 10여 년 전부터다. 저명인사의 무료 강연회는 퇴직자들의 신청이 많아 추첨에 뽑혀야 참가할 수 있다. 증권회사가 자산 관리 비법을 설명하는 세미나에 비싼 참가비를 선뜻 내고 앞자리를 점거하는 고객층도 대개는 은퇴자 집단이다. 어느 경제 세미나에서 토론 참석자가 질문을 던졌다. "여러분들 중 데플레가 좋다고 생각하는 분은 손들어보세요." '데플레'란 '디플레이션(deflation)'의 일본식 표현이다. 경기는 바닥을 헤매는 가운데 부동산과 물가가 하락하는 국면으로 20년 장기 불황을 압축한 단

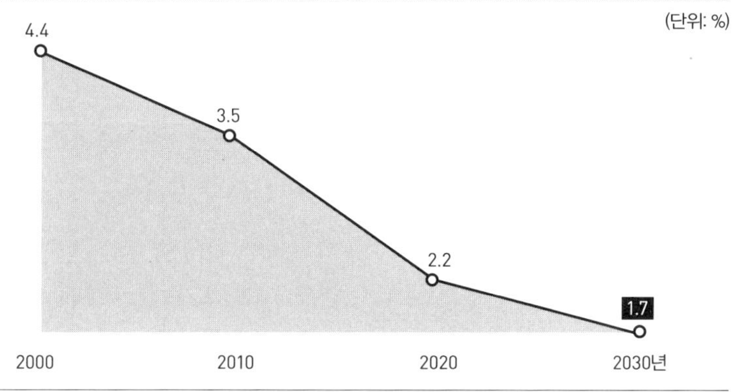

어다. 데플레 퇴치야말로 일본 총리에게 우선순위가 가장 높은 국정과제다. 하지만 TV 속의 청중 7~8할은 데플레가 좋다고 손을 들었다.

인구 구조가 바뀌면 민심도 변한다. 고령화로 머리 희끗희끗한 청중이 갈수록 늘어가는 서울의 세미나 풍경에서 10년 후 민심을 어림짐작해볼 수 있다. '지금 이대로가 좋다. 변하는 것은 두렵다'는 인구가 다수가 되는 시대가 한국에도 닥쳐왔다. 나랏빚이 너무 늘어 재정이 파산 직전이라고 아우성쳐도 일본의 노인 유권자들은 "뭘 바꾸느냐. 그동안 하던 대로 하자"며 세금 인상에 반대표를 던진다. 주택가에 대형 슈퍼가 들어서지 못하게 기껏 막아놨더니 "걸어서 10분 거리 내에 슈퍼가 없으면 안 된다"고 보챈다. 나라경제가 뒷걸음치든 말든 물가가 하락하면 노인들에겐 천국이다. 우동값은 오늘보다 내일 더 떨어지고, 모레는 더 싼 장어덮밥을 먹을 수 있다. 이런 세상이 대한민국을 기다린다.

UN의 인구 전망치를 보면 2010년 현재 일하는 국민(생산연령인구)에 비해 돈벌이 안 하는 사람들이 많아 가장 부담스러운 나라는 나이지리아다. 100명이 86명을 먹여 살린다. 2050년에는 일본이 1위로 올라선다. 38년 후 한국은 세계 5위의 노인국가로 등극한다. 땀 흘려 일하는 100명에게 85명의 아이와 노인들 밥줄이 주렁주렁 매달려 있을 것이라고 한다. 경제가 쑥쑥 성장할 때는 밥투정하는 식구도 적어 보인다. 하지만 한국은 성장이 멈춰가는 나라다. 엔진이 뚝 꺼지지는 않았지만 최근의 성장 속도는 유럽·일본 같은 고령국가와 비슷하다. K-팝이 뜨고 휴대폰과 반도체가 세계 1위라고 으스대봤자 나라경제는 거침없이 뛰어 달리던 모습을 잃었다. 느릿느릿 잔걸음, 비틀걸음 하는 수준으로 바뀌었다. 곧 "그냥 이 자리에 앉아 도시락이나 먹자"는 계층이 여론을 주도할 것이다.

경제성장의 역사를 연구하는 학자들은 인류가 풍요로운 삶을 목표로 빠른 속도로 뛰기 시작한 계기는 18세기 산업혁명이라고 본다. 공업화가 역사상 가장 폭발력이 컸던 성장의 분기점(分岐點)이었다. 우리 경제는 1962년 경제개발 5개년 계획을 기반으로 경제성장의 깃발을 올리며 분기점으로 삼았고, 수출 대기업을 키워 성장을 지속해왔다. 노무현 전 대통령은 '등 따숩게 살아온 사람들'에 대한 반감을 노출하며 분배를 강조했고, 김대중 전 대통령도 재벌개혁을 외치며 대기업 중심 구조를 손보려고 했었다. 하지만 대통령이 여덟 번 바뀌면서 경공업에서 중공업을 거쳐 IT산업에 이르기까지 정책 변화를 추구했으나, 국가경제를 지탱해온 수출 대기업 중심의 프레임을 변형시키지 못했다. 노무현

대통령이 한미FTA를 추진하고, 이명박 정권이 고환율·저금리정책을
고집해온 이유도 50년 동안 유지해온 경제의 틀을 잘못 고쳤다가 경제
전체가 주저앉을지 모른다는 두려움 때문이었다. 1990년대 중반 개방
속도를 한층 높이고 내수 소비를 중시하는 경제로 전환을 시도하다 외
환위기의 날벼락을 맞았던 악몽이 줄곧 정책 당국자들을 움츠러들게
했다.

경제 대통령이 되려면 세계 경제 흐름에 대한 상식이 있어야

●●◐◌ 그 후에도 대선 때만 되면 후보들은 경제 대통령이 되겠다고 약
속한다. 새 대통령이 취임하면 그때마다 'MB노믹스' 같은 경제 비전이
제시된다. 그러나 경제 대통령에 걸맞은 임무를 제대로 수행한 인물은
그동안 없었다. 노무현 정부와 이명박 정부는 재임 중 매년 7% 성장을
약속했었다. 두 지도자의 공약이 지켜졌다면 우리 경제는 10년 사이 거
의 두 배 가까이 커지고, 1인당 국민소득도 4만 달러 언저리로 올라갔
을 것이다. 국민 개개인의 부가 그리스·이탈리아, 그리고 영국까지 훌
쩍 뛰어넘어 지금쯤 독일·캐나다와 나란히 달리고 있을 시점이다. 웬만
한 중산층은 '이번엔 동남아에서 별 점 세 개짜리 맛집만 돌다 오겠다'
고 비행기에 오르고, 내년 여름휴가는 요트 위에서 1개월을 보낼 계획
을 세워야 맞는 이야기다.

그러나 두 대통령은 우리 경제가 왜 성장의 벽에 부닥쳤는지 몰랐고,
어떻게 그 벽을 돌파해야 할지는 더더욱 몰랐다. 노 대통령은 지방경제

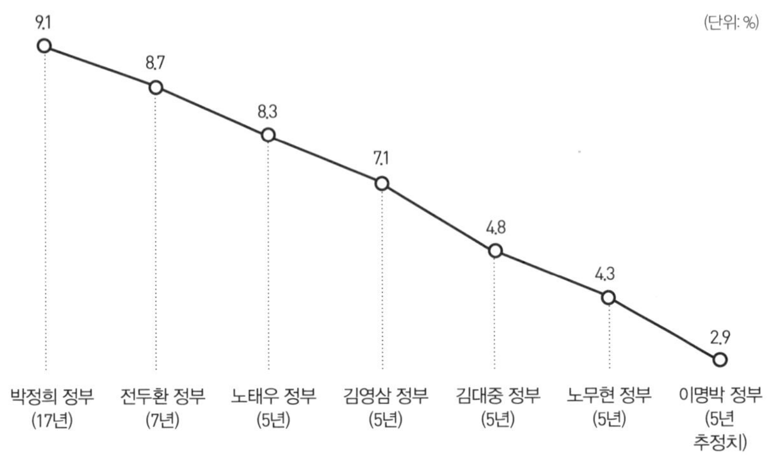

가 발전하면 나라 전체가 좋아진다는 논리로 혁신도시·기업도시를 곳곳에 지정했고, 이 대통령은 4대강 공사로 일자리 34만 개가 만들어진다고 큰소리치는 발상에 머물렀다. 두 사람 모두 외형을 키우는 것이 경제성장이라고 보았다. 신도시, 도로·고속철도 같은 토목공사를 벌이면 된다는 확장주의 신념에 빠져 있었다. 수출 지상주의 신앙에 따라 고환율·저금리정책으로 수출 대기업에 혜택을 몰아주었던 것도 똑같았다. 애플의 뒤를 쫓고 도요타를 베끼면 된다는 모방형 발전 논리와 '아무리 못마땅해도 번듯한 글로벌 기업이 있어야 든든하다'는 기업관도 다를 게 없었다. IMF 외환위기를 분기점으로 한국 경제가 저성장 궤도에 진입했다는 기초적인 상황 인식이 없었던 것이다.

노무현·이명박 대통령이 한국 경제가 처한 상황 인식이 뚜렷했다면

7% 고도성장전략이 아니라, 4~5% 중성장전략을 내놨어야 옳다. 실제 노무현 정권은 4.4% 성장 기록을 달성했다. 이 정도 성장을 노렸다면 무리하게 기업도시나 혁신도시를 추진하지 않았을 것이고, 행정수도를 따로 만들 구상도 하지 않았을 것이다. 높은 목표를 설정하다 보니 무리하게 이것저것 대형 프로젝트를 추진할 수밖에 없었다.

진짜 경제 대통령으로 성공하고 싶다면 한국 경제에 대한 기초적인 인식부터 정확해야 한다. 인구 구조의 변화를 알아야 하고, 한국 경제의 변곡점이 언제였는지를 알고 세계 경제의 흐름에 대한 상식을 갖고 있어야 한다. 전문가 수준은 아니라도 큰 흐름을 알고 있어야 과속 운전을 하지 않고 가야 할 목적지를 향해 나라를 운전해 갈 수 있다.

우리처럼 대외 의존도가 높은 나라의 지도자에게 '세계 경제' 과목은 선택이 아니라 필수다. 학점도 A를 받지 않으면 안 되는 과목이다. 그러나 김영삼 전 대통령은 서툴고 어색한 발음으로 '글로벌라이제이션(세계화)'을 외치고 OECD 가입을 서두르더니 1차 외환위기를 불러왔다. 이명박 대통령도 취임 전부터 세계 경제가 하강 추세였던 것을 무시하고 '7% 고도성장' 전략을 내세웠다가 2차 외환위기에 휩쓸려 갔다. 대통령이 세계 경제 과목에서 낙제하면 국가경제는 부도위기로 몰리고 만다.

국가 지도자에게 성장정책도 필수 과목이다. 그걸 포기해선 안 된다. 성장정책은 지난 200년 이상 인류사회를 풍요롭게 만든 청사진이었고, 지난 60여 년간 한국을 이만한 위치까지 올려놓은 밑그림이었다. 경제 대통령을 표방하려면 지난 60년의 개발 연대, 고속성장시대를 총결산하며 우리 경제에 맞는 적정 성장 속도가 어느 수준인지를 제시해야 한다. 성장시대를 이끌어왔던 주역들의 역할을 어떻게 수정할지도 검토해야 한다. 성장정책을 입안해왔던 공무원 집단을 앞으로도 더 키워갈 것인가. 세계시장에 한국 대표로 내놓았던 재벌들을 과연 지금의 모습으로 둘 것인가. 수출 우위 제조업시대에 맞도록 설계된 대학을 이대로 끌고 갈 것인가.

나라경제를 성장시키는 방법은 여럿이다. 신공항을 건설하고 단군 이래 최대 사업을 추진하는 것이 성장의 유일한 길은 아니다. 성장에는 자동차 수출을 100대에서 200대로 늘려 키우는 방식이 있는가 하면, 성능 좋고 값싼 엔진을 발명해 100대를 반값에 만들어내는 방식도 있고, 한 시간에 100대 조립하던 것을 45분 만에 완성하는 방식도 있다. 라스베이거스는 카지노 면적만 늘리는 성장정책을 쓰다가 컨벤션 사업과 고급 레스토랑, 쇼핑몰, 레저 기능을 덧붙여 새로운 성장 동력을 얻었다. 저성장시대에는 다섯 사람이 하던 일을 한 사람이 해치우는 식으로 생산성을 높이고, 남는 인력은 다른 일자리에 투입하겠다는 발상을 가져야 한다. 제조업에서 세계 최고를 뽐내던 일본이 20년 침체하는 동안 룩셈부르크는 금융에서 새로운 성장 엔진에 불을 붙여 1인당 소득이 10만 달러가 넘는 부자 국가가 됐다.

이제는 황홀했던 성장주의의 환각에서 벗어나야

●●●● 한국의 새 대통령은 한국 경제가 이제 다시 한 번 큰 분기점을 마련해야 할 시기가 왔다는 인식을 가져야 한다. 뛰어갈 힘을 잃었으면

서도 "내 손으로 성장의 역사를 썼다"는 자부심으로 가득 찬 계층은 늙었고, 동시에 그들의 성공 뒤에 소외된 낙오자 집단과 빈곤층도 우리 사회에 자리 잡았다. '지금까지 살아온 것처럼 살자'는 세력과 세상이 뒤집어지기를 바라는 세력이 마찰을 일으키고 있다. 정말로 경제대통령이 되겠다는 야심이 있다면 "네가 아프니 나도 아프다"며 번지르르한 감성 언어로 위로하는 카운셀러를 닮거나 "나쁜 것은 폐기하라"며 성장의 역사를 부정하는 운동가가 되어서는 안 된다. "정주영이라면 이렇게 했을 것"이라며 혀를 굴리는 컨설턴트가 돼서도 곤란하다. 적어도 경제의 썩은 곳을 잘라낼 집도의와 노약해진 체질을 뛰어 달릴 수 있는 몸으로 바꿔줄 트레이너가 되어야 한다.

대기업을 키워냈다는 이미지 덕분에 대통령 자리에 올랐던 이명박 대통령조차도 이 시대 국가 지도자가 가져야 할 경제철학을 몰랐다. 그는 총수에게 칭찬받고 싶어 조바심내는 전문 경영인처럼 원자력발전소를 수주하고 대형 자원 개발 프로젝트를 성사시켰다는 것을 자랑하고 싶어 안달했다. 그러더니 2012년 광복절엔 느닷없이 "저는 지난 2008년 취임사에서 '대한민국 선진화 원년'을 선언했다"고 하면서 "67회 광복절을 맞아 우리 대한민국이 당당히 선진국 대열에 진입했음을 확인한다"고 자랑했다. 그는 자기 재임기간 중 한국이 선진국에 진입했다는 인증서를 자기 손으로 발급하고 싶었던 것 같다. 이 대통령은 선진국에 진입한 증거로 "일자리가 2008년 위기 이전 수준으로 회복된 나라는 우리나라와 독일뿐"이라고 했고, 국가 신용등급이 오른 것을 꼽았다. G20 정상회의·세계핵안보정상회의 같은 이벤트를 개최한 공적도 보탰다. 국민 다수는 과연 선진국 시민이 됐다는 자부심을 느끼고 있는 것일까? 올림픽 5위 분위기에 취해 서 있어야 할 자리를 대통령이 착각했던 것은 아닐까? 어떤 사람은 "5000만 명 중 몇 명이나 선진국 시민권을 얻었을까?"라고 물을 것이고, "그럼 난 다른 나라 국민이란 것인가, 아니면 같은 나라에서 나만 후진국 국적으로 살라는 것인가?"라고 반문하는 국민도 있을 것이다.

'하면 된다'는 신앙은 '아무리 해도 안 된다'가 됐고, '안 되면 되게 하라'는 '안 되는 것은 끝까지 안 된다'로 변한 지 오래다. 고성장 신화는 IMF 외환위기 때 1차 사망선고를 받았다. 한국 경제는 저성장의 틀 안에서 살아가는 해법을 찾으라는 경고를 그때 망치로 머리를 얻어맞은 듯 강렬하게 받았다. 그렇지만 그 후 취임한 대통령들은 하나같이 황홀했던 성장주의의 환각에서 헤어나지 못한 채 세월을 보냈다. "단군 이래 가장 잘사는 나라를 만들었다"고 자부해온 50대 이상의 세대가 2040 세대로부터 존경과 권위를 잃은 것도 최근 15년 사이의 일이다. "나를 따르라"는 구호를 따라갔더니 손에 쥐여준 것은 달랑 '88만 원짜리 월급봉투' 아니면 "신입사원 전형 결과 귀하가 아쉽게도 이번에 저희와 같이 일할 수 없음을 가슴 아프게 생각합니다"라는 불합격 통지서다. 성장의 단맛은 5060 세대가 다 즐기고, 성장의 폐기물은 2030 세대에 넘겼다는 피해 의식까지 생겼다. 고성장 신기루를 쫓던 신앙은 '한강의 기적'을 이루었던 땅에서 산산조각났다.

연예계에만 '아이돌'이 있는 건 아니다. 세계 경제가 아무리 침체해도 '아이돌 국가'는 늘 등장했다. 한때 한국·대만·싱가포르·홍콩(NIES)이 아이돌이었고, 아이돌 국가의 계보는 브릭스를 거쳐 호주·인도네시아로 이어지고 있다. 성장의 새 길을 뚫지 못하는 지도자나 아예 성장을 포기한 지도자 모두 나라경제에는 위험한 인자들이다.

때마침 전 세계에서 새로운 자본주의 논쟁이 타오르고 있다. 1980년대 이후 30년간 세계를 지배하던 민영화, 규제 완화, 자유화 등의 경제정책 골격은 역사의 한 획을 그었다. 글로벌시장에서 생존하려면 중소기업과 근로자들의 희생이 불가피하다는 논리는 이제 힘을 잃었다. 주주의 이익보다 사회의 공동선을 목표로 삼는 경영이 필요해졌고, 인간미 넘치는 전략을 추구하는 회사가 존경받게 됐다. 시대는 바뀌었다. 한국 경제의 구조가 바뀌고 세계 조류도 변하고 있다. 우리는 앞으로 새 시대에 맞는 새 경제 비전을 내놓는 대통령을 갈망할 것이다. 우리가 착실하게 3% 안팎의 성장만 해도 선진국보다 성장률이 높다면 그들과 어깨를 나란히 할 날은 다가올 것이다. 그런 새 희망을 불어넣어 줄 지도자를 만나게 되면 한국인들은 다시 한 번 큰 행운을 잡는 것이다.

PART 6

가기 싫은 길 뚫어야 희망 보인다

> 대통령이 진짜 경제를 챙겨보겠다면 비서진부터 잘 짜야 한다. 경제수석이나 정책을 지휘할 책임자는 학자든 관료든 관계없이 이론가보다는 실천가여야 한다.
>
> 한국 경제가 번영할 것인지 아니면 파멸의 나락으로 떨어질 것인지는 완전히 우리 자신에게 달려 있다. 만약 위기를 겪었을 때 철저한 자기반성이 있었더라면 많은 것이 달라졌을 것이다. 하지만 우리는 외부의 충격에 당했다고 생각했기 때문에 자기개혁에 게을렀다. 이제는 눈을 내부로 돌려야 할때다.

38

청와대 경제수석 보면
정권의 경제 금방 감별할 수 있다

●●●● **정권이** 바뀔 때면 청와대 진용과 개각에 온통 관심이 쏠린다. 그중에서 청와대 경제수석을 보면 그 정권의 경제를 쉽게 점칠 수 있다. 정책 방향을 점칠 수 있다기보다는 경제가 과연 제대로 굴러갈지 짐작할 수 있다는 말이다.

이명박 대통령은 취임 넉 달도 안 돼 청와대 비서진을 개편했다. 쇠고기시장 개방으로 인한 촛불시위가 한참 진행 중일 때였다. 김중수 경제수석도 함께 물러났다. 김 수석은 이명박 대통령과 친밀한 인연은 없었지만, 경제이론이 논리 정연한데다 달변이어서 다른 경쟁자를 눌리치고 첫 번째 수석을 맡았다. 미국박사로 KDI(한국개발연구원) 출신인 김 수석이 왜 쇠고기파동의 책임을 져야 했는지 의문을 제기하는 의견도 있었지만, 유우익 비서실장과 함께 사임해야만 했다. 그의 후임 경제수석은 정통 관료 출신 박병원 씨였다.

역대 정권의 초대 청와대 수석은 늘 이런 꼴이었다. 김대중 정권 때는 경제학자 출신 김태동 씨가 경제관료 출신 강봉균 씨로 바뀌었다. 취임한 지 석 달도 되기 전이었다. 청와대 수석실 비서진이 김태동 수석 중심으로 짜이기도 전에 교체했다. 노태우 전 대통령은 첫 경제수석에 당시 인기 높은 경제학자이던 박승 중앙대 교수를 영입했다. 하지만 10개월도 되기 전에 경제관료인 문희갑 경제기획원 차관으로 교체했다. 김영삼 전 대통령도 첫 경제수석에는 박재윤 서울대 교수를 임명했다. 하지만 김 대통령은 금융실명제*를 도입할 때 박 씨에게 제대로 정보조차 주지 않는 식으로 소외시켰다. 결국 경제관료 출신인 한이헌 공정거래위원장으로 교체했다.

역대 경제수석 선정 패턴이 알려주는 진실

●●● 역대 대통령의 첫 번째 청와대 경제수석은 모두 학자나 교수 출신이다. 그럴듯한 경제이론과 박사 학위, 지명도 같은 것들을 공통적으

*** 금융실명제**

금융기관과 거래를 함에 있어 가명이나 차명이 아닌 당사자 본인의 이름, 즉 실명으로 거래해야 하는 제도.

로 갖춘 인물들이다. 경제를 모르는 대통령 입장에서는 자신의 부족한 경제지식과 이론을 감싸줄 '학문적인 병풍'이 필요했는지 모른다. 경제정책이 마치 경제이론가들의 전문 분야라는 인식에서 그런 인선을 했을 것이다. 학자 출신이 때묻지 않고 깨끗하게 경력을 관리했으리라는 인상도 작용했을 것이다. 하지만 첫 경제수석은 대부분 단명했다. 취임 100일 잔치도 못한 사례도 있거니와 2년 이상 경제수석 자리에 장기 재임한 사례는 없다. 그리고 그 후임자는 경제관료 출신이 도맡았다. 왜 이런 인사 패턴이 똑같이 반복되는 것일까? 학자 출신은 무능하고 경제관료 출신은 유능한 것일까?

그럴듯한 현장 경험과 깔끔한 브리핑 솜씨, 권력자의 골치 아픈 머리를 풀어주는 단기 부양책 추진 등에서 경제학자들은 경쟁력이 없다. 노무현 정권도 엇비슷한 논란 과정을 거쳐 경제학자 출신인 이정우 실장이 정책실장 자리에서 밀려나고, 그 자리에는 '할 말 안 할 말 잘 가리고, 지시한 사안은 물불 안 가리고 어떻게든 처리하는(어느 전직 부총리의 표현)' 경제관료가 자리 잡았다. 확실히 경제관료 출신은 최고권력자 다루는 법을 잘 알고 있다. 권력자가 원하는 것이 무엇이고, 그들을 대신해 알아서 처리해야 할 일이 뭐라는 것도 알고 있다. 경제 부처를 총괄하고 재계와 은밀한 연락도 어떻게 해야 하는지 오랜 경험과 인맥을 통해 잘 파악한다. 학자 출신이 "그건 이론에 맞지 않습니다"라고 설명하려 들지만 관료 출신 수석은 "논리에는 맞지 않지만 한번 알아보겠습니다"라고 대답한다. 윗분의 심기를 살피는 데 이골이 났다고 보면 된다.

경제관료 출신 경제수석이 실력을 뽐내는 대목은 다른 곳이다. 최고 권력자나 집권당의 실력자가 관심을 보이는 사안에는 앞뒤 가리지 않고 세무조사나 불공정 거래 행위 조사, 감사, 예산 축소·확대, 행정규제 신설 또는 폐지로 골탕먹이거나 지원하며 충성을 바친다. 이 덕분에 집권세력은 언제나 경제관료 집단을 품에 안고 5년 시한부나마 권력의 맛을 만끽해왔다. 정치세력과 경제관료 집단의 담합은 박정희·전두환 군사독재 시절부터 지금껏 민간 분야를 압박해온 관치경제의 핵심이다. 기득권 세력을 손보겠다고 등장했던 세력들마저 군인들처럼 다시 경제관료 집단과 손을 잡았다. 군인세력은 경제관료 집단의 행정 수완을 도구 삼아 좋은 자리를 챙기고, 민간 기업을 상대로 이권에 개입하는 풍경이 여기저기서 벌어졌다.

그러나 요즘의 경제관료들은 화려하게 고도성장을 이끌었던 과거의 인재 집단은 아니다. 식사 자리에서는 나라경제 걱정보다 보직과 승진을 더 자주 화제로 삼고, 기업 인재들이 글로벌시장에서 피나는 생존경쟁을 벌이는 모습과는 딴판으로 법조문과 규정을 따지는 데 몰두하고 있다. 경제 부처 공무원들과 접촉해본 기업인들은 한결같이 분통 터지는 갑갑증을 호소하지만 정작 그들은 새로운 정책 아이디어가 제시될 때마다 전례가 없었는지, 아니면 옆 부서에서 하고 있는 일인지를 살펴본 후, 가급적 느릿느릿 결정을 내린다. 1차, 2차 외환위기 때 우리는 경제관료들이 국제금융시장의 흐름을 알지 못해 처절하게 패배하는 것을 생생하게 목격했다.

이런 경험을 통해 우리는 몇 가지 진실을 얻을 수 있다. 우선 신임 대통령이 첫 번째 경제수석을 학자나 경제학 박사 출신으로 임명하면 경제 정책을 잘하겠다거나, 경제를 불황의 구렁텅이에서 구해보겠다는 의도는 아니다. 대통령의 참모로서 모양새를 더 갖추려고 고민했다고 보면 된다. 또한 관료 출신을 후임 경제수석으로 지명하면 드디어 현실을 좀 파악했지만, 집권세력의 온갖 경제 분야 민원을 좀 더 효율적으로 처리해보겠다는 뜻이라고 해석해도 된다.

대통령직속위원회 많다고 경제 잘 굴러가지 않는다

●●◦◦ 경제수석 인선과 함께 새 정권의 경제정책 결정 패턴을 측정해볼 만한 또 하나의 잣대가 있다면 그건 대통령직속위원회다. 대통령이 취임 후 어떤 위원회를 만들고 어떤 인물들을 위원회 멤버에 포함시키는지 살펴보면 재임기간 중의 경제를 가늠해볼 수 있다. 역대 대통령들은 선거기간 중에 적지 않은 대통령직속위원회 설치를 약속했다. 대통령직속위원회는 최고 권력자가 직접 챙긴다는 의지의 표명이기 때문이다. 그러나 대통령으로 당선된 후 그가 처음 부닥치는 벽은 위원회가 너무 많은 현실이다. 청와대직속위원회도 많고, 총리실산하위원회는 더 많다. 정부 주변에 둥둥 떠다니는 수백 개의 위원회에 놀란다. 신임 대통령은 기존의 허접한 위원회들을 정리하라는 첫 지시를 내린다. 자기가 공약했던 위원회를 꾸겨 넣을 공간을 확보하는 작업이다.

다음 단계는 위원을 선임하는 일이다. 취임 후 처음 발족하는 대통령직속위원회인지라 인물의 참신성을 따지고 명망도를 재본다. 개인 영달을 위해 대통령과 가깝다는 허상을 활용하려고 노리는 인사들은 무

 (단위: 개)

	2008. 2	2009. 8	2010. 6	2011. 6	2011. 12	비고
계	579	461	431	499	499	대통령소속위원회 20개
행정위	44	42	40	34	36	(행정 2, 자문 18) 총리소속위원회 56개
자문위	535	419	391	465	463	(행정 12, 자문 44)

슨 수를 써서라도 위원회에 들어간다. 전경련·벤처협회 같은 관련 단체 회장들은 어느 정권에서나 고정 멤버로 대통령직속위원회에 끼어든다. 위원들 숫자는 어느덧 오붓한 가운데 알맹이 있는 토론을 갖기는 도저히 불가능한 선을 넘어 30~40명으로 부풀어 오른다. 첫 위원회가 열린다는 소식에 국민은 새 집권세력의 첫 작품을 학수고대한다. 하지만 첫 회의의 결과를 보고선 고개를 갸우뚱한다. 이명박 대통령의 직속 국가경쟁력강화위원회가 '1호 정책'으로 내놓은 것은 산업단지 규제 개선 방안이었다. 산업단지 내 공장 인허가 기간을 24~36개월에서 6개월로 단축하겠다는 것이었다. 하지만 이는 대통령이 인허가를 6개월 이내로 끝내는 방안을 만들라고 관련 부처 공무원들에게 지시해도 될 일이었다.

공무원들이 움직이지 않으니 대통령 직속 기구가 나서서 해결하는 게 빠르다는 논리가 나올 수 있다. 그렇다면 대통령직속위원회가 직접 개입해 그 후에 공무원들의 행동이 빨라졌을까? 결코 그렇지 않다. 그 정책이 발표된 지 4년 6개월이 지났건만 공장 인허가 절차가 몰라보게 변했다는 기업인을 만나기 어렵다. 서류 제출부터 마지막 도장을 받기까지 몇 달 만에 끝났다는 사례가 전혀 없지는 않지만, 대부분의 경우 엔 공식 서류를 제출하기 전에 비공식적인 사전 설명과 사전 로비를 해야 하는 준비 작업 단계만 하나 더 덤으로 생겼다. 사전 정지 작업이 끝나지 않으면 아예 서류 제출을 막고 있는 게 현실이다.

대통령직속위원회 위원 중에는 자기 개성을 발휘하는 사례가 있다. 누군가가 튀는 발언으로 폭소를 만들어내고 간혹 반대 견해도 내놓는다. 그러나 위원회가 끝나면 모든 것은 미리 준비한 자료대로 발표된다. 위원들은 첫 회의 때부터 그날 처음 본 브리핑 자료에 대해 짧게 논평할 뿐 자기 개인 소신을 반영할 1cm의 틈조차 없다는 것을 깨닫는다. 대통령과 토론하고 오찬·만찬을 즐긴 죄로 그중 누구도 자신이 들러리에 그쳤다는 말을 털어놓지 못한다. 그러면서 이력서에는 대통령직속위원회 위원을 지냈다고 꼬박꼬박 기록한다. 청와대직속위원회가 임기 끝까지 국민의 시선을 모은 적은 단 한 번도 없다. 대통령은 얼마 지나면 다른 일정을 핑계로 빠지기 시작한다. 매달 열리던 것이 두세 달 간격으로 벌어지고 대통령 일정 담당 부서가 "그 지루한 회의를 또 열어야 하는가"라고 짜증 내면 모임은 뜸해진다.

헌법 93조는 국민경제자문회의를 둘 수 있다고 했다. 그러나 역대 대통령들은 경제자문회의와 직속위원회를 따로 발족시켰다. 직속위원회를 출범시킨 뒤 자문회의를 구성할 때면 마땅한 인물을 찾지 못해 쩔쩔매는 풍경이 벌어지곤 한다.

재벌개혁, 비정규직 문제, 빈곤층 해소, 성장 산업 육성 같은 당면한 경제 현안에는 수많은 해법이 있는 것처럼 보이지만 국민의 풍요로운 삶을 위해서는 가야 할 방향이 거의 정해져 있다. 대통령이 진짜 경제를 챙겨보겠다면 비서진부터 잘 짜야 한다. 경제수석에 학자를 임명하든, 관료를 임명하든 상관없다. 경제수석이나 정책을 지휘할 책임자는 이론가보다는 실천가여야 한다. 청와대에는 '단기 계획'이란 아침 일찍 지시해 오전 중에 끝내는 것을 말하고, '중기 계획'은 오전에 지시해 오후에 종결하는 것이고, '장기 계획'은 오늘 말한 것을 내일이나 모레 마무리하는 것이라는 말이 있다. 그만큼 많은 현안들이 급박하게 돌아간다는 뜻이다. 그런 곳에서 이론을 따지고 갑론을박 논쟁하는 것은 생산성 없는 처신이다. 또 경제수석실에는 이론가도 필요하지만 현장 경험자가 다수 포함되어야 한다. 관료 출신을 고를 때는 지역이나 학벌을 배제하고 무조건 각 부처의 최우수 간부, 최고 능력자들을 비서관과 행정관으로 모아야 한다. 인선 작업은 대선이 끝난 후 2개월 동안에 끝내고 취임하자마자 준비했던 정책을 하나둘 실행하는 단계로 가야 한다. 취임 후 3월부터 비서관과 행정관을 고르는 것은 정말 시간 낭비다.

취임 전에 준비해놓은 정책이 있다면 위원회를 만든다, 토론회를 갖는다 하며 시간을 보낼 필요가 없다. 오바마 미국 대통령은 부실한 자동차 산업을 살리려고 백악관에 자동차 담당 '차르(황제)'를 임명했다. 고이즈미 전 일본 총리는 경제 구조조정을 위해 외부 전문가와 엘리트 관료를 모아 총리실 산하에 소규모 태스크포스를 운영해 성공했다. 위원회 100개를 굴리는 것보다 현안별로 행동형 전문가 한두 명과 우수 관료들로 행동부대를 설치해 기획부터 집행까지 해치우는 게 100배 낫다.

<u>**39**</u>

남북통일,
한국 경제에 큰 기회다

●●● 충남 서산의 동희오토는 기아자동차의 경차 '모닝'과 박스차 '레이'를 조립·생산하는 회사다. 기아자동차가 35.1% 지분을 갖고 있으나, 조립라인을 하청 회사들과 재하청 회사들이 쪼개서 맡고 있다. 이 공장에서 특이한 점은 라인별로 담당 회사가 다르다는 점만은 아니다. 생산직 종업원 1300명 대부분은 비정규직이다. 정규직 임금으로는 도무지 채산이 맞지 않아 비정규직 전용 공장을 만들었다. 동희오토 종업원 1인당 월급은 150만~250만 원 수준이라고 한다. 여기에는 중국 출신 조선족 종업원이 220여 명 근무한다. 전체 종업원 중 17%다. 기아자

	매우 만족	만족	보통	불만족
업체 수(단위: 개)	7	51	37	19
비중(단위: %)	6.1	44.7	32.5	16.7

자료: 통일부(2012년)

동차 생산직에 비하면 턱없이 낮은 임금이지만 중국의 임금 수준에서 보면 고급 직장이다. 동희오토의 공장 가동률은 100% 안팎을 오르내리고, 2011년 결산에선 67억 원의 흑자를 냈다.

남북한이 통일되면 경제 현장에선 동희오토와 같은 광경이 다반사로 벌어질 것이다. 남측이 북한의 값싼 노동력을 공급받아 기술과 자본, 경영 노하우, 마케팅전략을 덧붙이면 세계적으로 경쟁력 있는 제품을 만들어 낼 수 있다. 이 실험은 개성공단에서 이미 성공적으로 전개되고 있다.

개성공단에는 123개(2012년 9월) 우리 기업들이 입주했다. 이들이 고용한 북측 근로자는 5만 3181명이다. 거기서 생산된 금액은 2005년 이래 18억 달러어치가 넘는다. 우리 기업들은 현지 근로자들을 더 채용하고 싶지만 맘대로 되지 않는다. 1만 9000여 명을 더 채용하겠다고 해도 북한 측이 이런저런 조건을 들이대는 통에 어려움을 겪고 있다. 그래도 입주 기업 중 절반 이상은 만족하고 있다. 무엇보다 임금이 싸고 (58.8%) 서울과 지리적으로 가깝다(32.4%)는 것을 장점으로 꼽는다. 일부 도산한 곳도 있지만, 전체 기업들의 평균치는 매출 면에서나 이익 면에서나 갈수록 좋아지고 있다. 북한이 종업원을 너무 통제하고, 인터넷을 쓸 수 없긴 해도 크게 보면 개성공단은 성공작이라고 평가할 수 있다. 우리 기업들이 중국·베트남에서 정착에 성공하듯 얼어붙은 북한 땅에서도 안착할 수 있다는 것을 증명했다.

노무현 전 대통령은 2007년 10월 김정일을 만나 해주, 남포, 안변, 백두산을 추가 개방하기로 합의했다. 북한은 철도와 도로·항만 같은 사회간접자본(SOC) 개방도 허용할 뜻을 밝혔다. 속도는 늦지만 큰 방향만은 확인할 수 있었다. 머지않아 개성공단 같은 개방 특구를 더 늘릴 수 있을 것이다. 마치 덩샤오핑이 1970년대 말부터 1980년대 중반까지 중국을 개방하듯 어느 날 북한이 결심하면 높은 임금 때문에 한계에 도달해있는 우리 중소기업들이 북한에서 활로를 찾을 수 있을 것이다.

북한은 결국 중국처럼 개혁·개방으로 갈 것

●●● 중국이 개방정책을 시작할 때 한국에선 사실 회의적인 견해가 비등했다. 당시 중국의 변화를 보면서 한국에서는 '저 정도로는 개혁이고 개방이고 다 틀려먹었다. 중국에 가봤자 큰돈 못 번다'는 의견이 강했다. 그러나 중국 안에서는 엄청난 소용돌이가 꿈틀거리고 있었던 사실이 그 후 10여 년이 지난 1990년대 들어서야 실감할 수 있었다.

이명박 정부 5년은 개성공단을 제외한 거의 모든 것이 동결된 상태였다. 금강산에서 한국인 관광객이 총에 맞아 숨지고 이어 천안함 폭침과 연평도 포격까지 겹쳤다. 그러나 개성과 금강산에서 사업하고 있는 한국 기업인들은 북한의 개방은 잠시 멈춰 있을망정, 결코 역회전하지는 않을 것이라고 공통적으로 말한다. 북한이 때로는 엉뚱한 세금을 부과하려고 하거나 뒷돈을 요구하는 일이 있다. 하지만 북한 공무원들도 현장에서 발생하는 사소한 애로사항을 대화를 통해 하나둘 해결한다고 증언한다. 속도는 매우 느릴지언정 꽉 막힌 곳은 아니라는 평가다.

"이제 조금씩 돈맛을 알아요." 북한과 거래하는 어느 기업인은 북한 사람들이 돈 버는 맛에 솔솔 재미를 느끼기 시작했다고 확신했다. 여기서 말하는 '돈맛'이란 김대중 정권이 헌납했던 수억 달러 같은 눈먼 돈에 대한 기대가 아니라, 사업체를 운영해 매달 안정적으로 수입을 확보하는 사업소득이 더 좋다는 식의 원초적인 기업가 의식이 싹트고 있다는 얘기다. 6.25부터 시작해 무장간첩, 서해교전, 핵 실험, 천안함 폭침, 연평도 포격에 시달렸던 우리 입장에서는 "설마 그놈들이……"라고 말하고 싶을 것이다. 평양을 들락거릴 때마다 현금 외에 컴퓨터, 팩시밀리를 입장료 내지 면담료로 강요당했던 기업인들은 '정권이 무너지기 전에는 안 변한다'고 넌더리를 낼 것이다. 하지만 '설마 변하랴'던 마오쩌둥의 홍위병들은 30년 만에 월스트리트의 큰손 투자자로 등장했고, 공산 독재자 스탈린의 손자뻘 세대는 영국 프리미어 축구 리그의 상위 구단을 인수했다. 돈맛을 더 진하게 맛보게 되면 김일성의 손자 세대라고 해서 달라지지 말라는 법은 없다.

대북 투자, 기업의 자율 판단에 맡겨야

●●● 남북관계가 풀려 기회가 오면 미루지 말고 우리는 대북 투자

방식을 전면 전환해야 한다. 무엇보다도 정부가 모든 권한을 쥐고서 사전에 조정하고, 사후에 다시 관리하던 방식을 수정해야 한다. 이제 기업들의 자율 판단에 맡길 때가 왔다. 상대가 북한이라 해서 특별하게 다루지 말고 기업들이 베트남이나 아프리카에 투자하는 것처럼 맡겨두면 된다는 말이다. 우리 기업들도 북한을 겪을 만큼 겪어봤다. 과거 대우그룹부터 현대, 통일, 그리고 적지 않은 중소기업이 북한에 투자했고 내부에서 북한 관련 팀을 굴리고 있는 기업들도 적지 않다. 쓴맛도 볼 만큼 다 봤다. 안 되는 일과 되는 일도 구별할 줄 알고 수업료도 낼 만큼 냈다. 한국 기업인들은 중국과 러시아, 동유럽 같은 공산독재 국가에서 어떻게 최고 권력자에게 접근, 그들의 관료주의 장벽을 뚫고 돈을 벌 수 있는지 경험을 쌓았다. 독재자나 공산당을 상대하는 기술에서 기업인이 공무원보다 훨씬 경쟁력이 있다고 할 수 있다.

앞으로는 정부가 북한과 접촉할 때부터 사전 신고하도록 하거나 통일부와 국정원 공무원들은 시시콜콜 개입하는 것을 포기해야 한다. 이렇게 사사건건 정부가 개입하다보니 북한도 기업에 부탁해야 할 일을 정부에 요구한다. 기업인 입장에서는 독재 정권과 협상하는 일도 어려운 판에 꽉 막힌 한국 공무원들까지 상대해야 한다. 그러다보면 '수익성도 불투명한 판에 이럴 바에야 안 하는 게 낫다'는 불평이 절로 터진다.

죽(竹)의 장막*으로 닫혀 있던 중국에 먼저 뛰어든 것도 우리 기업인

＊ 죽의 장막

1949년 이래 1978년 개방·개혁정책을 쓸 때까지 여러 나라에 대해 배타적 정책을 썼던 것을 가리키는 용어. 중국에 대나무가 많은 데서 비롯된 말이다.

이었다. 이미 1980년대 초부터 기업들은 중국에서 사업을 시작했다. 한국과 중국 정부 간에 정식 국교가 수립된 것은 기업들이 들어가고 10여 년이 지난 1992년이었다. 먼저 가 있던 한국 기업들이 두 나라 화해와 국교 수립에도 기여했다. 러시아와 베트남에서도 마찬가지 과정을 거쳤다. 북한은 특수하니까 정부가 공단을 만들어주고, 임금 교섭을 책임지고, 투자 보장 협상까지 대신해주어야 한다는 '북한 특수론'은 수명을 다했다. 북한 투자에 관한 한 기업인들에게 '코피 터지든 돈을 벌든 알아서 하라'며 먼저 자유를 보장해줘야 한다. 그러면 그들이 외국 돈을 끌어다가 독재 권력과 협상해 돈벌이가 될 만한 궁리를 해낼 것이다.

통일이 되면 엄청난 통일비용이 들어갈 것을 걱정하는 연구가 적지 않았다. 몇십조 원이 더 들어갈 것이라는 보고서부터 몇백조 원의 통일비용을 추산한 보고서까지 다양하다. 그런 비용 부담을 덜어줄 완충장치는 경제를 성장시키는 길뿐이다. 북한의 인적 자원을 최대한 활용하면 20~30년에 걸쳐 통일비용을 충분히 빼낼 수 있다. 현재 북한에는 20대 청년인구가 377만 명이 있고, 10대 인구는 394만 명에 달한다. 이들이 북한에서든 남한에서든 한국의 노동시장에 공급되기 시작하면 우리 기업들에겐 큰 축복이 될 것이다. 이들이 몰려오면 국내 노동시장의 임금은 낮아지고, 적지 않은 중소기업들이 값싼 노동자를 찾아 멀리 외국에 공장을 짓지 않아도 된다. 북한의 30대 인구는 348만 명, 40대는 407만 명이다. 이들 세대까지 감안하면 동희오토 같은 공장들은 적어도 10년 이상 국제시장에서 경쟁력을 확보하며 달러를 벌어들일 수 있다. 물론 북한인구도 2030년 무렵부터는 감소한다는 연구가 있다. 독일에서도 통일 후 동독 인구가 줄었다는 보고서도 있긴 하다. 통일 후 북한의 출산율이 떨어질 수 있을 것이다. 다만 그쪽 노동력을 활용하면 지금 우리가 겪고 있는 극심한 노동력 부족의 갈증은 일부 해결될 것이다.

이미 대만 경제와 독일 경제가 통일의 효과를 톡톡히 즐기고 있다. 대만은 체제를 달리하고 있지만, 중국과 교류한 덕분에 20년 이상 건전한 성장궤도 위를 달리고 있다. 독일도 한동안 통일의 파장으로 고생하더니 통일 20년이 지난 지금은 유럽에서 가장 건강한 경제를 구축했다. 유럽위기 이후 독일 경제만 홀로 튼튼한 모습을 보이고 있다. 베를린이 유럽의 수도로 떠오르고, 독일 총리가 유럽의 대통령처럼 막강한 권한을 행사하기에 이르렀다. 우리는 "북한은 결코 변할 리 없다"는 '북한 회의론', "통일이 되면 엄청난 부담을 감당해야 할 것"이라는 '통일 덤터기론'에서 하루빨리 벗어나야 한다. 지금이라도 우리 기업들의 북한 진출을 융통성 있게 풀어주면서 통일 후 경제성장의 큰 그림을 그려보아야 한다.

40

경기 회복의 배당금
독점하는 사람은 항상 따로 있다

●●●● 1984년 미국 대통령 선거에서 민주당이 내보낸 광고에는 요
즘 한국 경제와 비슷한 광경이 나온다. 돈 많은 남자가 호화 리무진에
서 내리면 샴페인 잔이 넘치는 장면이 나오면서 샴페인 줄기는 점점 가
늘어진다. 이어 근로자의 잔에 떨어지는 샴페인은 찔끔 한 방울, 찔끔
두 방울이다. 당시 부자에게 세금을 깎아주면 경제가 풀리면서 서민층
에 혜택이 떨어진다고 공화당 레이건 후보는 주장했다. 넉넉한 윗동네
에서 수도꼭지를 틀어야 아랫동네 갈증이 해소된다는 물방울 분배론
(Trickle-down theory)이다. 이를 공격했던 민주당은 패했다. 그때 미국

경제가 좋아 허기를 느끼는 사람이 적었던 탓이다.

그로부터 24년 후 오바마 민주당 후보는 똑같이 공화당의 경제정책을 비판했다. "풍요가 우리에게 떨어지기는커녕, 오히려 고통이 치받고 올라왔다(trickle-up)." 2008년 금융위기 한복판에서 그의 연설은 먹혀 들었다. 많은 유권자가 "내 몫으로 떨어지는 샴페인 방울은 어디로 갔는가", "누가 그 샴페인을 다 마셔버렸나"라고 말하며 의문을 품었기 때문이다. 미국 정권은 공화당에서 민주당으로 넘어갔고, 오바마는 재선에도 성공했다.

점점 짧아지는 경기 사이클

●●● 한국 경제는 1997년 1차 외환위기 이후 완전히 달라졌다. 그 전에는 경기 사이클이 느릿느릿 오르고 내렸다. 24~30개월 동안 오르막길을 올랐다가 12~18개월가량 내리막 미끄럼틀을 타는 곡선을 그렸다. 경기 사이클이 호황으로 갔다가 불황으로 변할 때까지 대충 4년 터울로 바뀌었다. 그러던 것이 2000년대 들어서는 경기 사이클 주기가 2년으로 단축됐다. 경기가 좋아지는 듯하더니 해가 바뀌면서 나빠지는 추세다. 때로는 몇 달 만에 오르막과 내리막이 뒤바뀌는 일도 있다. 느긋하게 오르내리는 증상은 사라지고 급하게 달궈졌다가 돌연 식어간다. 과욕을 부리면 반드시 버블이 발생하고, 이보다 낮으면 고통스러운 비명이 상승한다. 경제정책은 변덕스러운 경기를 안정적으로 관리하는 쪽으로 신경을 써야 했다.

하지만 이명박 정권은 이런 경기 사이클의 변화를 모른 채 온 국민을 냉탕과 열탕을 오가게 만들었다. 이명박 정권은 취임 초부터 매년 7% 고성장을 시키겠다고 허풍 떨다가 1년도 다 지나기 전에 온 나라를 외환위기의 수렁으로 빠뜨렸다. 터무니없는 목표를 향해 고도성장정책을 밀어붙였다. 세계적인 금융위기의 충격이 오자 탈이 나버린 것이다. 과거 김영삼 정권 때도 그랬다. '신경제'*라는 이름 아래 돈을 풀어 무리하게 고속성장전략을 추진했다. 자기 체력을 모르고 더 개방하면서 무리하게 성장률을 끌어올리다보니 정권 말기에 외환위기가 발생했다. 이명박 정권은 2009년 하반기부터 경기 회복세가 나타나자 위기가 다 끝난 듯 흥분했다. 자기들이 추진한 감세정책이 먹혀들고 재정지출을 확대한 것이 효과를 냈다고 자랑했다. 어려운 받아쓰기에서 어쩌다 100점짜리 답안지를 받아 들고서 마치 천재가 된 듯 자아도취에 빠진 어린애처럼 떠들었다. 금융위기에서 가장 빨리 탈출한 나라라고 자랑하고, G20 서울회담을 성공시켰다고 우쭐해 했다. 그러나 국내 경기는 2011년 이후 다시 아래 방향으로 돌아서더니 2012년 3분기에는 성장률이 0.1%로 사실상 성장 정지 국면에 돌입했다. 5년 임기 중에 경제가 두 번 곤두박질하는 모양새였다.

＊ 신경제

1992년 김영삼 정부 출범과 함께 수립되어 1996년까지 이어졌다. 제1차에서 제6차 경제개발 5개년 계획까지 실행된 성과를 비판하고 수정·보완하는 내용을 계획에 포함하였다. 이전의 경제개발 계획의 내용과 성격을 달리한다는 점에서 신경제정책이라고 했으나, 1997년 외환위기로 완전히 파탄 나고 말았다.

노무현 정권도 오판했었다. 집권 초기 경기가 풀리지 않자 고환율 정
책부터 행정수도 이전, 기업도시 건설, 지방 균형 발전 계획 등 돈을 푸
는 정책을 쏟아냈다. 이런 돈 풀기는 결국 버블을 부추겼다. 버블 증상
이 처음 나타났을 때는 "경제가 회생하려면 미니버블은 용인해야 한
다"고 눙쳤다. 그 후 투기가 만연해지자 표정은 돌변했다. 서울 강남 사
람들에게 노골적 적대감을 표시했고, 세금 폭탄으로 몰매질하는 쪽으
로 돌아섰다. 미니버블이 대형 괴물급 버블로 번진다는 것을 몰랐던 것
이다.

경기회복의 배당금이 한쪽으로 쏠린다

●●● 한국 경제를 관리하는 정책 당국자나, 관찰하는 사람들은 1년
단위로 불황과 호황이 변덕스럽게 바뀌는 흐름만 봐서는 안 된다. 경기
가 회복되면서 나타나는 증상도 과거와는 딴판이다. 경기 회복의 배당
금이 한쪽으로 쏠리는 배당금 독식 현상이 뚜렷하다. 어느 영화감독이
핵심을 찌르는 비유를 했다. "여기에 열 명의 인간과 열 개의 과자가 있
다. 한 사람이 과자 아홉 개를 먹어 치운 후 나머지 아홉 명이 한 개를
쪼개 먹으라는 거냐." 한국이 글로벌 경제권에 편입되면서 잘 되는 곳
은 더 잘 되고, 안 되는 곳은 더 안 되는 양극화 현상은 가속화되고 있
다. 이대로 가면 경기가 좋아져도 양극화는 더욱 심각해질 뿐 많은 국
민이 경기 회복의 혜택을 골고루 나눠 가질 수는 없다.

경기 회복이 양극화를 오히려 재촉하는 이유는 세 가지로 요약된다.

먼저 수출 대기업과 내수형 기업 간의 격차를 들 수 있다. 수출 대기업들은 고환율정책 덕분에 지난 10년 이상 최고 호황을 맛보았다. 주가도 올랐고, 생산성도 좋아졌고, 임금도 올랐으며, 연구개발비 지출도 늘었다. 여유자금이 너무 쌓여 어쩔 줄 모르는 회사도 있다. 수출 대기업들의 재무 구조나 장기 투자 같은 경영 지표들이 웬만한 다국적 기업들과 엇비슷한 수준까지 좋아졌다는 분석이다. 수출 대기업들이 만세를 부르는 반면, 다수의 내수 산업은 더 위축되고 있다. 중소기업이나 지방 건설업체들은 한숨뿐이다. 1등 회사가 사상 최대의 이익금을 냈다고 중소 납품업체가 함께 함박웃음을 터뜨리는 풍경도 희귀해졌다. 중소기업이 모여 있는 인천 남동공단에서 탄식조로 주고받는 얘기가 있다. "재벌회사 20대 정사원의 초봉이 공단 내 중소기업 임원 연봉과 비슷합니다." 대기업이 아무리 풍성한 성과급 잔치를 하더라도 50대 초반의 협력업체 임원에게 샴페인 한 방울 돌아가기 힘들다.

경기 회복의 격차는 임금근로자들 간에도 심하다. 정규직 근로자와 비정규직 사이, 그리고 비정규직과 무직자·실업자 계층 간의 소득 격차는 점점 벌어지고 있다. 기업들은 경기 회복에 상관없이 정규직 사원 한 명에 비정규직을 너댓 명 붙여주는 식으로 인사 관리를 변경하고 있다. 이 때문에 비정규직 계층은 일상생활에도 부대끼는 신빈곤층*으

*** 신빈곤층**

기초생활보호 대상자가 아니지만 비정규직 근로자 등 정상적인 일상생활에 어려움을 겪는 계층을 말한다. 이들은 IMF 이후 중산층이 빈곤층으로 떨어지면서 생겨나기 시작했다. 소득은 최저생계비 이하지만 혜택이 없는 빈곤층의 차상위 계층 중 일부 실직, 폐업으로 생계 위협을 받는 계층으로 분석된다.

로 전락하고 있다. 주식도 없고 부동산도 없는 세력이 자리 잡아가는 판이어서 경기 회복을 맛보는 숫자는 소수일 뿐이다.

게다가 지역 간 격차를 보면 경기 회복의 실상은 더 뚜렷하게 드러난다. 광주 지역의 어느 기업인은 "광주에는 '경기'라는 단어조차 없다"고 불평했다. 대형 할인마트 진출로 중소도시의 유통업은 '멸종위기'라고 아우성이다. 주식 활황 덕을 보는 여의도 주변이나 거대한 수출 대기업을 안고 있는 거제, 울산, 포항에서나 경기 호전을 느낄 수 있을 뿐이다.

2000년대 한국 경제는 경기 회복과 불황을 빠른 시일 내에 거듭하면서 몇 가지 큰 흐름을 만들었다. 첫째, 웃는 쪽은 항상 소수고, 다수는 세계화라는 차디찬 풍파에 휩쓸리며 울상이다. 글로벌 경제권에 진입한 다국적 기업과 그곳의 정규직 사원들, 머니마켓에서 큰돈을 굴리는 억만장자와 투자회사들, 그리고 펀드매니저, 변호사, 회계사 같은 전문직들은 승자로 분류되고 있다.

두 번째 특징은 이긴 자들의 잉여 이익이 낙오된 그룹에 잘 분배되지 않는 점이다. 과거에는 수출 대기업이 큰돈을 벌면 나라 전체가 기분 좋은 '분배의 파도'를 즐겼다. 하지만 대기업의 이익이 늘어도 사원은 별로 늘리지 않고, 임금 지출을 억제하고, 새 공장은 인도나 중국에 짓고 있다. 그동안 작동하던 호황의 선순환(善循環) 법칙은 깨졌고, 경기 회복의 배당금은 나뉘지 않는다.

세 번째는 경기 양극화의 속도가 워낙 빠르게 진행되는 바람에 정부나 경제계가 좀체 손을 쓰기 힘들다는 점이다. 이 때문에 경기가 풀리더라도 거대한 패잔병 집단은 '그들만의 파티'를 강 건너 불꽃놀이로 구경할 수밖에 없다.

이런 경기 양극화가 소득 양극화를 초래하고, 소득 양극화가 사회 양극화를 재촉하는 현상은 글로벌시대에 어느 나라나 겪는 공통 증상이다. 과거처럼 국민 대다수가 좋아졌다는 기분을 함께 즐기는 축제는 결코 없다. 과거에는 아랫목이 따뜻해지면 머지않아 윗목도 따스해진다는 설명법이 설득력을 가졌다. 이런 공식은 깨졌다. 글로벌 체제에서는 서울에서 아파트 신축이 늘면 중국 광둥의 가구 단지가 활기를 보이는 반면, 국내 가구공장은 오히려 문을 닫게 된다. 대기업의 순익이 몇 조 원씩 늘어도 알바·인턴·파견사원만 증가하고, 더 많은 자영업자가 문을 닫고 길거리로 뛰쳐나올 수밖에 없다. 글로벌시대에 경기 회복이라는 용어는 대리석 빌딩에 입주한 이웃 동네에서나 사용될 뿐, 아랫동네에는 도통 찬 서리가 가시지 않는다. 두 마을을 연결하는 난방 파이프는 끊겼고, 떡고물은 엉뚱한 나라로 떨어지는 세상이다. 혜택을 받지 못하는 다수는 "도대체 언제쯤 한 모금 얻어 마실 수 있을까" 하며 경기 회복의 수도꼭지를 쳐다보겠지만, 거기까지 배달될 배당금은 별로 없을 전망이다.

앞으로도 경기 양극화는 국민의 불안 증상을 더 부채질할 것이 확실하다. 신입 사원들은 걸핏하면 메뚜기 뛰듯 직장을 옮기고, 주부들은 적금을 깨서 부동산으로 갔다가 다시 펀드로 투자처를 돌리며 갈팡질팡할 것이다. 이런 집단 스트레스 때문에 국내 경기가 좋아지면 "호황의 떡고물을 나눠 달라"는 요구가 더 강해지고, 경기가 나빠지면 "먹고 살 것을 나눠 달라"고 복지 수요가 급팽창할 것이다. 양극화 회오리 속에서 승리한 세력은 "안 되는 건 다 당신네 탓"이라고 쏘아붙이지만 말고 정책 당국자들은 이런 현실에 눈을 뜨고 그 해결책을 고민하지 않으면 안 된다.

경제정책 책임자들은 부자가 돈을 써야 소비가 풀리고 대기업이 잘되면 중소기업은 저절로 좋아진다고 믿었던 신앙을 버려야 한다. 1등 기업의 꿀물이 아래쪽으로 자동 분배될 것이라고 믿는 경제철학부터 무덤 속에 깊이 파묻어야 한다. 일자리 창출만이 경제 회복의 최고 처방이라고 낙관하지도 말아야 한다. 그동안 역대 정권들이 창출하겠다던 일자리를 모두 다 합치면 진작에 실업률 0%의 천국으로 변했을 것이다. 그 많은 일자리는 청와대 회의실에서 만들어졌다가 회의가 끝나는 순간 곧장 서류에서 탈출해 허공에 날아가버렸다. 글로벌시대의 경제정책 책임자는 악마의 저주를 받은 팔자다. 한 발짝 잘못 디디면 대형 버블이고, 또 한 발짝 잘못 내디디면 장기 침체다. 잘 되더라도 불만 집단은 세력을 키우며 더 극성을 부린다. 그래서 앞뒤가 맞지 않는 일, 순발력 있게 표정을 바꾸는 정책을 때로는 거리낌 없이 할 수밖에 없다. 감세론이나 고환율정책, 재정지출 확대 등 한 가지 방향의 정책에만 매달리면서 "이것만이 경제를 살리는 길"이라고 고집하는 일은 없어야 한다.

41

한국 경제,
'개방 공포증' 딛고 성공했다

1997년 외환위기 이후 한국을 휩쓴 것은 개방 공포증이었다. 미국과 IMF의 개방 요구를 다 들어주다보면 외국 기업들이 들어와 국내 상장회사, 국내 금융회사들을 다 집어먹을 것처럼 생각하는 사람들이 적지 않았다. 국제 핫머니(초단기 투기성 자금)가 들어와 자금시장을 마음껏 흔들어 델 것이라는 걱정도 많았다. 칠레와 자유무역협정을 맺고 한미 FTA를 체결할 때도 똑같은 불안감이 전 국토를 휘감아 돌았다. 이런 피해의식은 기본적으로 나라를 일본과 미국의 강요로 억지로 개방했다가 온 나라를 일본에 먹혔던 역사에서 비롯된 것이다. 짧게 보면

1980년대 국내시장을 너무 빨리 개방한 결과 일회용 라이터나 우산 제조업체들은 거의 사라졌던 경험도 했었다.

하지만 국산 가전제품이나 컴퓨터는 시장 개방 후 오히려 제품 경쟁력은 강해졌다. 외국산이 들어온다니까 국내 회사들은 더 치밀하게 원가절감을 했고 기술 개발에 투자했던 덕분이다. 광고시장을 개방한 후에도 광고시장은 여전히 한국 회사들이 독차지하고 있다. 외국 광고회사의 국내 진출이 선진 광고기법을 배우는 기회가 됐을 뿐이다. 한때는 국내 영화시장을 개방한다고 해서 유명 배우들까지 길거리에서 데모를 했었다. 그러나 영화시장을 더 개방한 후에 우리 국산 영화의 관객은 1억 명까지 팽창했다. 국내 고객 취향에 맞는 영화가 우리 고객을 끌어당기는 힘이 할리우드 영화보다는 훨씬 강하다는 것을 국내 영화계가 증명했다. 한국 경제는 기본적으로 개방 체제를 전제로 짜인 경제다. 외국시장에서 싸워본 경험도 풍부하고 국내시장에서 외국 회사와의 전투 횟수도 잦았다. 열린 시장에서 싸우는 사이에 저항력과 노하우가 생긴 셈이다.

반개방 정서는 경제성장을 방해

●●● 그러나 우리나라 사람들이 얼마나 개방에 알레르기 증상이 강한지는 중국과 비교해보면 잘 알 수 있다. 2000년대 초반 중국 광둥과 제주도는 동시에 개방 경쟁을 벌였다. 제주도는 국제자유도시 구상을 앞세워 특별자치 지역으로 변하고, 광둥은 중국경제 개방의 상징 지역

으로 성장하던 무렵이었다.

2000년 초 홍콩에 주재하던 어느 중견 일본 기자는 당시 중국의 풍경을 이렇게 설명했다. "중국 일부 지역에선 비자 없이 입국을 허용합니다. 무작정 공항에 내리는 비즈니스맨의 얼굴만 보고 2주짜리 비자를 즉석에서 발급해주기도 하죠." 그는 외국에서 성공한 제도라면 뭐든지 끌어당기는 중국의 흡인력을 그렇게 설명했다. 그뿐만 아니었다. "중국 국적을 원하는 외국인은 북경의 콧대 높은 관료들과 씨름할 필요가 없어요. 홍콩 주변에선 일정 금액을 지방 관공서에 헌납하면 국적을 쉽게 손에 넣을 수 있죠." 이는 중국 지방공무원의 부패를 말하는 게 아니라, 그들의 개방적인 태도를 설명하는 얘기다. 그때나 지금이나 중남미 일부 국가의 여권은 전자제품과 비슷하게 시장에서 거래된다. 단돈 몇천 달러나 몇만 달러를 내면 중개상을 통해 합법적으로 여권을 받을 수 있다. 중국의 지방공무원들이 당시 글로벌 '국적시장'의 존재를 알았는지 모르지만, 여권·비자 같은 국적 관련 행정을 주권·치외법권이라는 거창한 시각에서 벗어나 아예 '국적 비즈니스'로 보았던 것이다.

반면 비슷한 시기 국제자유도시로 발돋움하겠다던 제주도는 달랐다. 특별자치 지역으로 발전시켜야 한다는 구상을 할 때만 해도 제주도에선 영어를 공용어로 쓰고 무비자 지역으로 가자는 아이디어가 논의됐다. 국제학교를 유치하고 국제 휴양도시 구상도 그려졌다. 그러나 그런 파격적인 개방 구상은 제주도민들의 마인드를 읽지 못한 내용이었다. 외지인과 외국인을 제주도민과는 다른 인종쯤으로 생각하는 제주도 사람들의 생각을 몰랐다.

제주도 사람들의 유별난 향토 사랑은 어느 미국계 외식업체의 일화에서 엿볼 수 있다. 이 외식회사가 그 당시 제주 시내에 점포를 열었다. 외식업체로서는 치명적인 공간이랄 수 있는 지하 1층에 자리 잡았다. 외국계 외식업소라는 이유로 빌딩 주인이 바가지 임대료를 요구하는 바람에 지상 점포를 포기했다. 특유의 지역 정서는 여기서 끝나지 않았다. 점포 개설 1년여 만에 본사 출신 점장이 철수하지 않을 수 없게 됐다. "현지 공무원·상인들이 외지인이라고 점장을 따돌렸어요. 쓰레기 치우기부터 위생검사까지 마찰이 끊이지 않았습니다. 돌을 던지는 일도 자주 발생했고요. 물론 매출 실적도 저조했죠." 그 대신 경험이 일천한 토박이 출신을 점장으로 교체했다. 이 회사는 외국인 관광객이 몰리는 중문단지 등에 점포 확장을 계획했다가 중단했다. 10여 년이 흐른 지금 이 회사 점포는 전국에 500여 곳을 헤아리지만, 제주도 전체에선 몇 곳에 불과하다. 이 회사의 점포 개발 담당자는 이렇게 말했다. "제주도는 돈 벌려는 사람은 배척하고, 거기서 돈을 쓰려는 사람만 받아주는 곳입니다."

중국 광둥과는 달리 토박이들의 텃세와 투정은 제주도만의 문제는 아니다. 우리나라 전국 곳곳에 만든 외국인 전용 공단이 실패하고, 지방의 대형 공단에 다국적 기업들이 입주를 꺼리는 배경에는 공무원들의 교묘한 행정 규제와 함께 지역 주민의 반외세 감정이 깊숙이 깔려 있다. 국적조차 상품화되는 세상을 부정하고, 다금바리, 옥돔 같은 제주 특산요리와 함께 맥도날드와 웬디스, 타코벨이 공존할 수밖에 없다는 것을 거부하는 셈이다. 이런 반 개방 정서가 만연해서는 한국 경제가 더 이상 발전할 수 없다.

세계화 물결 속에서 개방할 수밖에 없는 운명

●●●● 한국 경제와 세계 경제가 겪고 있는 '혁명적 파괴'는 세 가지로 요약된다. 첫째로는 '화폐혁명'을 꼽을 수 있다. 돈이 흘러넘친다. 2008년 이후 선진국 중앙은행들의 화폐 발행 잔액이 두 배로 급증했다. 화폐혁명은 돈의 가치가 파괴되는 저금리혁명이다. 둘째, 여기에 중국 주도로 '가격파괴'까지 가세했다. 가격혁명의 상징은 '유니클로 현상'이다. 유니클로는 옷값을 내릴 수 있는 선(線)까지 인하하고도 며칠마다 더 싼 신제품으로 교체하는 회사다. 일회용 우산부터 대형 부동산까지 손에 잡히는 모든 물건의 가격표가 뒤바뀌는 와중이다. 마지막으로 어느 나라에서든 실질임금이 하락하는 '임금파괴혁명'까지 진행 중이다. 1% 소수의 연봉은 오르지만 절대 다수 임금근로자들이 챙겨 가는 몫은 줄어들었다. 경영인은 집단해고나 비정규직 채용을 통해 인건비를 깎고, 그럴수록 고용된 사람들이 나눠 가질 떡은 작아진다. 대통령·총리들은 알바·인턴·비정규직이 늘어나는 고민을 해결할 길이 없고, 고정적인 임금소득을 기반으로 형성됐던 중산층의 두께는 얇아지고 있다. 삼성물산이 두바이에서 세계 최고층 빌딩을 건설할 때 공사 현장에서 근무하는 한국인은 고작 스무 명 안팎이었다. 현장 사원의 숫자가 최대 5800명까지 늘어났던 시절에도 한국인이 차지한 일자리는 그 언저리에 머물렀다. 나머지 대다수는 인도와 네팔, 파키스탄의 값싼 노동

자들로 채워졌다.

　돈값, 사람값, 물건값이 동시에 무너지는 '삼중 파괴'는 기존 경제의 틀을 송두리째 흔드는 파도다. 그러나 그 어떤 나라도 이를 거부할 수 없다. 모든 나라가 개방하지 않고서는 경제를 지탱할 수 없는 세계화 물결 속에 휘말려 들어 있기 때문이다. 현재 지구 상에는 300여 개의 자유무역협정(FTA)이 맺어져 있다. 지난 30~40년간 진행된 시장 통합의 쓰나미가 얼마나 거센지는 16세기 유럽을 흔들었던 세계화 물결과 비교하면 쉽게 가늠할 수 있다. 16세기 이전까지 서양 세계의 부(富)는 지중해 주변 국가에 집중되어 있었다. 당시 지중해 선진국이던 이탈리아·스페인·그리스·이집트·모로코 등의 인구는 모두 합해서 2400만 명 안팎이었다고 한 일본 전문가는 추산했다. 이들 선발(先發) 지중해 선진국들을 북부의 영국·프랑스·독일·네덜란드·폴란드가 뒤쫓아가는 과정에서 시장 통합이 이루어졌다. 후발(後發) 신흥국들의 인구는 그때 통틀어 4600만 명 언저리였다. 16세기 세계화가 7000만 유럽인들의 경제권 통합으로 이어지면서 곡물값이 여덟 배 이상 뛰었고, 중남미에서 들어온 은(銀) 덕분에 화폐 증발로 저금리 국면이 지속됐다. 돈의 가치, 상품의 가치, 인간의 가치가 붕괴되는 현상이 지금과 비슷했다.

　현재 진행되고 있는 세계화는 미국·유럽·일본 등 선진국 경제권 인구 10억 명과 브라질·러시아·중국·인도 등 브릭스(BRICs) 국가 인구 28억 명이 하나로 묶어지는 과정이다. 여기에 한국·대만·동남아·중남미·동유럽까지 합치면 16세기보다 70배가 넘는 50억 명 안팎이 소용돌이를 일으키고 있다. 세계화에 동원된 인구와 국가 숫자가 500년 세월 사이에 급팽창한 것이다. 16세기 세계화 물결은 100년 이상 지속되면서 암흑의 중세를 종결시키고, 종교혁명과 르네상스를 몰고 왔고, 두 세기 후에는 산업혁명으로 이어졌다. 21세기 세계화 바람은 앞으로 몇십 년을 더 넘어 100년 이상 불어 닥칠지 모르고, 어떤 후속 혁명을 파생시킬지 짐작하기조차 힘들다. 두려움에 떨며 그 폭발력을 지켜보고만 있기에도 벅차다.

16세기 유럽이 세계화로 출렁일 때 한국 경제는 세계 속에서 존재 흔적을 찾을 수 없었다. 2010년 우리 경제 규모(GDP)는 세계에서 1.97%의 점유율을 차지하고 있다. 5000년 역사 중 30~40년이란 짧은 기간이나마 국내시장 문을 활짝 열면서 세계화 바람에 잘 올라탔던 덕분이다. 커다란 피자 판에서 1.97%는 부스러기 조각에 불과하지만, 우리는 0에서 출발해 이만큼 파이를 확보했다.

그러나 신기하게도 그 세계화를 부정하면서 나라경제를 성장시키겠다는 생각을 가진 사람들이 아직 적지 않게 남아 있다. 외국기업과 외국인이 한국에 들어와 돈을 쓰기만 바라고 돈을 벌어가지는 말라는 닫힌 마음을 가진 사람들이 정권을 잡으려고 시도하는 일도 끊이지 않는다. 국민이 가진 막연한 개방 공포증을 부추겨 거대한 흐름을 거스르려는 세력이다. 1.97톤짜리 조각배로 5000만 국민이 먹고 살려면 우리 시장도 열어주면서 국익을 챙겨야 한다는 원리를 부정하는 것이다. 이들은 개방을 통해 경쟁력을 키우고 글로벌 경쟁자들과 싸워 이겼던 한국인들의 잠재력조차 부정하고 있다.

42

중국에 의존해선
선진국 될 수 없다

●●●● 일본이 독일을 제치고 세계 2위 경제대국으로 떠올랐던 시기는 1968년이다. 그 무렵 허먼 칸(Kahn)이라는 미래학자가 서기 2000년 일본이 미국을 추월할 것이라고 예언했다. 그런 일은 물론 일어나지 않았다. 그 대신 2010년, 42년 동안 일본이 누려온 세계 2위 자리는 중국에 넘어갔다.

"모든 것이 가라앉는 기분이다." 한 일본인 기자가 오늘날의 일본을 한마디로 표현했다. 요코하마 항구는 10위에서 29위로, 나리타 공항은 4위에서 8위로 순위가 떨어졌다. 일본의 국가 경쟁력은 1990년 1위

에서 19위로 추락했다. 이런 랭킹 변화보다 일본인을 더 자극하는 것이
대중(對中) 경제전쟁 결과다. "일본은 더 이상 아시아를 대표하는 나라
가 아니다"라고 한탄하는가 하면, "중국을 배워야 한다"는 주장마저 일
본에서 나온다. 세미나에서 일본을 비판하고 중국을 칭송할 때 청중석
에서 박수가 터지는 광경은 지난 100년 동안 전혀 볼 수 없었던 분위기
다. 센가쿠 열도(중국 이름은 댜오위다오)를 둘러싼 분쟁 이후엔 어떤 공포
감이 일본에 감돌고 있다. 일본 기업들이 습격을 당하고 중국과 무역
거래가 저조해지는 것이 수치로 나타나면서 씁쓰름한 표정으로 중국의
힘을 재평가하는 움직임도 나온다.

금융위기가 지구 상 부(富)의 물줄기를 한 번 더 바꿔놓았다고들 한
다. 일본의 어느 경제 평론가는 이를 '서구화의 종언'이라고 표현했다.
유럽·미국을 배우며 자본주의 기법으로 경제를 성장시키던 시대가 끝
났다는 말이다. 한 술 더 떠 동아시아 판도가 이제야 정상화됐다고 주
장하는 학자까지 나온다. 일본이 아시아 넘버 원이었던 100년여의 근대
역사가 이상한 시대였고, 중국이 부상한 요즘이 정상적인 세력 판도라
는 것이다.

일본인의 패배감을 깊게 만든 것은 무능하고 무기력한 정치다.
2009년 12월 후진타오 중국 주석과 악수하는 사진을 찍으려고 집권당
최고 권력자와 국회의원 143명이 베이징 인민대회당에 한 줄로 섰던 장
면이야말로 일본 정치의 빈곤 상태를 전 세계에 보여준 압권이었다. 그
래도 일본 경제계는 중국에 밀리는 책임을 정치의 실패만으로 돌리지
못한다. 도요타·파나소닉 같은 대표 브랜드가 위기 속에서 활력소를

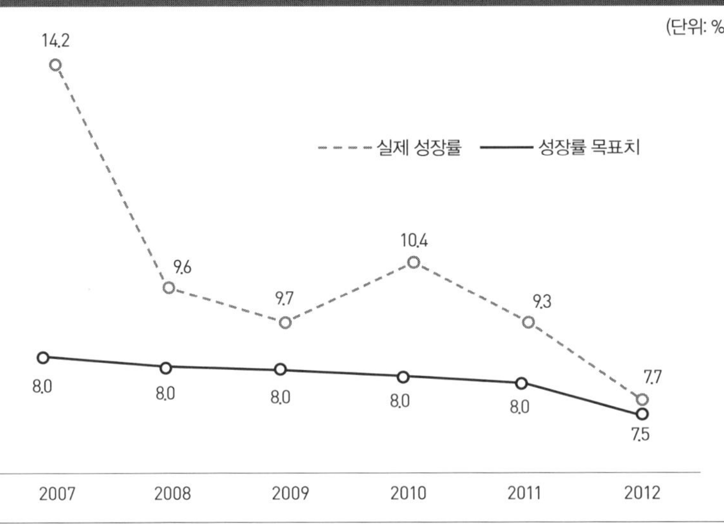

*전년 동기 대비. 2012년 성장률은 1~3분기 기준　　　　　　　　자료: 중국 국가통계국

찾은 곳이 중국시장이다. 경영 실적 발표에서 "중국 법인의 이익이 늘어서……"라거나 "중국에 수출이 급증한 덕에……"라는 설명이 많아졌다. 중국에 밥줄을 기대는 일본인 입이 늘어나는 만큼 중국에 졌다는 패배 의식은 퍼질 수밖에 없다.

승부는 끝났고 경제전쟁에서 패전했다고 일본이 자포자기에 빠지기엔 이르다. 부의 샘물을 둘러싼 동양과 서양의 싸움, 선진국과 신흥국의 경쟁은 끝나지 않았다. 중국을 상대하는 경제전쟁은 이제 시작되었다고 보는 진단이 맞다. "2030년이면 중국이 미국을 추월할 것"이라는 예언은 허먼 칸의 예측처럼 과잉 예찬으로 끝날 수도 있다.

중국 경제의 미래에 대한 두 가지 시나리오

●●● 중국 경제의 미래는 두 가지 시나리오를 똑같은 무게로 그려 봐야 한다. 하나는 미국이 갔던 길이고, 다른 하나는 일본이 갔던 길이 다. 중국이 유럽으로부터 지배권을 넘겨받은 제2의 미국이 될지, 아니 면 2위에 등극했다가 무너지는 제2의 일본이 될지 누구도 장담하지 못 한다. 중국이 세계 1위 국가가 되려면 적어도 두 번 기적이 일어나야 한 다. 한 번은 중국이 내부 개혁을 성공적으로 마무리해야 하고, 또 한 번 은 대외적인 처신에서 다시 한 번 기적을 만들어내야 한다.

우선 중국 내부가 크게 변해야 한다. 정치적 표현의 자유 허용, 인권 보호, 빈부 격차 해소, 민족 간 분쟁 완화 같은 내부 개혁이 있어야 한 다. 중국을 보는 미국과 유럽의 시각은 최근 들어 회의론으로 크게 기 울고 있다. 중국의 성장이 한계점에 도달했다는 진단과 중국의 추락에 대비하라는 처방도 이어진다. 물가가 너무 뛰고 부실이 엄청나게 쌓였 다는 얘기가 그치지 않는다. 쉴 새 없이 달려온 중국 경제는 당과 정부 가 엔진 가동을 독점해왔고, 그 성공적인 운행에 국민의 신뢰가 높았 다. 그러나 40년 동안 승리에 도취해 있던 국민 사이에 '속았다'는 여론 이 자리 잡으면 당과 정부에 대한 믿음은 급속히 추락할 것이다. 신뢰 의 붕괴는 부동산 폭락이나 물가 상승보다 더 경제를 악화시키는 요인 이 되곤 한다. 그러지 않아도 중국은 빈부 격차가 심하고 고학력 청년 층의 실업이 심각해 사회불안이 간단치 않은 선까지 치솟았다. 지방 도 시에서 빈발하는 생계형 데모도 주목하고 있다. 일본에서는 중국의 반일 데모가 2012년 가을에 사상 최고조에 달했던 이유로 중국 내부의 심각한 빈부 격차를 꼽고 있다.

국민이 일단 지도층에 낙담하면 인간의 이성, 인간의 선(善)까지 의심하기 시작한다. 온 사회에 불신감이 팽배하면 작은 불황으로 끝날 일이 대형 불황으로 번지는 것을 우리는 여러 차례 목격했다. 우리도 중국경제를 낙관만 하지 말고 최악의 시나리오를 가정해봐야 한다. 당장은 아닐지라도 중국이 내부 개혁에 실패해 장기 침체로 들어갈 경우 어떻게 해야 할지 비상대책을 고민하면서 중국과 거래해야 한다는 말이다.

중국이 세계 1위 국가로 등극하려면 반드시 거쳐야 할 코스가 리더국가로서 품위를 갖추는 작업이다. 북한 등 테러국 통제나 지구 온난화 방지에 앞장서는 국제적인 의무와 책임을 다해야 한다. 위안화를 고정시켜 놓고 무역 흑자만 챙기는 얌체성 정책도 1등 국가로 가는 길에서 자격 미달 이미지를 심어줄 뿐이다.

중국 관영언론 《환구시보(環球時報)》의 2011년 말 여론조사 결과가 흥미롭다. "2000년 이후 최대 사건을 꼽아달라"고 중국인들에게 설문지를 돌렸더니 2008년 베이징올림픽은 2위였다. 3위는 쓰촨 대지진, 4위는 유인(有人)우주선 발사였고, 뒤를 이어 5위로 경제 규모가 일본을 누르고 세계 2위로 커진 것을 선정했다. 1위는 놀랍게도 '루스(入世)'였다. 2001년 세계무역기구(WTO) 가입을 뜻하는 단어다. 10년 전의 일을 최근의 사건보다 더 평가하고, 무역전쟁의 금메달을 올림픽 금메달보다 더 자랑스러워한다는 증거다.

1978년 덩샤오핑의 개혁·개방정책 이래 중국 경제가 내린 가장 극적인 결단은 WTO 가입이다. 그전까지는 여러 관세 감면 혜택을 받아가며 수출했으나, WTO 가입 후에는 그런 특혜를 스스로 포기해야 했다. 다른 나라들과 똑같은 운동장에서 똑같은 룰을 지키며 싸우는 글로벌 경쟁에 뛰어들었던 셈이다. '루스' 이래 10년 무역전쟁은 중국을 세계 2위의 경제대국으로 올려놨다. 하지만 중국 쪽 평론가들이 자주 쓰는 비유법은 따로 있다. "1978년에는 자본주의가 중국을 구했고, 2008년에는 중국이 자본주의를 구했다." 중국은 엄청난 무역 흑자 덕분에 3조 달러가 넘는 외환보유고를 쌓았다. 그 차이나 머니가 미국의 금융위기가 더 악화되는 것을 막고 세계 경제 부양을 위한 밑천으로 쓰였다는 자부심이 지난 2~3년 새 한껏 높아졌다.

과거의 세계 2위 일본과 지금의 세계 2위 중국은 무엇이 다를까? 일본의 어느 언론인은 "세계 질서를 보는 눈이 전혀 다르다"고 요약했다. 1968년 세계 2위 자리에 등극했을 때 일본은 달러 중심 체제를 무너뜨리겠다는 야심을 표현한 적이 없다. 미국에 외교와 안보를 의존하고 달러 지배 질서 속에서 번영을 이루겠다는 국가전략은 그 후에도 변하지 않았다. 무역 흑자로 남는 여윳돈을 미국 경제를 위해 '헌납'하는 굴욕도 참아내곤 했다. "중국은 정반대입니다. 달러 지배 체제를 깨야 한다고 주장하며 세계 질서 재편을 노리고 있죠." 중국은 달러 체제 개편을 공식 언급할뿐더러, 항공모함·스텔스 전투기를 만들고 우주에서도 미국에 도전하려는 야심을 감추지 않고 있다.

세계 질서를 보는 시각만 다른 것은 아니다. 1969년 일본 정부가 펴낸 「경제백서」는 경제 강국이 됐다는 전제 아래 개발도상국들과의 협력을 강조하고 있다. 뒤처진 나라를 도와주자는 인식이 뚜렷했다. 그때부터 늘기 시작한 외국 원조금(ODA)*이 1990년대 10년 동안에는 미국을 누르고 세계 최고 금액까지 도달했다. 반면에 중국 국가원수의 연설문에서는 "중국은 많은 문제를 안고 있는 개도국"(후진타오 주석)이라는 표현이 사라지지 않는다. 지적재산권 보호나 환경 문제가 거론될라 치면 한술 더 떠 '보호받아야 할 약자'라는 논리를 들고 나온다. 뒤처진 나라에 원조해준다는 분위기보다는 자원 확보를 위해 후진국 투자에 열중하는 인상을 주고 있다. 세계 2위 경제 강대국이 '루스 전쟁의 승리자'를 자부하면서도 때로는 '보호받아야 할 개도국'이란 방패에 몸을 숨기는 이중성을 감추지 않는 셈이다.

중국은 금융위기를 계기로 국제적 위상을 한 단계 높였다. 하지만 올라간 위상을 토대로 주변국과 영토분쟁을 벌이고, 영토문제로 도전하는 주변국에는 무역 보복을 감행하는 패권국가로 군림하려는 모양새다. 그런 모습으로는 결코 세계를 지휘하는 지도국가가 될 수는 없다.

일본은 세계 2위 경제대국까지 올라섰다가 정치 개혁에 실패해 새로운 정치지도자를 선출해내지 못했다. 일본 경제도 제조업 분야의 첨단 기술에만 골몰하는 전략을 고집했다. 세계 2위 경제대국의 경제력을

＊ 외국 원조금(ODA)

선진국에서 개발도상국이나 국제기관에 하는 원조. 공공개발원조·정부개발원조라고도 하며, 증여·차관·배상·기술원조 등의 형태를 갖는다. 개발도상국에 대한 공적 자금 중 첫째, 정부 또는 정부의 원조기관에 의해 공여된다. 둘째, 개발도상국의 경제발전과 복지 향상에 기여한다. 셋째, 자금 공여 조건이 개발도상국에게 부담되지 않도록 무상 부분을 일정 비율 이상으로 한다는 조건을 갖춘 것을 말한다.

밑바탕으로 외국에 원조액수를 늘리기는 했으나, 외교력은 독자적인 철학을 세우지 못해 전적으로 미국에 의존해 미국 뒤를 추종하는 것으로 일관했다. 독립된 외교 노선으로 주변국들과 친화하고 세계질서를 안정시키는 데 일본 나름의 색깔을 내지 못했다. 일본은 대내적인 개혁에도 실패하고, 대외적으로 위상을 높이는 개혁도 단행하지 못했다. 중국이 세계 2위의 경제대국으로 올라서면서 그런 일본을 쫓아가면 미국이 누려왔던 권위를 갖기 힘들 것이다. 힘으로만 패권국가가 되면 그 뒤에 따라오는 것은 분쟁과 갈등에 이어 전쟁뿐이다.

중국을 보는 시각은 좀 더 냉정하고 객관적일 필요가 있다

●●● 우리 경제계가 중국을 보는 시각도 더 냉정하고 객관적인 자세를 유지해야 한다. 과거엔 발 마사지나 해주는 나라로 깔보던 시각이 문제였다면 지금은 그들의 경제력을 부풀려 포장하는 우리들의 낮은 포복 자세가 애잔해 보인다. 중국 쪽에서 한마디가 건너오면 서울에서는 잔뜩 부풀려지곤 한다. 인민은행 총재가 2010년 IMF의 특별인출권(SDR)*을 새로운 국제 기축통화로 제안하자, 달러 왕국이 곧 무너질 듯한 논쟁이 이어졌다. 중국이 무역용 위안화 결제를 확대 허용했을 때는

---

* **특별인출권(SDR)**
1969년 국제통화기금(IMF) 워싱턴회의에서 도입이 결정된 가상의 국제준비통화. IMF 가맹국은 금이나 달러로 환산해서 일정액의 SDR을 출연하고, 국제수지 악화 등으로 경제가 어려워지면 SDR을 배분받아 사용한다.

위안화가 마침내 1등급 우량 통화로 등극한 듯이 법석을 떨었다.

우리에게는 꼼꼼히 따져보지도 않고, 큰 그림을 보려고도 하지 않는 버릇이 있다. IMF 특별인출권이란 이론상의 가상 통화다. 시장에서 쓰지 않는 유령 통화를 어떻게 수출입과 외환 거래에 사용한다는 말인가. 다수 전문가는 SDR 활용론을 아예 무시한다. 설혹 중국 주장대로 간다 해도 위안화가 설 땅은 좁다. SDR을 구성하는 지분은 달러 44%, 유로 34%, 엔과 파운드 각 11%씩이다. 지분 0%인 위안화의 발언권을 늘리려면 얼마나 많은 돈을 헌납해야 할지 모른다. 전 세계 무역에서 위안화로 결제되는 비율도 소수점 이하다. 각국이 외환보유고를 쌓는 데서도 위안화는 부스러기 취급을 받는다. 전 세계 외환보유액 중 위안화나 원화는 함께 '기타' 항목에 처박힌 신세다. 베를린 장벽이 무너졌던 20년 전 엔화는 놀라운 저력을 보였다. 일본서는 미국, 유럽과 함께 3극(極) 지배 체제가 올 것이라고 야단법석이었으나, 여전히 '소액 주주'에 머물러 있다. 유로마저 이번 위기에서 큰 상처를 입었다. 달러를 대체할 만한 통화가 속속 무력해지는 글로벌시장의 한구석에 위안화가 둥지를 틀려면 적어도 20년 이상 걸릴 것이다.

허만 칸의 예언에 들떴던 일본에서는 1970년 오사카엑스포가 대성공했다. 그로부터 40년이 흐른 지난 2010년 상하이에서 엑스포 개막의 불빛이 치솟았다. 1970년 당시 미국 추월론에 우쭐했던 일본인이 정상이 아니었듯, 중국 중심의 국제질서 재편론을 맹종하며 따르는 한국인이 급증한 현상도 정상은 아니다. 외국계 증권사들이 한국을 아예 중화경제권 소속으로 분류하는 것도 반가운 일이 아니다.

43

끝없는 경제위기에서
기회 잡아야

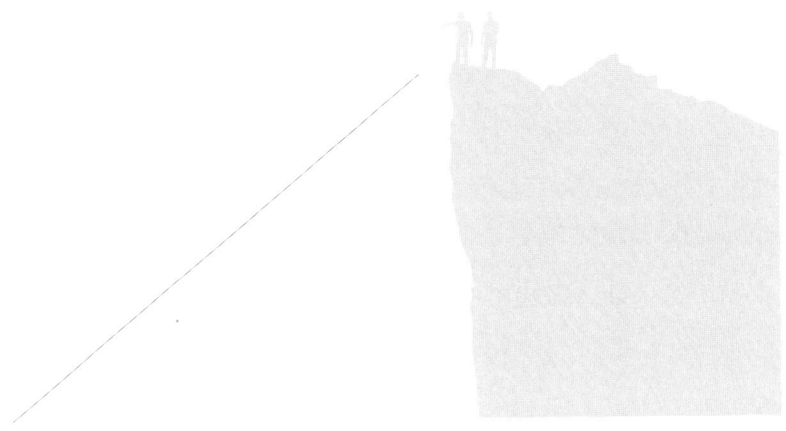

●●● 세계 경제위기가 곳곳에서 참혹한 장면을 만들어내는 가운데 경제학자와 이코노미스트들의 견해는 몇 가지로 정리해볼 수 있다. 한때는 독감설이 파다했다. 이번 위기를 인류 경제가 한 번도 겪지 못했던 지독한 변종 독감 바이러스 때문이라고 보는 의견이었다. 신종 바이러스란 도무지 내용을 알 수 없는 각종 파생금융상품을 말하고, 그것을 치료하면 위기가 끝날 것이라고 믿었다. 전 세계에 돈이 흘러넘친 덕분에 감염 속도가 빨랐을 뿐이라는 주장이었다. 독감설 지지자들은 1~2년 내 세계 경제가 회복될 것이라고 설명했다. 그러나 독감설은 위

기 바이러스가 미국에서 유럽으로 건너가고 중국 등 신흥국가들로 번지면서 곧 침몰했다.

그래서 등장한 것이 30년 중병설(重病說)이다. 1970년대 석유파동 이후 전 세계가 규제 철폐, 자유화, 개방화를 추진한 결과 글로벌 경제가 동시에 암에 걸리고 말았다는 논리다. 이런 주장은 레이건 미국 대통령과 대처 영국 총리, 나카소네 일본 총리를 암세포를 살포한 주범으로 꼽는다. 30년 중병설은 세계화 흐름이 인간 사회에 선물한 것은 탐욕과 투기, 음모뿐이라고 비난하고, 감독과 규제를 강화하지 않는 한 장기 불황이나 공황에 빠질지 모른다고 경고한다. 세계화 반대론자들은 때를 만난 듯 자유무역협정(FTA)이나 헤지펀드*, 외환거래 자유화 같은 신자유주의적 정책에 혐오감을 감추지 않는다. 이제는 지난 30년 동안 전 세계가 시도했던 정책을 수정하는 것이 맞는다고 한다.

지난 30년 동안 세계 경제가 개방과 규제 완화로 치달았던 흐름이 정반대로 흐를 것이라는 예측도 등장하고 있다. 글로벌라이제이션(세계화) 물결이 역회전하리라는 것이다. 갈수록 각 나라가 무역장벽을 쌓고 자본 출입을 통제하면서 보호주의 파도가 닥쳐올 것이라고 보는 시각도 만만치 않다.

또 다른 진단은 '100년 이내 처음' 설이다. "대공황(1929년) 이래 참사"

＊ 헤지펀드

국제증권 및 외환시장에 투자해 단기 이익을 올리는 민간 투자기금. 100명 미만의 투자가들로부터 개별적으로 자금을 모아 파트너십(partnership)을 결성한 후에 카리브 해의 버뮤다 제도와 같은 조세회피(租稅回避) 지역에 거점을 설치하고 자금을 운영하는 투자신탁이다.

라거나 "2차 대전 후 최대 쇼크"라는 주장도 마찬가지다. 이런 전문가 중에는 평생 겪어본 일 가운데 가장 충격적이라는 뜻으로 말하는 사람도 있지만, 대개는 지난 100년 동안 경제적으로나 군사-외교적으로 압도해온 미국을 재평가하는 견해가 담겨 있다. '미국패권시대가 끝나가는 것은 아닐까?'라는 투다. 이들은 미국식 자본주의의 종말, 대형 투자은행(IB)시대의 종언, 달러 기축(基軸)통화 체제의 붕괴, 미국 모델의 종지부 같은 표현을 자주 사용한다. 세계 경제의 패권 교체를 예언하는 주장이라고 볼 수 있다.

조금 엉뚱해 보이지만 "400년 만에 겪는 역사의 단절"이라고 보는 초(超)장기 진단도 있다. 400년 전 이탈리아 제노바에서 저금리시대가 11년 동안 지속됐고, 그 저금리혁명이 중세 암흑시대를 끝내고 르네상스의 막을 열게 된 결정적 도화선이 됐다는 설명이다. 돈의 가격(이자율)이 너무 하락하는 바람에 유럽을 지탱해오던 칸막이 경제 시스템이 붕괴되었고, 종교혁명과 함께 자본주의시대로 가는 길을 열었다는 논리다. 일본을 비롯, 선진국에서 지속되고 있는 오늘날의 저금리 국면은 오히려 그때보다 더 심각하다고 한다. 오랫동안 저금리가 지속되어온 결과, 더 높은 이윤을 좇는 투기성 자금이 금융 쇼크라는 폭탄을 반복해서 투하한다는 진단이다. 이는 세계 역사의 한 체제가 몰락하고, 전혀 다른 체제가 등장할 것이라는 설명법이다. 이 시대를 사는 사람들이 좀체 상상하기 힘든 체제로 변화할 가능성을 점치는 셈이다.

전문가들의 진단과 처방에는 반(反)세계화 논리, 미국 혐오 색채까지 뒤섞여 있어 온통 뒤죽박죽이지만, 우리에게 시사하는 메시지는 간단하다. 이번 쇼크는 쉽사리 끝나지 않으리라는 것이다. 설혹 한두 해 안에 회복된다고 하더라도 시대의 물줄기가 바뀔 수 있는, 훨씬 더 큰 파동이 세계 경제의 밑바닥에서 활화산의 용암처럼 무섭게 꿈틀거리고 있다는 메시지다. 이 때문에 우리 경제가 곧 풀리고 좋아져 고도성장시대에 재돌입할 것이라고 지레 환호해서는 안 된다. 앞으로 우리는 경제활동이 폐쇄적이었던 중세의 암흑천지로 가는 길을 거부하고, 인간의 자유와 행복이 더 보장되는 르네상스 형 경제로 가는 길을 선택해야 한다. 한국은 개방과 자유화, 세계화의 물결을 타고 세계 13위권의 경제국가로 성장한 나라다.

위기 속 한국 경제 희망의 근거들

●●● 한국 경제에 희망의 불빛이 환하게 켜진 것은 아니다. 하지만 큰 바람이 우리에게 유리하게 불어오고 있다는 증거도 나타나고 있다.

『리오리엔트(Reorient)』라는 책 제목을 굳이 번역하자면 '동양의 부활' 쯤 될 것이다. 진보 성향의 프랑크(Andre G. Frank) 교수가 1990년대 말 출간해 미국·유럽에서 베스트셀러가 됐다. 인류 문명사에서 중국과 인도가 다시 주도권을 잡으리라 예언하고 서양 중심적인 역사관에 경고를 보낸 내용이다. 하지만 한국어 번역본(이산출판)은 5년 후에야 나왔고, 고려와 조선의 역사는 물론 오늘의 한국을 언급한 대목이 적었던 탓인지 별 인기를 끌지 못했다. 서양이 동양을 재평가하는 점수와 한국이 동양을 평가하는 점수 사이에는 그만큼 격차가 난다. 그들의 높은 점수 매김이 때로는 우리를 놀라게 한다.

경제역사학자 매디슨(Angus Maddison) 교수는 국가경제력(GDP), 1인당 소득, 인구 등 통계로 인류 경제사를 연구해왔다. 그는 중국이 미국의 경제력을 앞설 시기를 2015년으로 앞당겨 잡았다. 세계 경제의 왕위 교체 시기를 2030년쯤이라고 주장해오던 것을 수정했다. 매디슨은 20년 후에는 중국이 세계 경제의 25%를 점유, 지금 미국이 누리고 있는 지배력을 행사할 것이라고 내다봤다. 그렇다면 청나라가 잃어버린 패권을 두 세기 만에 되찾게 될 것인가. 한국에서는 매디슨도 인기 있는 인물이 아니다. 그가 2000년 동안의 인류 경제사를 연구하는 가운데 한국은 거의 무시했다. 일본에 관해서는 수백 년 전의 인구와 1인당 소득까지 세밀하게 분석했지만, 한국은 기타 아시아 국가들이라는 들러리 그룹에 뒤섞어 넣었다.

프랑크나 매디슨을 통해 중국의 부상(浮上) 속도, 아시아의 성장 파워를 새삼 강조하려는 게 결코 아니다. 우리는 세계 경제사 속의 신라-고려-조선의 위치, 동양 경제권 안의 한국을 더 정확하게 알아야 한다. 몇십 년 후 한국이 세계 2위가 될 것이라는 골드만삭스의 보고서에 우쭐하거나, 흘러넘치는 달러를 들여와 일부러 한국의 미래를 치켜세우는 대박 투자자들의 입에 발린 칭송에 넘어가지 말아야 한다. 우리 역사에는 다른 나라까지 잘살게 만든 경제철학이나 사상이 없었다. 수출로 국부를 나라 밖에서 끌어올 제조업 기술도 없었으며, 이웃 나라를 살찌게 해줄 수억 인구나 소비시장도 없었다. 프랑크나 매디슨이 무시해도 할 말이 궁한 나라다. 그런 루저(loser) 국가가 지난 60년 동안 미국으로부터 자본주의와 시장경제를 배웠고, 그들의 돈과 첨단기술의 혜택을 받았다. 이웃 일본에서는 제조업을 벼락치기로 학습했고, 중국에서는 큰 시장과 값싼 노동력을 선물로 받았다. 앞으로 20년, 30년을 더 가도 세명의 스승을 동시에 받들어야 하는 처지가 쉽게 변할 것 같지 않다. 힘을 잃지 않은 달러 제국의 틀 안에서 두 경제 강국을 이웃에 모셔야 하는 국가의 좌표축은 금융위기 이후 더 조여드는 분위기다. 그렇다고 거포들 사이에 파묻혀 스스로 비하하거나 삼각형 틀 안에 갇힌 토끼처럼 옹색한 자세를 취할 필요는 없다.

한국은 세 강대국을 배우고 활용해야

●●● "한국은 앞으로 뭘 먹고 사느냐"고 장탄식하는 분들이 많지만, 오히려 세 강대국을 더 배우고 활용하는 성장전략을 세울 수밖에 없다.

일본에서는 하이테크 기술을 더 배워야 한다. 항공우주산업, 그린 에너지 분야에서 더 배워야 한다. 자동차 조선 철강 같은 구식 제조업에서도 우리가 따라잡지 못한 일본 기술은 여전히 많다. 금융위기를 거치면서 때마침 첨단기술을 가진 일본 회사가 매물로 나오고, 중국은 이를 하나둘 인수하고 있다. 한국 제조업이 무너진다고 야단이지만, 생존기간을 10년 이상 연장시켜줄 기술은 일본에 있다.

중국에서는 개방정신을 배워야 한다. 중국은 2013년 새해부터 베이징 수도공항에서 한국 등 45개 국가의 입국자에 대해 72시간 무비자정책을 시행하고 있다. 무비자 혜택을 받기 위해서는 국적을 증명할 수 있는 여권을 소지해야 하며, 베이징 경유 뒤 방문하려고 하는 제3국으로 가는 항공권을 반드시 소지하는 등 제3국 입국 조건을 갖춰야 한다. 다소 제약이 있긴 해도 주말을 이용해 중국 해안 도시에서 골프를 즐기는 한국인들은 비자 없이 마음껏 들락거릴 수 있게 됐다. 외국인들에게 비자 문호를 활짝 개방한 것은 과거 경제개방정책을 보는 듯하다. 경제개방을 단행할 때도 중국은 외국 기업인들에게 "지도 위에 선을 그으면 그걸 몽땅 공장 부지로 제공하겠다"거나 "우리 동네에 100만 달러 이상 투자하면 별장터를 무상으로 선물하겠다"는 식으로 외자 유치를 위해 토지 관련 규제를 화끈하게 풀어주었다.

중국시장도 더 확장해야 한다. 4만여 개의 우리 기업이 진출했으나 중국보다 먼저 산업혁명의 길을 걸었던 선행주자로서 중국에서 돈벌이를 할 만한 사업은 얼마든지 있다. 그들의 소득 수준, 교육열, 투자 열기를 감안하면 서울에서 성공한 입시학원 모델이나 전문 병원, 헬스 사업 같은 서비스업종에서 성공 가능성은 열려 있다.

미국에서는 금융과 대학교육산업을 더 배워야 한다. 지난 200년 동안 유럽과 미국은 산업혁명으로 세계를 지배했고, 최근 30여 년은 금융혁명으로 전 세계를 흔들었다. 그들의 산업혁명을 뒤따라가며 엄청난 흑자를 냈던 아시아 국가들이 미국형 금융혁명의 와중에서는 피해자로 전락하거나 끌려가는 방어 자세로 일관하고 있다. 인류 사회에 화폐가 존재하는 한 금융이야말로 필수 산업이다. 미국의 금융혁명이 큰 부작용을 낳고 있기는 해도 달러를 밀어내고 왕좌를 이어받을 화폐는 아직 없다. 동양권 화폐 중 유로나 파운드보다 신뢰가 높은 통화도 없다. 우리가 아시아 통화 통합에 앞장서고, 금융혁명을 먼저 일으킨다면 다른 아시아 국가를 앞서갈 수 있을 것이다. 경제에 관한 한 우리는 스승을 잘 만났고 이웃을 잘 뒀다. 인류 경제 역사에 보탠 것이 없다고 무시당하는 나라가 먹고 살 길은 가까운 곳에 있다. 연달아 터지는 경제 위기에서 우리는 스스로 등대를 밝혀야 할 시기를 맞았다.

44

한국 경제
번영이냐, 파멸이냐

●●●● **한국** 정치인이나 정책 당국자들은 1997년 IMF 외환위기가 갖
는 참된 의미를 모르는 듯하다. 전문가들도 대부분 당시 외환위기가 정
부의 외환관리 실패, 재벌의 과잉 투자, 은행의 경영 실패에서 비롯된
정도로만 알고 있다. 보통 한국인들은 원인 진단보다는 그 충격의 파장
이 거셌다는 후폭풍만을 거론할 뿐이다. 그 당시 실업자가 된 사람들
을 자신의 운 없음을 탓한다. 그때 도산한 재벌들은 이런저런 잡지에
등장해 자기들이 정권에 밉보여 피살당했다는 식으로 변명한다. 강제
로 합병당한 은행이나 억지로 문을 닫은 금융회사들은 국제통화기금

과 그 뒤에서 IMF를 조정하는 미국의 압력 때문에 억울하게 당했다는 피해의식이 여전히 강하게 남아 있다.

우리가 6.25 한국전쟁 이후 가장 심각했던 국가적인 경제위기에 'IMF'라는 수식어와 '외환'이라는 단어를 복합적으로 붙인 것부터 정상적인 것은 아니다. 그런 작명은 국가위기를 IMF가 조장했다는 해석을 내포하고 있다. 한국 경제 내부에서 발생한 것이 아니라 외부에서 비롯된 것이라는 뜻이다. 그저 '1997년 금융위기'라거나 '1997년 경제위기'라는 표현은 좀체 쓰지 않는다. 그 위기는 우리들 잘못이 아니라, 나라 밖에서 닥쳐온 파도를 막지 못해 당했다는 의식이 강하다고 볼 수 있다. '내 탓이오'라는 반성보다는 '당했다'는 피해의식은 그 후 한국 경제가 가는 길을 결정하고 말았다. 위기를 맞아 철저한 자기반성이 있었더라면 많은 것이 달라졌을 것이다. 하지만 우리는 외부의 충격에 당했다고 생각했기 때문에 자기 개혁에 게을렀다. 외부 충격을 막을 방안을 궁리하는 데 골몰하면서 자기를 바꿔보려고 하지 않았다. 그것이 1998년 이후 2012년까지 15년의 한국 경제의 문제를 대거 잉태했다. 비정규직 문제, 재벌개혁, 빈곤층 확대, 청년 백수 등 우리 사회의 수많은 골칫거리는 1997년의 위기를 잘못 해석한 데서 출발했다고 보면 된다.

1960대 이후 나이 든 세대는 자기들 시대에 '단군 이래 최고 절정기'를 만들었다는 자부심이 강하다. 세계에서 가장 가난했던 나라를 세계에서 무역 규모 8위의 무역대국, 경제 규모 1조 달러가 넘는 세계 13~15위권의 경제대국을 만들었다는 말이다. 맞는 말이다. 60년 전까지만 해도 한국 경제란 '기타 아시아 경제권'이라는 분류 속에 존재감이 없었다. 기껏해야 일본의 부속 경제권에 묶여 분석의 대상이 되곤 했다. 존재감이 미미했던 나라가 그래도 이만큼 성장하기까지는 나름대로 비결이 없을 수는 없다. 그중 특히 엄마들의 유별난 교육열을 들먹인다. 한국인의 우수하고 독창적인 두뇌를 평가하는 분석 또한 적지 않다. 무서움을 모르고 겁 없이 새로운 일을 저지르는 도전 정신이 휴대폰, 조선 등 많은 효자 산업을 키워냈다는 칭찬도 끊이지 않는다. 우리의 선배 세대가 밤새워 열심히 일했던 근면성을 부인하기 어렵다. 이런 많은 장점이 상승 작용을 일으키며 40년 전까지도 우유와 강냉이 죽을 원조받던 나라가 원조금을 후진국에 베푸는 나라로 바뀌었다. 기업인들은 세계 최고급의 스마트 폰을 만들어내고, 젊은이들은 그토록 어려워 보이던 올림픽 금메달을 거뜬히 따온다. 한국 경제는 백성의 굶주림을 해결하는 데 그치지 않고 이제는 선진국 부럽지 않은 풍요로운 삶을 향해 달려가고 있는 듯하다.

그렇다면 우리는 과연 미국인처럼 잔디 정원과 풀장을 가진 단독 주택에서 주말엔 친구들과 파티를 즐기는 인생을 맛볼 수 있을까? 직장인은 프랑스 사람들처럼 남부 해안의 콘도나 별장에서 여름휴가를 한 달씩 보낼 수 있을까? 한국의 아줌마들이 인생이 좀 지루하다 싶으면 일본의 아줌마들처럼 동네 모임을 만들어 유럽의 최고 레스토랑을 순회하는 '구어메 투어(맛집 여행)'를 떠나는 날이 언젠가는 올 것인가? 젊은 연인들이 비정규직으로 일하면서도 연휴를 맞아 싼값에 요트를 임대해 며칠 간 둘만의 시간을 가질 날이 올 수 있을까? 이런 풍요로움은 한국 경제가 더 성장하지 않는 한 불가능한 꿈이다. 경제 규모와 무역 규모가 커졌다고 해서 선진국이 되는 것도 아니고, 주요 20개국 정상회담을 개최했다고 선진국이 다 된 것도 아니다. 1인당 국민소득이 2만 달러를 훌쩍 넘었다고 선진국 국민이 됐다고도 할 수 없다. 선진국 국민이 누리고 있는 풍요와 호사를 보통 국민이 일상생활에서 쉽게 이룰 수 있어야만 비로소 선진국에 진입했다고 자부할 수 있을 것이다.

국가 주도 성장전략, 한국에서만 성공한 모델 아니다

●●● 한국 경제가 장차 번영의 길로 다시 달려가려면 우선 한국 경제가 성장해온 과정을 정확하게 알아야 하고, 1997년의 경제위기가 우리에게 어떤 의미가 있는 사태였는지 이해해야 한다. 한국은 1962년 경제개발 5개년 계획을 시작할 때부터 국가 주도, 정부 주도의 경제발전전략을 추진했다. 지독한 가난에서 벗어나려고 5.16쿠데타 세력이 정부 주도의 개혁을 선언했던 것이다. 박정희 대통령은 '조국 근대화'라는 국정철학을 내걸고 경제 분야에서 개혁과 개방정책을 조심스럽게 도입했다. 경제 개혁과 개방에 필요한 도구들은 대부분 일본, 미국, 독일에서 가져왔다. 자본과 기술을 수입했고, 고급 두뇌를 들여왔다. 경제정책도 일본산과 미국산을 베껴왔다. 한국 내부에서는 농촌의 값싼 노동력을 공단과 도시로 끌어들였다. 우리는 일본의 성장 모델을 거의 그대로 모방했다. 한국의 개혁─개방정책은 그 후 중국이 그대로 모방해 갔고, 지금은 베트남과 캄보디아가 비슷한 시도를 하고 있다. 국가 주도, 정부 주도의 경제발전전략은 이미 100여 년 전에 독일이 성공적으로 선

보였던 모델이기도 했다. 한국만의 독창적인 성공 모델은 아닌 셈이다.

박정희 정권의 국가 주도 경제성장전략은 미국의 이해와 딱 맞아떨어지는 것이었다. 소련과 극한 대치로 치닫고 있던 냉전시대, 한국은 미국, 일본과 함께 공산주의 국가들과 대적하는 동맹을 맺었다. 한국이 일본처럼 경제적으로 성장함으로써 미국이 공산 국가들과 대결하는 데 힘을 보태기를 원했다. 이런 필요에서 미국이 일본에 한국과 외교적으로 국교 정상화를 하도록 압력을 넣고, 엔 차관을 호의적으로 제공하도록 분위기를 조성했다는 증거는 수많은 기록에서 확인된다. 미국은 냉전이라는 세기적인 대결의 큰 틀 속에서 한국의 경제성장을 지원했다. 미국이 군인 집단이 비정상적인 방법으로 정권을 탈취한 것을 묵인한 이유도 미국-소련 간의 냉전 구도 안에서 양해되었다고 해석할 수 있다. 일본의 식민지 상태에서 나라를 되찾는 데 결정적으로 기여했던 나라도 미국이었고, 6·25전쟁 때 북한의 무력 침공으로부터 한국을 지켜준 나라도 미국이었다. 정부 주도의 경제성장전략을 추진한 출발점에서 자본과 기술을 제공해주고, 한국을 도와주라고 일본과 독일 등 우방 국가에 권유한 나라도 미국이다. 미국이 한국을 향해 외교-안보는 물론 경제 분야에서도 발언권이 강할 수밖에 없는 구도가 처음부터 짜였던 셈이다.

냉전 체제 아래서 국가 주도의 개혁-개방전략이 성공하기까지는 두 가지 도구가 필수품처럼 만들어졌다. 관료 집단과 재벌이다. 5·16쿠데타 후 정치인으로 변신한 군인세력은 경제정책을 이끌어나갈 주도 세력으로 경제 분야의 고급 공무원을 집중적으로 키웠다. 국가 고시로 인재를 뽑고, 그들을 미국으로 유학 보냈다. 가장 우수한 인재는 경제 부처로 먼저 배치했고, 그들은 비리를 저질러도 대통령의 특별 지시로 사면되는 일이 잦았다. 경제정책을 수립하고 실행할 추진체 엔진으로 일본의 관료제도를 모방한 경제관료 집단을 만들어 그들에게는 막강한 권한을 주었다. 박정희 대통령은 경제기획원이라는 우수한 경제관료 집단과는 매달 정기적으로 만나 보고를 듣고 토론을 가졌다. 이들은 정치권과 교감을 나누면서 당시로서는 구하기 힘든 외자(달러)를 들여와 국내 기업들에 배분했다. 국내 기업을 보호하려고 외제품 수입을 막는 장벽을 쌓아주기도 했다. 이들은 경공업 중심의 산업 구조를 중공업 중심으로 이동하는 데 앞장서고, 기업들에 수출을 늘리도록 독려하는 역할을 도맡았다. 대통령을 중심으로 하는 집권 정치인세력과 협력하며 국가경제의 그림을 그리고, 정책 집행을 총괄 지휘하는 역할을 떠맡았던 것이다.

국가 주도의 자본주의 체제에서 정치권과 관료 집단이 키워낸 성장의 도구가 바로 재벌이다. 정권으로서는 북한과 대적하는 국면에서 한국 사회를 안정시키려면 젊은이들에게 '괜찮은 직장'을 제공함으로써 중산층을 육성해야 할 필요성이 절실했다. 정치권과 관료 집단은 외국의 선진 기술 도입에도 앞장서서 다리를 놓아주었다. 외국 회사와 계약을 체결할 때 외국 기업이 국내 기업을 믿지 못하겠다고 나오면 정부가 보증서를 발급해주며 지원을 아끼지 않았다. 기껏 개발한 국산품이 외국산 경쟁 제품 때문에 팔리지 않는다고 호소하면 외제 수입을 막아주며 국내 기업을 육성했다. 지금의 번듯한 재벌들 중 성장하는 과정에서 정부로부터 빚 탕감을 받은 적이 없다고 큰소리 칠 곳은 찾기 힘들 것이다. 세금 감면 혜택을 전혀 받지 못했다고 나올 재벌도 거의 없다. 사회 안정 장치로서의 대기업 육성정책은 훌륭하게 작동해 경제성장과 함께 안정된 직장이 쉴새 없이 젊은이들에게 공급됐다. 그러나 정치권과 손잡은 관료세력이 국내 대기업을 육성하는 과정에서 노조의 목소리는 강제로 억압될 수밖에 없었다. 여기저기서 노조 탄압이 이루어졌다. 그에 저항하는 반작용도 점점 거칠어져갔지만, 경제성장을 위해 모든 불만과 차별은 덮어지는 상황이 계속되었다.

정치·관료·재벌의 3자 담합 체제는 깨지고 있다

●●● 경제개발 5개년 계획으로 시작된 정치권, 관료, 재벌들 간의 3자 연계는 보기에 따라서는 '담합 체제'라고 볼 수 있다. 자신들의 이익을 위해 다른 세력과 때로는 암묵적으로, 때로는 공개적으로 돈의 가격(이자)과 인간의 가격(임금)을 결정한 후, 그 담합에서 얻는 이익을 공유했기 때문이다. 다만 그 담합에서 소외된 농민과 근로자 계층은 이익배분에서 작은 몫을 배당받는 데 만족해야 했다. 반면 국익을 위해, 부국강병을 위해 3자 간의 협조 체제 또는 협력 관계는 불가피했다는 논리도 설득력을 갖고 있다. 자원도 없고, 자본도 없고, 기술도 없이 경제를 성장시키려면 국정 주도세력이 하나로 단결해 일관성 있는 정책을 밀고 가야 했다는 시각이다. 고도성장시대를 해석하는 시각이 보는 눈에 따라 다를 수는 있지만, 국가 주도의 성장전략 덕분에 나라경제가 이만큼

커졌고 국민 생활도 과거와는 판이하게 풍성해진 것은 사실이다.

그러나 1997년 1차 외환위기로 정치–관료–재벌의 3자 연대전선은 결정적인 계기를 맞는다. 박정희–전두환–노태우로 이어지는 군인 출신의 국가 지도자들은 이미 한국을 이끌 정치적인 주도세력으로서 권위를 상실한 상태였다. 박정희 대통령은 3선 개헌과 유신을 통해 무리하게 정권을 연장시키다가 피격됐다. 전두환 대통령은 광주민주화운동을 총으로 진압한 끝에 정권을 획득해 지도자로서 자격을 잃은 상태로 대통령직에 취임했다. 노태우 대통령은 1987년 정치민주화 조치 이후 첫 직선제 대통령이었으나 부패의 고리를 끊지 못했다. 30년 군사정권시대가 그렇게 권위와 위엄을 잃어가면서 국가 주도의 발전전략은 서서히 의미를 상실해갔다. 국가와 정부가 마치 동일어처럼 사용되는 시대도 끝나갔다.

1980년대 중반 이후 전 세계적인 세계화 물결을 타고 국내 기업들의 외국 진출이 활발해지면서 3자 간의 연대의식도 약화됐다. 기업인들은 외국에 나가 한국 정부와 정치권, 관료 집단의 보호를 받지 않고도 큰 돈을 벌 기회가 많다는 것을 확인했다. 정치인과 관료 집단은 1990년대 들어서는 자신들이 키운 재벌들이 서서히 통제에서 벗어나는 것을 확연하게 알게 됐다. 재벌들도 정치권과 관료가 더 이상 자신들의 성장에 도움이 되기보다는 때로는 기업 투자활동과 경영이익 실현에 큰 장애요인이 된다는 것을 깨달았다. 재계에서 규제 철폐에 대한 목소리가 유난히 커지기 시작한 시기도 1990년대 초반 무렵이었다. 1997년 무렵 정치는 부패했고, 관료 집단은 과거의 화려했던 권한을 포기하지 않는 괴물로 변해 있었다. 재벌들은 국내보다는 외국으로 눈을 돌리고 있었다. 정치, 관료, 재벌 간의 연합 전선에 금이 가기 시작한 것이다.

이렇게 간략하게나마 고도성장시대를 되돌아보는 이유는 한국 경제가 번영의 길로 나갈 열쇠를 거기서 찾을 수 있기 때문이다. 과거의 성공과 실패를 냉정하게 살펴보면 우리 경제가 나갈 방향을 어느 정도 가늠할 수 있다.

1차 외환위기는 국제적인 경제학자들 사이에서 '아시아 금융위기'로 명명돼 있다. 당시 태국에서 외환위기가 발발한 후 그 바이러스가 한국을 거쳐 인도네시아, 말레이시아, 필리핀으로 금방 전염되는 과정을 보였다. 1945년 2차 세계대전 이후 식민지에서 독립한 아시아 국가들이 정부 주도의 경제정책을 추진하면서 외환관리에 실패했다고 보았다. 국내에서는 정치와 관료, 기업이 서로 연대하는 연고(緣故)주의 방식으로 경제를 운용하면서 국내시장을 서투르게 개방하는 바람에 위기를 자초했다는 분석이었다. 그런 분석이 맞든 틀리든 경제학자들은 아시아 국가들의 외환위기 발생 원인은 서로 비슷하다고 보고 있는 셈이다.

한국의 경우 당시 많은 실업자가 길거리로 쏟아져 나왔다. 하지만 가장 충격을 받은 당사자는 정치와 관료 집단, 재벌들이었다. 정치는 기존의 보수세력이 장기 집권하던 시대를 마감하고 1차 외환위기 이후에는 김대중-노무현 시대로 교체됐다. 보수 정치 집단의 부패와 무능이 진보세력의 10년 집권을 불러왔던 것이다. 관료 집단의 충격은 그동안 경제정책을 주도해오던 경제기획원의 해체, 그리고 재무부의 위상 추락으로 나타났다. 정치권과 손을 잡고 만능 경제 권력을 휘두르던 경제관료 집단이 외환위기를 겪으면서 통솔력을 상실하고 말았다. 재벌이 받았던 충격은 당시 30대 재벌 중 절반이 무너진 것에서 찾을 수 있다. 그 이전부터 3자 연대 체제에 대한 경고는 계속 폭발했으나 대부분 묵살되거나 덮어졌다. 기존 정치와 부패와 무능에 대해서는 민주화운동이 경고음을 발신했다. 관료 집단에 대해서는 기업들이 '기업하기 좋은 나라'를 앞세워 규제 완화를 해달라는 압력이 끊이지 않았다. 재벌들에 대해서는 임금 인상과 노조활동 보장을 주장하는 투쟁이 이어졌다. 그러나 그동안 해오던 행동 방식에 따라 모두가 바꿔보려는 노력을 하지 않고 개혁을 실행하는 일에 게으름을 피웠다. 고도성장시대를 이끌어오던 국가 지도세력이 내부의 불만을 융통성 있게 흡수하지 못하자 경제 내부의 모순이 부글부글 끓다가 폭발한 것이 IMF위기였다.

폭발물이 터지기 전에 미리 변신했더라면 충격이 그토록 엄청나지는 않았을 것이다. 정치가 중앙당의 낙하산 인사로 국회의원을 지명하지 않고 유권자와 당원들의 의사를 존중하는 쪽으로 변했더라면 정치 불신이 그렇게 커지지는 않았을 것이다. 경제관료들이 권위주의적인 태도를 버리고 선진국 공무원들처럼 부지를 싼값에 제공하며 공장을 유치하려고 뛰었더라면 기업과 정부 간의 간격이 심각할 만큼 벌어졌을 리만무하다. 기업들도 노조를 억압하고 임금을 무작정 억제하기보다는 이익을 종업원들과 나누려는 모습을 조금 더 빨리 보였더라면 그처럼 격렬한 노동운동과 마주치지 않았을 것이다. 그러나 모두가 그동안 해오던 행동 방식을 고치지 못하고 그동안 해오던 대로 고집스럽게 행동하다 외환위기의 충격파를 겪었다.

비정규직 양산하는 노동법 체제 바꿀 때 왔다

●●● IMF위기 이후 등장한 김대중-노무현 정권도 그 틀에서 벗어
나지 못했다. 보수 정권에서 진보 정권으로 바뀐 후에도 경제정책의 큰
방향은 금융이나 세제 면에서 대기업과 수출기업을 우대하고 노조운
동을 완화시키려는 쪽을 유지했다. 각종 지역개발 사업으로 부동산 개
발을 부추겨 경기를 활성화하려는 시도도 똑같았다. 대통령을 가장 가
까운 거리에서 보좌하는 경제수석을 관료 출신으로 채웠던 것이 대표
적인 현상이다. 새로 등장한 진보세력도 관료 집단과 손을 잡고서(관료
들의 출신 지역은 다소 바뀌었지만) 민간 기업을 통제하려 했다. 정치적 이익
을 확보하기 위해 건국 이래 만들었던 각종 행정 규제를 그대로 남겨둔
채 집권세력으로서의 권한 행사에만 몰두했다. 재벌들에 대해 적대감
을 감추지 않던 노무현 대통령마저 재벌들과 타협했다고 볼 수 있다.

2012년 대선에서 노무현 정권의 계승자를 자처했던 문재인 민주통
합당 후보가 "노무현 시대의 재벌개혁은 실패했다"고 인정한 것은 당
연한 자기비판이었다. 그러면서도 진보 정권들은 다른 한편에선 정규
직 노조와 결탁해 비정규직 양산에 결정적으로 기여하는 실수를 저질
렀다. 민노총의 지지를 얻으려고 김대중-노무현 정권은 정규직 중심으
로 형성된 기존 노조의 요구사항을 대거 노동 관련법 안에 집어넣었다.
기업 경영인으로서는 그들의 요구를 실천하려면 비정규직 채용을 대폭
늘릴 수밖에 없는 처지로 몰렸다. 정치권이 노조와 경영진의 중간에서
타협점을 찾은 게 아니라 경영진에게 일방적인 부담을 강제하는 쪽으

로 노동법 체계가 굳어졌다. 이것이 한국 경제가 비정규직을 대량 생산해내고 신빈곤층을 늘리게 되는 터닝포인트(전환점)가 됐다.

김대중-노무현 정권은 5.16세력과 기득권세력을 비판하며 각을 세웠으나, 정작 고도성장 시대가 낳은 구조적인 틀에 도전하지 않았다. 자기들이 기득권세력이라고 헐뜯던 사람들과 갈등을 극도로 부추겼을 뿐이다. 진보세력의 무능은 결국 이명박 정권을 탄생시킨 씨앗이 됐다. 이명박 정권은 고도성장기처럼 4대강 사업 같은 토목공사로 경제를 살리려는 발상을 다시 들고 나왔다. 재벌 총수들과 청와대에서 회동하고 함께 외국 순방에 나서는 광경도 과거에 보던 그대로였다. 고환율정책, 금리 통제(저금리), 세금 감면 혜택 등 친재벌·친기업정책들이 속속 추진됐다. 연간 7% 고속성장을 추구하는 정책 목표도 제시됐다. 마치 박정희 시대의 부활을 보는 듯했다. IMF위기에서 아무것도 배우지 못하고 30년 전으로 되돌아간 것이다. 그러다보니 비정규직은 더 늘어나고 경제적 양극화는 더 심각해졌다. 성장률은 역대 정권마다 하락해 이명박 정권 5년 평균 2.9% 안팎에 머무르게 됐다. 목표치의 반 토막도 채우지 못했을뿐더러 2008년 세계적인 금융위기 때는 외환관리에 실패해 온 나라를 2차 외환위기의 지옥에 빠뜨렸다. 한국 경제를 키웠다고 자부하는 보수 정권이 나라와 백성을 두 번씩이나 경제위기의 늪으로 끌고 간 것이다.

모든 것이 기득권세력이 자신의 생각과 행동을 바꾸지 않고 과거 경제를 성장시켰던 공식(公式)에 집착했기 때문이다. 축구 선수가 한 번 멋진 골을 넣었다는 환상에 빠져 경기할 때마다 매번 똑같은 킥을 반복하는 것과 같은 우둔한 전략을 구사했다. 시대에 따라 축구 전술이 바뀌고 경쟁 상대에 따라 선수도 움직임을 달리해야 한다는 상식조차 없었다. 역대 정권은 보수나 진보나 그런 한 가지 패턴의 경제전략에서 벗어나지 못했다고 할 수 있다.

한국 경제의 IMF위기는 절대 끝나지 않았다. 정치권과 관료 집단은 IMF의 교훈을 아직 깨닫지 못했다. 재벌 중에는 일부 재빠른 곳만이 그 교훈을 깨닫고 세계적인 기업으로 뻗어나갔지만, 아직도 대부분의 재벌은 박정희-전두환 시대의 두꺼운 기업 보호 텐트 안에서 돈을 벌어보려는 욕심을 버리지 않고 있다. 정규직 노조세력은 탄탄한 기득권의 요람에서 비정규직에게 조금도 양보할 기색이 없다. 바야흐로 고령화가 가속화하는 국면을 맞았다. 2015년 무렵부터는 일터에서 활동하는 생산인구가 줄기 시작하고 2026년 전후로는 전체 인구의 20%가 65세 이상의 노인으로 채워진다. 요즘의 일본처럼 "이대로가 좋다, 아무것도 바꾸지 말자"는 인구가 다수가 되면 국가경제를 한 단계 더 높은 수준으로 올리는 변신을 하려고 해도 되지 않는다. 노인층이 뭉쳐 모든 투표에서 현상을 변화시키는 방안에 반대표를 던질 것이다. IMF 위기가 끝나기는커녕 앞으로 위기가 더 심각해질 요인만 늘어날 가능성이 높다. 일본도 이런 인구 변화가 몰고 올 부정적인 파장을 과소평가했던 것이 나라를 20년 불황으로 몰고 갔다. 우리 경제는 이대로 가면 1차 외환위기 이후의 흐름이 계속 이어질 것이다. 그 흐름이란 저성장 속에서 빈곤층은 급증하고 양극화에 가속도가 붙을 것이다. 중소기업과 영세 자영업자들은 하염없이 무너져내리는 미끄럼틀을 탈 것이다.

10년 안에 경제 운용의 틀 혁신하지 않으면 안 된다

●●● 우리 경제는 1962년 이후 50년 동안 유지해온 정책의 틀을 뜯어고치지 않으면 안 되는 단계에 돌입했다. 심각한 고령화 사회가 닥치기 전까지 10년밖에 남지 않았다. 경제전략의 프레임을 바꾸는 작업을 10년 안에 해야만 경제의 맥박이 다시 뛰기 시작할 것이다. 그렇지 않으면 부자는 더 부자가 되고 큰 재벌은 더 큰 재벌이 되지만 우리 사회의 낙오자 집단은 고속도로 팽창하는 추세가 결코 변할 수 없다. 지도층이 앞으로 한국 경제의 틀을 변형하고 싶다면 지배 구조의 큰 틀부터 손봐야 한다.

가장 먼저 관료 조직을 손질해야 한다. 이제 관료 조직은 한국사회 전체에서 가장 유능한 집단이 아니다. 유능한 인재들이 모이기는 하지만 과거처럼 성과를 내지 못하고 있다. 과거에 만들어놓은 행정의 틀이 그들을 고도성장기의 기준으로 정책을 생산하고 군사 정권 시절의 공무원들처럼 행동하게 만들고 있다. 관료 집단은 국민이 기대하는 성과를 내지 못하는 데서 그치지 않고 외환관리에 실패하는 등 성장을 방해하는 실수를 서슴지 않는다. 정치인과 야합해 지방에 쓸모없는 국제공항을 건설하고, 실속 없는 국제 이벤트를 유치해 국민 세금을 낭비하는 일에 앞장선다.

IMF위기 이후 재벌들과 금융 분야에는 개혁의 칼질이 이루어졌지만, 공공 분야만은 아무런 구조조정을 하지 않은 채 지금까지 왔다. 이들은 지난 50년 이상 각종 법률과 규정을 만들어 자기들의 고유권한을 키워왔다. 고도성장기에 필요했던 규제를 시대가 변해버린 지금도 그대로 모든 분야에 적용하고 있다. 국세청에는 온갖 세부 규정이 많다. 그래서 국세청 사람들은 "무슨 일이든 일이 되게 하려면 되게 하는 규정도 다 있고, 일이 안 되게 하려면 안 되게 할 규정도 다 있다"고 말한다. 권한 행사를 하기 편한 대로 만들어놓은 규정을 다 갖고 있으면서 기득권 유지에 집착하고 있다는 얘기다. 경제발전에서 화려한 재능을 보여주던 관료 조직은 이제 손대기조차 어려운 괴물 같은 존재로 변신해 있다. 모든 행정부처, 지방정부의 조직과 규제, 예산 지출을 다시 정비하지 않으면 안 되는 시점에 와있다. 기업들이 입만 열면 규제 철폐를 요구한 지 20년이 더 지났건만 관료 집단은 여전히 고도성장기의 막강한 권한을 휘두르려 하고 있다. 300조 원이 넘는 중앙정부의 예산이나 지방자치단체들의 예산은 모두 관료 집단이 50년 이상 제멋대로 요리해온 쌈짓돈 같은 것이다. 수많은 이해 당사자들이 공무원들과 손잡고 국민 세금을 자기 돈처럼 써왔다. 관료 조직 개혁과 함께 기존의 예산을 배분하는 원칙을 바꿔야 한다. 기득권세력들이 자기 돈처럼 써오던 것을 신기술 개발과 빈곤층 구제 등에 재분배해야 할 때가 왔다.

제조업과 수출기업에 혜택을 집중시키는 시대와도 결별해야 한다. 세계적인 기업으로 커버린 회사에까지 전기요금을 깎아주고 세금 감면 혜택을 계속 제공할 이유가 있는 것인지 재검토해야 한다. 제조업에만 아낌없이 신기술 개발비나 시장 개척비 명목의 정부 보조금을 지원하면서 K-팝과 한류 드라마를 창작하는 회사에는 푼돈밖에 주지 않는 정책도 바꿔야 한다. 외환위기를 두 번이나 겪은 나라가 금융업을 지금

처럼 홀대하면 금융위기는 막을 수 없다. 물론 새로운 산업도 키워가야
한다. 예를 들어 우리는 가장 우수한 학생들이 의과대학에 진출하고
있다. 이런 우수 집단을 활용해 의료산업을 수출할 수도 있을 것이다.
지금은 종합병원들이 외국 환자를 국내로 유치하는 데만 열중하고 있
으나, 국내 의료산업을 육성하면 병원산업이 외국으로 진출할 수도 있
고 우수한 의사들이 외국에서 활약하는 길도 크게 열릴 수 있다. 의료
분야 뿐만 아니라 고령화 추세에 맞춰 고령화 관련 산업도 키워가야 한
다. 기존 제조업과 수출 업체에 지원되는 보조금을 서비스 분야의 새로
운 업종으로 돌리는 작업을 진행하면 추가비용은 소요되지 않는다.

　기존 기업들의 저항은 각오해야 한다. 다만 한꺼번에 제조업과 수출
기업에 주던 혜택을 거둬들이면 충격이 클 수밖에 없다. 5~10년의 터
울을 두고 그들이 환경 변화에 적응할 시간을 주면서 서비스 분야의
육성정책을 펼쳐가야 할 것이다. 제조업, 수출 기업, 대기업에 의존하
는 정책을 수정하지 않는 한 한국 경제는 새로운 단계로 올라갈 수 없
다. 일본 경제도 제조업에서는 세계에서 가장 눈부신 성공을 거두었으
면서도 서비스 분야에서는 세계 일류 국가로 도약하지 못했다. 제조업
수출 기업 중심의 경제 구조를 전환시키지 못해 세계 2위 경제대국까지
올라갔다가 점점 후퇴하는 길로 빠지고 있다. 우리 경제는 새로운 날개
를 추가해야 할 때가 왔다.

　재벌개혁을 정말로 하고 싶다면 감정적 접근법부터 버려야 한다. 돈
많이 버는 기업, 큰돈 챙겨가는 총수와 그 가족들에 대한 국민의 시샘
이 고울 턱은 없다. 정치인이 국민의 말초적인 감정을 부추겨 재벌을 손

보게 되면 재벌들은 본능적으로 반발하게 된다. 투자를 줄이고 외국으로 나가는 사례가 등장할 것이다. 재벌개혁은 단계적으로 하되, 모든 것은 법에 따라 진행해야 한다.

미국은 루스벨트 대통령 시절 법에 따라 재벌 때리기를 하고서도 나중에 위헌 결정으로 그 개혁이 번복된 역사를 갖고 있다. 2012년 정치권에서 논의된 재벌개혁안을 단칼에 해치우는 식으로 급하게 밀어붙일 필요는 없을 것이다. 정치권이 선거 때 공약한 것을 그대로 하겠다고 한다면 50년 동안 공들여 키워온 황금 거위를 죽이는 바보 같은 선택이다. 우선은 재벌들이 스스로 지배 구조부터 경영 방식을 바꾸도록 유도하고 곧이어 개혁안을 하나씩 집행하면 된다. 한국 재벌은 대를 이어 세습이 되면서 부실한 곳은 무너지고, 총수와 그 가족의 지배권은 약화되는 길로 갈 수밖에 없다. 다른 추가 제재조치를 하지 않고 범법행위에 대한 처벌만 법대로 하게 되면 총수들의 전횡과 독단은 크게 줄어들 것이다. 재벌개혁 문제는 당분간 정치보다는 검찰과 법원이 제 역할을 해주는 쪽이 훨씬 효율적인 결과를 낳을 것이다.

국가 변신의 작업은 정치권이 앞장서야

●●● 그러나 한국 경제가 한 단계 도약하려는 길목에서 무엇보다 걱정스러운 것은 정치권이다. 우리 정치 집단의 수준은 세계적인 기준에서 보면 최하위권(세계경제포럼 2012년 순위 117위)이다. 하버드대학을 나온 사람도, 서울법대를 나온 사람도 정치권에 들어가면 무능력자가 되거

나 바보로 변한다. 당론을 중심으로 집단행동을 하고 아무리 좋은 정책도 상대 당이 하자고 하면 무작정 반대하는 게 체질화돼 있다. 이런 정치로는 경제가 더 이상 앞으로 나아갈 수 없을 것이다. 경쟁 정당끼리 정책 수단은 달리하더라도 경제가 가는 큰 방향만큼은 일치해야 한다. 정치권이 어느 정도는 국가 경제전략이 가는 목적지에 합의해야 관료 집단이 이것을 집행하는 데 혼선을 보이지 않을 것이다. 정치권이 국정 방향을 합의해주면 기업들도 그 합의를 존중하며 따를 것이고, 노동세력도 정치권 합의의 방향에서 벗어나지 않으려고 애쓸 것이다.

하지만 우리 정치권이 앞으로 5~10년 사이 그런 합의를 이룰 수 있을지는 극히 의심스럽다. 일본도 정치권이 그런 리더십을 보여주지 못해 해마다 총리가 바뀌면서 국정 주도세력이 조각조각 분열됐다. 정치권, 관료 집단, 재벌, 노동운동권이 담합 체제라는 말을 들을 정도로 끈끈한 관계를 맺어서는 곤란하다. 그러나 국가를 이끌어가는 집단들끼리 느슨한 협조 의식을 갖고 있어야만 비정규직, 청년 백수, 양극화 등 골치 아픈 경제 현안의 해결 방안을 마련할 수 있다. 한발 더 나아가 국가경제가 한 번 더 성장하는 꿈도 그런 합의를 기반으로 국민에게 보여줄 수 있을 것이다. 여기서 가장 큰 역할은 정치 지도자들이 맡아야 한다. 주연 역할을 맡아 국민을 끌고 갈 큰 정치 지도자나 정치세력이 등장하는 기적이 과연 한국에서 일어날 수 있을까?

KI신서 4660

절벽에 선 한국 경제

1판 1쇄 발행 2013년 1월 14일
1판 3쇄 발행 2013년 2월 15일

지은이 송희영
펴낸이 김영곤 **펴낸곳** (주)북이십일 21세기북스
부사장 임병주

MC기획3실장 장치혁 **MC기획3실** 윤세미
디자인 표지 씨디자인 **본문** 네오북
마케팅본부장 최창규 **마케팅** 김현섭 민안기 최혜령 김다영 김해나 강서영 이은혜
영업본부장 최창규 **영업** 이경희 정병철 정경원

출판등록 2000년 5월 6일 제10-1965호
주소 (우 413-120) 경기도 파주시 회동길 201(문발동)
대표전화 031-955-2100 **팩스** 031-955-2122
이메일 book21@book21.co.kr **홈페이지** www.book21.com
21세기북스 트위터 @21cbook **블로그** b.book21.com

ⓒ 송희영 2013

ISBN 978-89-509-4617-3 03320
책값은 뒤표지에 있습니다.